흔들림 없이 나아가는

삶의 태도

흔들림 없이 나아가는
삶의 태도

반건호 지음

북플레저

내 안의 멋진 자아를 찾는
여정의 시작

화창하고 쾌적한 5월의 어느 날, 출판사의 30대 여성 편집자, 40대 남자 본부장, 60대 저자가 만났다. 예술의전당 카페 '테라로사'나 '모차르트'에서 회의를 하려고 했는데 빈자리가 없었다. 음악 분수 앞 광장을 둘러보니 큰 나무 아래 그늘져 있는 벤치가 좋아 보였다. 우리는 그곳에 앉아 아이스 코코아를 마시면서 수다를 떨었다.

편집팀과 책 출간을 위한 첫 번째 만남이었다. 나이대별로 관심사나 관점이 다르다 보니 구심점을 잡는 데 시간이 꽤 걸렸다. 처음에는 가벼운 수다로 시작했지만, 얼마 지나지 않아 모두 프로 모드로 바뀌었다. 자존감 저하, 불안, 강박, 우울, 무력감, 번아웃, 자기 조절 실패 등 마음에 짐이 생기는 이유를 궁금해했고, 그럴 때 어떻게 대응해야 하는지 해결 방법을 알고 싶어 했다. 사람의 근본이 변할 수 있는가에 대해서도 궁금해했다. 한참 이야기를 나누고 헤어질 때는 무거운 숙제를 받았지만, 기분은 상쾌했다.

낮에 수다를 떨 때 나의 힘들었던 시절을 이야기했던 게 떠올랐다. 고등학교 입학 첫날부터 지각해서 대걸레 자루로 엉덩이를 맞았던 기억이다. 이후 거의 1년 내내 매일 맞았는데도 지각은 고쳐지지 않았다. 대학에 가서도 지각은 여전했는데, 그럴 때면 고등학교 때 담임을 원망했다. 때리지 말고 다른 방법으로 제자를 이끌어주셨다면 이 나쁜 버릇이 이렇게 오래 가지 않았을 텐데. 그런데 그 이야기를 하게 된 이유는 그렇게 맞아도 안 고쳐지던 나쁜 버릇이 언제부터인가 사라졌기 때문이다.

놀랍게도 나는 아침형 인간이 되었다. 의과대학을 마치고 병원에서 인턴 생활을 시작하면서부터 아침에 저절로 눈을 뜨게 된 것이다. 정신과 전공의를 거쳐 교수 생활을 한 수십 년 동안 어김없이 아침 5시 40분이면 눈이 떠졌다. 나는 어떻게 해서 달라졌을까? 그때는 매일 맞으면서도 왜 달라지지 못했을까?

지금 생각해보니, 고등학교 1학년 때는 나만 지각한 게 아니고, 나와 같이 매일 지각하던 같은 반 C라는 친구가 있었다. 최근 바람결에 들리는 소식으로는 그가 사업가로 성공했고, 고등학교 동창회 발전기금을 제일 많이 낸다고 한다. 그 친구도 어릴 때는 매일 지각해서 맞았지만 멋지게 변신하는 데 성공한 것 같다. 문득 그 친구는 어떻게 살았을까 궁금해졌다.

정신과 의사로 일한 지 41년째에 접어든다. 마음이 아픈 사람을 꽤 많이 만났다. 살다가 어느 순간 멈춰 선 사람들이다. 정신적 문제는 처음에는 먼지처럼 가볍지만, 쌓이면 무게를 감당하지 못하게 만든다. 출간을 제안받았을 때 그동안 진료실에서 만난 이들의 마음속에 쌓인 먼지를 털어내면서 배운 것들이 세상 사람들에게 도움이 될 수 있겠다는 생각이 들었다. 사실 훨씬 많은 사람이 무겁게 쌓인 먼지에 눌린 채 살고 있을 것이다.

나에게 진료실 밖으로 나가는 일은 '가지 않은 길'처럼 불안하다. 이 책을 쓰는 일 역시 불안한 일이다. 인생에서 변화가 필요하다고 자신을 달래보아도 여전히 불안하다. 그래서 멈추고 싶기도 하지만, 궁금하다. 가지 않은 길은 어디를 향해 있고 그곳엔 무엇이 있을까? 미지의 미래에 대해 겁도 나지만 충분히 헤쳐 나갈 수 있을 것 같다. 안 되면 물러났다가 다시 가면 되지 않겠는가.

이 책에서는 '변화'라는 표현 대신 '객관적이고 근거를 토대로 하는 변화'의 의미로 '시프트Shift'라는 말을 쓰려고 한다. 그냥 시프트가 아닌 '제대로 시프트 하는 법을 찾는 이야기'를 하고 싶다. 시프트를 통해 아직 만나지 못한 자기 안의 멋진 '자아'를 만날 수 있기를 기대한다.

2024년 봄날, 글쓰기를 시작하면서
반건호

3장 변화에 대한 7개의 질문 ✦

4장 변화를 방해하는 것들 ✦

5장 더 나은 당신을 만들어줄 도구들 ✦

1장

'사람은 절대 바뀔 수 없다'는

오래된 거짓말

세 살 버릇
여든까지 간다?

어떤 것은 그대로고
어떤 것은 달라진다

'세 살 버릇 여든까지 간다'라는 익숙한 속담이 있다.[1] 그런데 어느 날 문득 이런 생각이 들었다. 조선 시대 말 평균 수명이 30대 중반 이었는데, 어째서 '여든까지'라고 했을까? 아마도 사람의 성향이나 버릇은 쉽게 바뀌지 않는다는 점을 강조하고 싶었던 게 아닐까. 나 역시 이 말에 완벽히 동의하지만, 다만 여기서 내가 말하고자 하는 '변하지 않는 것'은 인간의 모든 특성이 아니라 나쁜 점이나 버릇 같은 것들이다. '제 버릇 남 못 준다'는 속담처럼 말이다. 영어 속담 'Old habits die hard오래된 버릇은 고치기 힘들다'도 단점이나 약점은 고치기 힘들다는 뜻을 담고 있다.

사람의 정신을 과학적으로 설명하려 했던 지그문트 프로이트Sig-mund Freud도 자신이 창안한 정신분석 기법이 중년 이후에는 효과가 떨어진다고 말했다. 프로이트도 나이가 들면 머리가 굳어서 교정이 어렵다고 생각한 것 같다. 정신분석 이론이나 이런 속담들이 여전히 유효한 것을 보면, 우리의 단점이나 약점, 안 좋은 천성은 쉽게 바뀌지 않는 것 같다. 그렇다면 순자荀子가 주장했던 성악설이 맞는 걸까? 독자들은 이 책을 더 읽을 필요가 없는 걸까?

국민학교지금은 초등학교지만, 내가 다닐 때만 해도 국민학교였다 6학년 때 처음 만나서 지금까지 50년 넘게 만나는 친구들이 있다. 나를 포함해 총 7명인데, 생각해보면 어릴 때 패턴이 지금까지 그대로 이어지고 있다. 예를 들어, 만나자고 약속을 하면 7명이 도착하는 순서가 50년 넘게 똑같다. 늘 가장 먼저 오는 친구가 와서 자리를 잡아 놓고, 나는 보통 여섯 번째로 시간에 맞춰 도착하거나 2~3분 늦는다. 마지막 일곱 번째 친구는 약속 시간보다 10여 분 이상 늦거나 가끔 아예 오지 않기도 한다. 친구들의 이러한 패턴과 프로이트의 이론을 떠올려보니, '세 살 버릇 여든까지 간다'는 말이 정말 일리가 있어 보인다.

그런데 곰곰이 생각해보니, 우리 모두 각자 다른 직업을 가지고 살면서도 직장에서 지각하거나 성실하지 않아서 문제가 된 적은 없었다. 60세가 넘었지만 모두 현역으로 일하고 있다. 어쩌면 직장이나 공식적인 자리에서는 약속 시간을 지키지 못한다는 치명적인 단점을 잘 추스르며 생활할 수 있을 만큼 변했지만, 친구들과의 모임은 마음이 편해서 어릴 적 그대로 행동해도 된다고 생각하는 게 아닐까? 그렇다면 내 친구들이 변하지 않았다고 할 수 있을까?

그렇다. 우리는 변한다. 그 변화는 사적 영역과 공적 영역에 따라 다르게 나타난다. 의과대학 동기 80명 중 나를 포함해 8명이 모교에서 교수로 재직하다가 최근 정년퇴직을 했다. 각기 조금씩 차이는 있지만 대개 30년 동안 교수로 일하면서 의과대학생을 가르치고, 레지던트를 지도하며 환자를 돌봤다. 정년까지 일했다는 것은 재직 기간 동안 문제가 될 만한 안 좋은 사건이 없었다는 말이다.

하지만 가끔 8명이 모이면 마치 학창 시절로 돌아간 듯 퇴행한다. 가벼운 욕설은 물론 '라떼는 말이야'와 아재 개그가 난무한다. 학생 때부터 잘 다투던 친구 둘은 여전히 식사 자리에서 술 한 잔을 곁들이면 별거 아닌 일에도 열 올리며 목소리를 높인다. 어쩌면 그때 버릇들이 그대로 나오는지, 참 신기할 정도다.

그러나 65세 정년퇴직을 하기 전까지 한 직장에서 일한 것을 보면, 학창 시절 수업에 안 들어가고 만화방이나 당구장에 가거나 낮술을 하던 버릇은 사라졌고, 진료와 연구에 매진하며 후배와 제자를 가르치는 것도 잘했다는 말이다.

인간의 어떤 버릇은 평생 갈 수도 있다. 하지만 필요에 따라 긍정적인 방향으로 개선되고 발전할 수 있다. 확실하다. 그러나 내 주변 인물들의 경험만으로 '사람이 바뀔 수 있다'는 커다란 주제를 증명할 순 없다. 이 주제에 대해 더 넓고 깊게, 그리고 멀리 내다보자.

마음을 지배하는 것은
신인가 뇌인가

아주 오래전부터 사람의 정신은 신의 영향을 받는다고 보았다. 오늘날에는 망상이나 우울 같은 현상으로 밝혀진 것들도 당시에는 마귀나 악마의 장난이라고 여겼다. 이러한 믿음 덕분에 종교는 사회에 커다란 영향을 미쳤을 뿐 아니라 정치적, 사회적 주도권을 가질 수 있었다. 중세에 이르러서는 수백 년 동안 '마녀 사냥' 같은 희한한 일들이 이어지기도 했다. 심지어 영국과 프랑스의 백년전쟁에서 프랑스를 구한 잔 다르크Jeanne d'Arc마저 마녀로 몰려 화형을 당했다.

하지만 시대가 변하면서 평민들이 교육을 받고 똑똑해지자 새로운 인식들이 꿈틀거리기 시작했다. 동시에 산업혁명과 인쇄술의 등장이라는 역사적 사건이 일어나며 19세기 말부터 인간의 마음을 과학적으로 설명하려는 시도가 본격화되었다. 산업혁명을 통해 사람들이 수작업이나 힘을 들여 해야 했던 일들에서 벗어나 기계에 의존하게 되면서 노동력이 남게 되었다. 또 이전까지는 아이가 태어나면 일찍부터 일을 시켰지만, 산업혁명 이후엔 아이들도 학교에 갈 수 있었다. 이로 인해 아이들에겐 아동기와 성인기 사이의 청소년기라는 새로운 단계가 생겼다.

동시에 인쇄술의 발달로 많은 사람이 정보를 공유할 수 있게 되었다. 이전에는 책이나 문서를 손으로 일일이 필사해야 했기 때문에 정보를 얻기가 쉽지 않았다. 하지만 인쇄물이 대량 생산되면서 평민들도 지식을 쌓고 정보를 얻을 수 있게 되었다. 이렇게 사람들은 점차 미신이나 마귀의 영향에서 벗어날 수 있었다.

19세기 말에 이르자, 사회적으로 낮은 신분이던 유대인 중에 의사가 된 프로이트를 주축으로 정신분석 이론이 탄생했다. 이 이론의 핵심은 마음이 아픈 게 마귀 때문이 아니라 마음속 어딘가에 있는 그 무엇, 무의식에서 나온다는 것이다. 초창기에는 성적 에너지인 리비도Libido가 정신 에너지의 원천이라고 주장해 학자들의 반발을 샀으나, 꿈의 해석, 자아 개념의 발견, 방어기제Defence mechanism

등 인간 정신의 구조와 작동 방식을 과학적으로 설명하면서 점차 인정받기 시작했다.

프로이트가 이 이론을 하루아침에 완성한 것은 아니었다. 수십 년에 걸친 환자 진료 경험과 동료들과의 긴 토론 과정에서 탄생한 결과이다. 그는 인간의 현재와 미래는 과거에 의해 결정된다고 보았다. 이후 많은 분석가와 심리학자가 인간의 마음을 탐구하는 이론을 발표했다.

무의식 전체를 끄집어내서 개조하는 일은 불가능하고, 그럴 필요도 없다. 정통 정신분석Orthodox psychoanalysis에서는 매주 4~5회, 약 한 시간씩 만나서 이런 작업을 한다. 몇 년이 걸리는 긴 작업이다. 현대사회에서 이만큼 시간과 비용을 투자하기는 쉽지 않다. 1960년대, 정신분석가 아론 벡Aaron Beck은 시대적 요구에 맞춰 단기간에 현재의 문제 해결을 목표로 하는 인지행동치료Cognitive Behavior Therapy 기법을 개발했다.

정신분석 이론의 등장으로 사람의 마음이 종교가 아니더라도 편안해질 수 있다는 사실을 알게 되었다. 인지행동치료 기법을 통해 특정 문제를 완화시키는 방법도 찾아냈지만, 불안을 해결해주는 약물이 개발되면서 불안한 마음이 종교나 마귀의 영역이 아님을 확실히 확인할 수 있었다.

1950년대 중반, 최초의 항불안 약물인 메프로바메이트Mep-robamate가 개발되어 시판되었다. 1960년대 초까지 미국에서만 5억 건 이상 처방되었고, 미국 의사의 약 75%가 이 약을 처방한 경험이 있다고 밝혔다. 이러한 항불안제의 대대적 사용은 1960년대 후반 유사 약물인 클로르디아제폭시드Chlordiazepoxide와 디아제팜Diazepam 으로 이어졌다. 이후 1973년까지 미국인 여성의 20%, 남성의 8% 가 한 가지 이상의 진정제 사용 경험을 보고했다.[2]

항불안제뿐만 아니라 항우울제와 항정신 약물이 등장하면서 드디어 사람의 마음을 쉽고 빠르게 다스릴 수 있는 방법이 마련된 것이다. 과거에는 불안, 우울, 정신 등의 실체를 알기 어려웠으나, 작은 약제 하나로 조절할 수 있게 되면서 마음이 우리 몸의 일부라는 것이 증명된 셈이다.

그 중심에는 뇌가 있다는 것도 알게 되었다. 즉, 몸과 마음이 분리된 것이 아니라 몸의 일부분인 뇌의 영향이라는 게 확인된 것이다. 이처럼 마음과 정신에 대한 과학적 접근이 가능해지면서, 생물학적 연구도 폭발적으로 늘어났다. 특히 뇌를 영상으로 관찰할 수 있는 CT, MRI 같은 기술의 발명은 마음과 뇌의 연결고리를 찾는 연구에 크게 기여했다. 이 내용은 뒤에서 자세히 풀어보고자 한다.

사람이 변하듯
세상도 변한다

사람이 변하듯 사회도 변한다. 그리고 사회 변화는 사람을 변화시킨다. 내가 성인이 된 이후의 경험만 비추어보아도 지난 40여 년간 우리나라에는 두 가지 큰 변화가 있었다.

첫 번째는 장례문화이다. 우리나라는 옛날부터 집 밖에서 사망하면 '객사'라 하여 불행한 죽음으로 여겼다. 내가 인턴으로 근무하던 1980년대 중반까지도 병원에 입원한 환자가 소생 가능성이 없으면 치료를 중단하고 집으로 모시는 일이 흔했다. 객사를 피하기 위해서였다.

이때 귀가 도중에 사망하는 것을 막기 위해 기관 삽관을 하고 앰부'Air Mask Bag Unit'의 약자로 수동으로 산소를 공급하는 장치를 이용해 뇌에 산소를 공급하는 인공호흡을 계속한다. 그다음 집에 도착해 가족들이 모두 모이면 가장 어른이 되는 분께 사망선고를 해도 될지 여쭙고 앰부 짜는 것을 멈춘 후 삽관한 튜브를 뺀다. 그리고 "○○○ 씨, ○○○○년 ○월 ○시 ○분에 운명하셨습니다"라고 선언한다. 이처럼 사망하기 직전의 퇴원을 '모리분드 디스차지Moribund discharge'라고 하며, 이 일은 주로 인턴이 담당한다.

사람 살리는 일을 하려고 의사가 되었는데, 모리분드 디스차지를 나가면 결과적으로 사람을 내 손으로 죽이게 된다. 그나마 병원 근처로 가면 다행이지만 군산, 평창, 거제도 등 먼 곳으로 가게 되면 몇 시간씩 앰부를 짜야 해서 손바닥에 물집이 잡히고 쥐가 날 지경이 된다. 게다가 "우리 아버지 살려내라", "할머니 왜 돌아가시게 만드느냐"며 달려드는 가족들 때문에 인턴들이 가장 부담스러워하는 업무 중 하나였다.

그러던 1990년대 중후반, 삼성의료원에서 병원 안에 장례식장을 개장했다. 사람들은 '집에서 돌아가셔야 편안히 이승을 떠나시지'라며 삼성의료원에서 큰 실수를 했다고 생각했다. 그런데 이게 웬일인가. 얼마 후 서울아산병원, 서울대학교병원 등 대형 병원들이 병원 안에 장례식장을 만들었다. 지금은 집에서 사망하는 경우에도 병원이나 전문 장례식장에서 장례를 치르는 게 일반적이다. 몇백 년 동안 이어져온 전통이 병원 장례식장의 등장으로 완전히 바뀐 것이다.

사람들의 모습도 달라졌다. 예전에는 조문을 가면 상주에게 찾아가 절을 하고 손을 잡아드리며 위로의 말을 건넸지만, 이제는 스마트폰을 켜서 '카카오뱅크'로 조의금 내는 모습이 흔해졌다. 1980년대 인턴 시절, 모리분드 디스차지를 나갈 때마다 병원에서 장례를 치르고 조문도 전화로 하면 좋겠다고 생각했는데 실제로 그렇게 된 것이다.

두 번째는 가족계획인구정책 사업이다. 1960년대 초 정부는 경제 개발을 꾀하고 인구증가를 억제하고자 가족계획 사업을 시작했고, 1970년대에는 새마을 운동에 포함해 활성화시켰다. 시대가 변화함에 따라 사업 내용도 달라지는데, 가족계획 사업 표어의 변천사를 보면 알 수 있다. 1960년대는 '덮어 놓고 낳다 보면 거지꼴 못 면한다', 1970년대는 '딸 아들 구별 말고 둘만 낳아 잘 기르자', 1980년대는 '잘 키운 딸 하나, 열 아들 안 부럽다'로 변한다. 심지어 가장 확실한 피임법인 정관결찰 수술을 남성들에게 권장했고, 수술 확인증이 있으면 예비군 훈련 소집을 면제해주기도 했다.

1960년대 초반 신생아 수는 100만 명을 넘었지만, 2023년 기준 신생아 수는 23만 명에 불과하다. 심지어 요즘은 딩크Double Income No Kids, 무자녀 맞벌이 부부족에서 딩펫Double Income No Kids + Pet족으로 세태가 변하고 있다. 가족계획 사업은 처음에 정부 주도로 강행되어 성공을 거두었다. 오랜 기간 심각한 저출산 문제에 직면한 정부는 출산 장려를 위해 엄청난 비용을 들이고 있으나, 사람들의 출산 의지는 여전히 요지부동이다. 강압적 출산 억제는 가능했는데, 경제적 지원까지 해주는데도 출산 장려가 먹히지 않는 이유가 궁금하다.

'나이가 들어도 변할 수 있다' 하버드대학교의 놀라운 연구

이처럼 우리는 마음이 몸과 연결되어 있다는 것을 알게 되었고, 사회문화적으로 오랫동안 진실이라고 알고 지냈던 것이 하루아침에 손바닥 뒤집듯 달라질 수도 있음을 체험했다. 그러나 실제로 '세 살 버릇 여든까지 간다'는 말을 뒤엎을 만큼 설득력 있는 증거는 생각보다 많지 않다.

더구나 한 개인을 세 살부터 여든 살까지 관찰하고, 그 결과를 논문으로 발표하는 게 가당키나 한가? 일부 북유럽 국가에서는 특정 지역, 특정 집단을 대상으로 시간의 흐름에 따라 건강, 생활 습관 등이 어떻게 영향을 미치는지 분석하는 '코호트 연구Cohort study'를 진행하고 있지만, '버릇'이나 '인성'까지 연구한 경우는 거의 없다.

그런 점에서 약 86년간 미국 하버드대학교 신입생을 대상으로 계속되고 있는 그랜트 연구 Grant study는 너무도 매력적이다. 하버드대학교 의과대학 정신건강의학과 교수를 주축으로 구성된 연구팀이 1938년 하버드대학교에 재학 중인 2학년 학생 268명을 대상으로 행복의 조건에 관한 연구를 시작했다. 학생 중에는 훗날 미국 대통령이 된 존 F. 케네디John F. Kennedy도 포함되어 있었다. 연구팀은 대조군으로 보스턴에 살고 있는 불우한 가정의 청년 456명을 선발해 비교 연구를 진행했다. 이들은 행복 외 장수의 조건 등을 연구 주제로 삼았다.

현재 초기 대상자들의 2세, 3세를 연구 대상자로 포함시키면서 다양한 주제에 대한 연구를 이어가고 있다. 그중 내가 가장 흥미롭게 생각하는 연구 결과는 '사람의 성격이 변할 수 있는가'이다.

그랜트 연구 결과는 시간이 지나며 차례차례 발표되고 있다. 연구가 시작된 지 75년째인 2012년에는 연구 결과를 담은 책[3]이 발간되었고, 우리나라에서는 2013년에 『행복의 비밀』이라는 제목으로 출간되었다. 이 책은 1966년부터 40년 넘게 이 연구를 지휘한 정신과 의사 조지 베일런트George Vaillant가 집필했다.

그랜트 연구 초기 주제는 행복한 노년의 조건, 사회적 성공 조건, 신체 및 정신 건강, 인간관계 등이었다. 이 책의 핵심 주제는 다음과 같다.

① 어린 시절 붕괴된 경험은 성인기에 부정적 영향을 미침. 즉, 따뜻한 아동기 경험이 건강한 성인기를 예견함.

② 성숙의 조건 중에는 에릭슨의 청년기와 장년기 발달 과제인 생산성과 친밀감이 중요함.

③ 결혼과 행복 조건에 대해 많은 내용을 다루었으나 알코올을

실패 요인이라고 강조함.

④ 중년기까지는 정신 건강과 신체 건강이 명확하게 상관성이
있었으며, 노년기에는 심혈관계질환 여부가 장수에 영향을
미침.

그랜트 연구 85년 차 되는 해에 발간된 책[4]에서는 행복의 제1 조
건으로 '관계'를 꼽았다. 이 책에 따르면, 튼튼하고 지지적인 관계를
형성한 사람은 그렇지 못한 사람보다 더 행복하고 건강하고 오래
산다며, 좋은 관계를 만드는 능력이 유전자, 사회적 지위, 지능지수
보다 더 중요하다고 강조했다. 행복을 위해서는 강력한 관계뿐만
아니라 신체 건강도 중요해 건강한 식단, 규칙적 운동, 충분한 수면
이 필요하다.

물론 그랜트 연구에도 약점은 있다. 대상이 모두 남학생이었다는
점인데, 연구를 시작한 1938년 당시 하버드대학교는 남학생만을
선발하던 학교였기 때문이다. 그럼에도 불구하고 내가 그랜트 연구
에 관심을 갖게 된 가장 큰 이유는 이 연구가 나이가 들어도 인간이
달라질 수 있음을 입증했기 때문이다.

어린 시절 안정적으로 돌봄을 받은 사람은 성인기20~40세에 좀
더 성숙한 방어기제를 사용하고, 중년기40~65세를 지나면서 더 건
강한 대인관계를 형성하고 더 나은 직장생활을 한다. 반대로, 어린

시절 돌봄이 부족했던 사람은 초기 성인기에 비교적 성숙하지 못한 방어기제를 사용하며, 중년기에도 대인관계와 직장생활에 어려움을 겪을 수 있다.

하지만 75세가 되면, 중년기에 나타났던 차이점들이 사라진다. 오히려 어린 시절에 돌봄을 덜 받으며 성장한 남성들이 중년기에서 노년기로 접어들면서 더 성숙한 방어기제를 갖는 경향을 보였다. 이는 노년기에도 뇌 발달이 진행되고 있으며, 어린 시절의 영향보다는 개인의 노력에 따라 나이가 들어도 변화가 가능하다는 강력한 증거가 된다.

이 연구 결과에 힘입어 생각해볼 수 있는 점이 있다. 노년이 되기 전 노력한다면, 성인기나 중년기에도 좋은 방향으로 변화가 이루어지지 않을까? 즉, 노년기에도 긍정적으로 변할 수 있다면, 더 이른 시기에도 충분히 변화가 가능하지 않을까.

이른 시기에도 변할 수 있다는, 그 잠재적 증거

2012년 어느 날, 집 밖을 나가니 모든 아이들이 양손을 모으고 말 타는 자세로 뛰어다녔다. 유튜브 인기 동영상 랭킹 상위에 '말 춤'을 추는 영상이 있었다. 가수 싸이의 「강남스타일」 뮤직비디오는 한

해 동안 조회 수가 20억에 다다랐고, 2023년 12월 말에는 50억을 돌파했다. 현재 전 세계 인구가 약 80억 명이니 어느 나라를 가든 이 춤만 알면 서로 인사를 나누는 데 무리가 없을 것 같다.

세계적으로 스마트폰 보유자는 55억 명에 이르고, 우리나라 역시 스마트폰 보급률이 2012년 53%에서 2022년 97%로 급증했다. 불과 20여 년 사이에 일어난 일이다. 사람들에게 스마트폰 사용을 억지로 강요한 게 아니다. 스마트폰이 일상 도구로 자리 잡으면서, 이제는 없으면 생활이 불편하고 소통이 어려워졌기 때문이다. 스마트폰 사용은 이제까지 지구 역사상 어떤 변화보다도 더 강력하고 지구적이며, 가장 빠른 변화라고 할 수 있다. 흥미로운 점은 이로써 인간이 변화와 적응을 받아들일 수 있는 능력을 가지고 있다는 사실이 입증되었다는 것이다. 인간은 변할 수 있다. 확실하다.

앞서 조선 시대 말 평균 수명이 30대 중반이었으니 '세 살 버릇 여든까지 간다'는 말은 사람이 바뀌기 어렵다는 것을 강조한 말이라고 했다. 그런데 지금은 어떤가. 우리나라 평균 수명은 이미 남녀 모두 80세를 넘었다. 지금의 상황을 투영한 재미있는 노래도 있다. 트로트 가수 이애란 씨가 부른 노래 「백세인생」에는 이런 가사가 있다.

60세에 저세상에서 날 데리러 오거든

아직은 젊어서 못 간다고 전해라

70세에 저세상에서 날 데리러 오거든

할 일이 아직 남아 못 간다고 전해라

80세에 저세상에서 날 데리러 오거든

아직은 쓸 만해서 못 간다고 전해라

90세에 저세상에서 날 데리러 오거든

알아서 갈 테니 재촉 말라 전해라

100세에 저세상에서 날 데리러 오거든

좋은 날 좋은 시에 간다고 전해라

'80세도 쓸 만하다'라는 말은 새로운 것을 시도하는 데 아직 무리가 없다는 뜻이다. 1993년 6월, 독일 프랑크푸르트 켐핀스키 호텔에서 삼성그룹의 임원 회의를 주재한 고故 이건희 회장은 삼성 제2 창업을 선언하며 "마누라와 자식 빼고 다 바꿔라"라고 말하며 "모든 변화는 나로부터 시작한다. 모든 변화의 원점에는 나의 변화가 있어야 한다"고 강조했다.

그냥 이대로 살면 되지, 힘들게 뭘 또 바꿔야 하냐고 생각하는가? 살면서 모든 걸 아름답게, 이상적으로 바꿀 수는 없다. 그럴 필요도 없다. 그런대로 놔둬도 될 만한 건 놔두어도 된다. 하지만 아무리 늦더라도 꼭 필요한 것은 고치고 바꿔야 할 것 같다. 더 즐겁고 행복한 삶에 가까워지기 위해서다.

　사람, 기관, 사회에 따라 기준은 다르겠지만, 이 책에선 고치고 바꿔야 할 것들을 구분해보고자 한다. 그리고 어떻게 노력해야 좋을지도 함께 살펴볼 것이다. 이제 내 삶에서 가장 어렵고 중요한 질문인 '변화'에 대한 답을 구하러 떠나보자.

2

당신의 뇌는
멈추지 않았다

신비스럽고 놀라운
뇌의 비밀

과학과 의학의 눈부신 발전으로 신체, 유전자 연구가 활발하게 이뤄지고 있다. 그럼에도 불구하고 여전히 접근이 어렵고 신비에 싸인 부위가 바로 '뇌'다. 성인 남성의 뇌 무게는 체중과 상관없이 약 1.4kg이다. 70kg 남성이라면 체중의 2%밖에 되지 않는 작은 기관인데, 뇌가 소비하는 산소량은 우리 몸에 공급되는 산소량의 20%에 달한다. 무게는 가벼워도 1천억 개의 세포가 10~100조 개의 신경 네트워크를 작동시키려면 엄청난 에너지가 필요하기 때문이다. 이처럼 우리는 모두 굉장한 슈퍼 컴퓨터를 하나씩 가지고 있다. 이제 이 슈퍼 컴퓨터에 대한 비밀을 하나씩 파헤쳐보자.

인간은 오랫동안 뇌와 정신이 분리된 것으로 여기는 이원설을 믿었으나, 1848년 한 사건으로 이는 무너지게 되었다. 미국 뉴햄프셔에서 태어난 피니어스 게이지Phineas Gage는 철도 건설 현장에서 일하던 중 1m가 넘는 쇠막대가 머리를 관통하는 사고를 당했다. 수 주일간 의식을 잃었던 그는 엑스레이 검사를 통해 확인한 결과 좌측 전두엽 대부분이 파괴되었으나 기적적으로 회복해 몇 달 후에는 원래 일하던 직장으로 복귀했다.

하지만 그는 사고 후 기억 손상을 입고, 성격도 크게 달라졌다. 사고 전에는 쾌활하고 적극적이며 협동심이 강했는데, 사고 후에는 이기적이고 적대적이며 입이 거칠어졌다. 자조 능력과 일상생활은 괜찮았지만 논리적 사고나 판단력은 어린아이 수준이 되어버렸다. 이후 미국은 물론 해외에서도 걸어 다니는 박물관으로 유명해지기도 했으나, 바뀐 성격 탓에 다니던 직장에서 나오게 되었고, 칠레에서 마부로 일하기도 했다. 사고 후유증으로 뇌농양Brain abscess과 전간증Epilepsy을 앓다가 결국 사고를 당한 지 13년 후인 37세에 사망했다. '게이지 사건'을 계기로 사람들은 성격이 뇌의 영향을 받는다는 사실을 알게 되었다.[5]

실제 임상에서는 뇌출혈 후 특정 뇌 부위가 기능을 잃을 경우 성격 변화를 보이는 환자들을 볼 수 있다. 또한 교통사고나 감전사고로 뇌를 다친 사람이 성격이나 직업 기능에 변화를 보이고, 우울증을 앓기도 한다. 뇌 부위에 가시적 변화 없이 성격이나 정신 기능에 영향을 보이는 대표적 사례가 '외상후스트레스장애Post-Traumatic Stress Disorder'이다.

특히 전쟁 참전 용사나 심각한 대형 사고의 생존자들은 신체적 손상이나 두뇌 손상 없이도 사회 부적응, 대인기피, 성격 변화를 겪는 경우가 많다. 전쟁터를 떠난 지 수년이 지나도 행동 문제가 계속되어 배우자와의 불화로 이혼에 이르기도 한다. 자극을 받을 만한 환경에서는 벗어났지만 건강한 상태로 돌아오는 데 어려움을 겪는 것이다.

영화 「헨리 이야기」 또한 뇌 손상 이후 성격이나 인성이 변하는 과정을 다루고 있다. 다만 게이지와 달리 헨리는 긍정적인 사람으로 바뀐다. 그는 수단과 방법을 가리지 않고 재판에서 승리해서 고액의 수임료를 받는 속물 변호사로 등장한다. 아름다운 아내와 귀여운 딸이 있지만, 직장에는 오피스 와이프가 있고 딸에게도 관심이 없다. 어느 날 헨리는 담배를 사러 나갔다가 머리에 총을 맞는다. 오랜 재활을 통해 간신히 말을 더듬거리며 할 수 있게 되고 절뚝거리며 걸을 수 있게 된다. 하지만 가족도 기억하지 못하고, 변호사로서의 업무도 할 수 없게 된다. 시간이 흐르면서 자신이 과거에 저질렀던 비열한 일들에 대해 부끄러움을 느끼고, 딸과 함께 즐거운 시간을 보낸다. 사고 전에는 작동하지 않던 인간적인 측면의 뇌 기능이 활성화된 것이다.

사람의 성격을 담는 뇌,
바뀔 수 있는가

많은 뇌 연구자가 게이지 사건에 주목하는 이유는, 이전에는 신의 영역이라고 믿었던 사람의 정신을 뇌가 관장한다는 사실을 알게 되었기 때문이다. 이는 곧 사람을 치료해서 정신 기능을 회복시킬 수 있다는 말과 같다.

정신 기능을 과학적으로 분석하고 본격적으로 치료에 활용한 인물은 프로이트다. 연구 초기, 그는 신경 조직에 이상이 없지만 마비, 언어장애, 감각 이상 등을 보이는 환자들에 관심을 가졌고, 이들의 증상을 '히스테리아Hysteria'라고 진단했다. '히스테리아'는 고대 그리스어로 여성의 자궁을 의미하는 '히스테라Hystera'에서 기원한다. 즉, 프로이트는 성적 갈등이 있는 여성들에게 흔히 나타나는 증상이라고 생각한 것이다.

프로이트가 창안한 정신분석의 초기 이론은 이처럼 '성적 갈등이 신체 증상으로 전환되어 나타난다'는 것이었다. 이를 토대로 정신 성 발달 이론Psychosexual Development Theory과 의식 및 무의식의 존재 를 규명했고, 이어 자아Ego, 초자아Super-ego, 이드Id의 개념을 구체 화했다. 정신분석 초기 이론을 오늘날 그대로 받아들이기에는 무리 가 있지만, 무의식 개념을 찾아낸 것은 뇌 기능 연구의 중요한 초석 이 되었다.

1895년 정신분석이 시작된 이래 1960년대까지도 정신분석은 인 간의 마음을 이해하는 주요 이론으로 받아들여졌다. 물론 분석가들 사이에 심각한 의견 충돌로 여러 분파가 생기기도 했지만, 이러한 과정이 사람의 마음을 이해하는 폭을 확장하는 데 중요한 역할을 했다.

1970년대 이후 정신 약물 개발과 뇌 영상 기법을 포함한 생물정 신의학Biological psychiatry의 발전으로 뇌 연구가 활발해지기 시작했 다. 2009년부터 2020년까지, PubMed의학 논문 검색 사이트에서 '뇌'를 검색하면 약 198만 개의 연구논문이 검색된다. 연관어인 '신경세포 증식Neurogenesis'과 '신경 가소성Neuroplasticity'으로 검색하면 각각 약 21,000개, 58,000개의 논문이 발표된 것을 알 수 있다.

그렇다면 신경세포 증식과 뇌는 어떤 연관이 있을까? 수천 년 동안 닫혀 있던 비밀의 정원을 둘러싼 벽에 작은 구멍이 생기면서, 뇌는 '왜 피부나 뼈처럼 재생되지 않을까' 하는 의문을 품기 시작했다. 피부와 뼈는 다치거나 손상되었을 때 세포재생을 통해 원형을 회복하는 기능이 있기 때문이다. 20세기 중반까지도 뇌와 척수 신경을 포함한 중추신경계는 성인이 되면 성장이 멈추고 고정된 상태가 된다고 여겨졌으며, 뇌 신경세포의 재생은 불가능하다는 게 정설이었다. 게이지는 물론 전쟁터에서 다친 수많은 군인이 뇌 손상을 입은 뒤 기능을 상실했다. 중추신경계의 일부인 척수 신경도 손상되면 손상 부위나 정도에 따라 팔과 다리의 일부 또는 사지마비가 평생 지속된다.

그런데 1960년대 성체가 된 쥐 실험에서 특정 부위의 뇌세포 재생이 발견되면서 반대 이론이 등장한다. 하지만 이 연구는 과학계에 받아들여지지 않았다. 이후 1980년대 새를 대상으로 한 실험에서 주로 기억을 담당하는 해마Hippocampus의 신경세포 재생을 재현해냈고, 원숭이, 돌고래 등을 대상으로 한 연구에서도 성인기의 해마 신경세포 재생을 확인했다.

이후 1998년, 리처드 에릭슨Richard Erickson 교수에 의해 인간의 뇌세포 재생이 처음으로 증명되었다. 연구자들은 암 치료를 위해 방사성 동위원소Radioisotope를 주입한 환자의 사후 뇌 조직 검사에서 해마 부위의 신경세포 재생을 발견했다. 이후에도 많은 연구자가 태아부터 100세까지 사후 뇌의 해마 세포에서 다양한 단계의 신경 세포 재생을 확인했다. 최근에는 알츠하이머병Alzheimer's disease이 있는 100세 가까운 환자의 뇌 해마에서도 신경세포 재생이 지속되고 있음을 발견했다. 다만, 치매가 없는 건강한 동일 연령대에 비할 만큼은 아니었다.

신경세포 증식은 신경 가소성 이론으로 이어진다. 신경 가소성 이론은 사람의 뇌가 고착된 상태로 머무는 것이 아니고 외부 환경 변화나 학습, 또는 심지어 뇌 손상에 의해 탄력적으로 변화 가능하다는 이론이다. 이 용어는 1948년 폴란드의 신경과학자 예지 코노스키Jerzy Konorski에 의해 처음 사용되었다. 초기에는 발달 중인 아이들에게서만 일어난다고 알려졌으나, 이후 성인기에도 신경 가소성이 가능하다는 게 입증되었다. 또한 신경 가소성의 활용 범위는 점차 확대되어 학습, 기억법, 뇌 손상 환자의 재활치료 등 다양하게 적용되고 있다.

구조적으로는 뉴런 생성과 연결 변화를 통해 이루어지며, 기능적으로는 뉴런의 기능 및 적응 방식의 변화를 통해 진행된다. 구체적인 예를 들어보자.

먼저, 피아노 연습을 열심히 하면 손가락의 움직임과 관련된 뇌의 신체감각피질Somatosensory cortex에 새로운 뉴런이 생성된다. 이는 서커스 곡예단이 여러 개의 공을 던지고 받는 기술을 선보이는 저글링의 모습과 비슷하다. 이를 입증하는 동물 실험이 있다. 원숭이의 다섯 손가락 중 가운데 세 손가락 동작을 하루 한 시간씩 반복해서 연습시키면, 세 손가락 특히 가운뎃손가락과 연결된 뇌 피질 부위가 커지는 것을 확인했다. 또한 서울처럼 복잡한 도시에서 운전하는 택시기사들이 미로 같은 도로망을 기억하다 보면 새로운 공간 기억과 관련된 뇌 부위에 뉴런이 생성됨을 관찰할 수 있다.

명상은 어떤 변화를 일으킬까? 명상 관련 신경 가소성 연구에서 잘 알려진 사례는 위스콘신대학교의 신경과학자 이안 로버트슨Ian Robertson이 달라이 라마Dalai Lama와 함께 진행한 것이다. 로버트슨은 신체 치유력뿐만 아니라 주의력, 불안, 우울, 공포, 분노, 열정과 같은 뇌와 관련된 것을 명상을 통해 변화시킬 수 있다고 밝혔다.

운동은 어떨까? 대부분의 운동 종목은 뇌유래신경영양인자 Brain-Derived Neurotrophic Factor 생산과 뇌 활성화를 높이는 물질을 방출해 수행 기능과 과제 처리 속도를 향상시킨다. 운동 기간과 종목에 따라 효과가 나타나는 기전과 영향을 미치는 부위가 달라지지만, 대부분 유의한 효과가 나타난다.

주의력결핍과잉행동장애Attention Deficit Hyperactivity Disorder 같은 특정 질병을 대상으로 한 신경 가소성 연구에서도 유의한 효과가 보고되고 있다. 중추신경 자극 약물로 장기간 치료를 받으면 ADHD 증상과 관련 있는 복내측전전두엽Ventromedial Prefrontal Corex, 상측두회Superior Temporal Gyrus, 기저핵Basal ganglia의 미상핵Caudate nucleus 등에 작용해 ADHD에서 나타나는 특징적인 뇌 기능 이상이 호전된다.

뇌 신경 가소성 연구로 노벨의학상을 수상한 학자가 있다. 바로 정신분석가이자 신경과학자인 에릭 캔들Eric Kandel이다. 그는 뇌과학 연구를 통해 인간의 기억, 자유 의지, 결정인자Determinants, 정신분석 효과 등을 입증하며 업적을 남겼고, 그 성과를 인정받아 2000년 노벨의학상을 수상했다. 오스트리아 빈의 유대인 가정에서 태어난 그는 나치 정권 이전에 평화롭고 다정했던 이웃들이 유대인 탄압 운동 이후, 유대인 학살에 나서는 잔인한 모습을 목격하면서 '사람이 어떻게 이렇게 변할 수 있는가'에 대한 깊은 의문을 품게 되었다. 이후 미국으로 이주해 의과대학을 졸업하고 정신과 의사가 된 그는 어릴 적부터 품었던 의문을 풀기 위해 인간의 정신과 뇌과학에 몰두하게 되었다.

캔들은 신체 활동과 운동을 통해 근육 조직이 발달하는 것처럼, 새로운 학습을 통해 뇌 조직의 변화가 일어난다는 것을 알아냈다. 다만, 앞서 예로 든 피아노 연습이나 운전에서처럼 인간의 경우 특정 부위에 국한된 뉴런 생성만 일어나는 것이 아니다. 이를 증명하는 것은 매우 복잡한 작업이다. 이에 캔들은 뇌세포 수가 모두 2만

개 정도인 바다달팽이를 대상으로 기억과 뇌의 변화를 연구했다.

캔들의 실험 과정을 요약하면 다음과 같다. 바다달팽이 꼬리에 자극을 준 후 꼬리가 움츠러드는 반사인 T-TWR Tail-elicited Tail Withdrawal Reflex 반응을 관찰한다. 이때 T-TWR에 관여하는 감각뉴런Sensory neuron과 운동뉴런Motor neuron은 하나의 시냅스Synapse를 형성하며, 반사 행동을 저장하고 회상하게 만드는 역할을 한다. 이 과정에서 시냅스는 기억 형성에 중요한 역할을 한다고 할 수 있다. 바다달팽이는 이 시냅스를 하나의 신경세포가 담당하므로 기억의 기전을 찾아내는 데 대단히 편리하고 정확하다. 이는 학습을 통한 뇌세포의 생성과 변화, 즉 신경 가소성 연구에 기여한 연구로 평가된다.

아직 다 밝혀지지 않은
미지의 영역, 꿈[6]

정신분석 이론은 시간이 지남에 따라 여러 비난에 봉착하는데, 그중 하나는 '정신분석의 효과를 과학적으로 증명하기가 곤란하다'는 것이었다. 불안 해소, 성격 변화, 작업 기능 향상 등 긍정적 변화가 다른 환자에게 재현될 수 있는 근거가 없었기 때문이다. 이에 남아프리카 출신의 정신분석가 마크 솜즈Mark Solms는 게이지 사건에서 영감을 받아 정신분석에 뇌과학을 접목해 '신경정신분석Neuropsychoanalysis'이라는 분야를 개척했다. 특히 꿈과 관련된 뇌 기능 연구에 힘쓰고 있다.

꿈 관련 연구는 꾸준히 진행되고 있지만 아직 밝혀내야 할 것이 많다. 예를 들면, 흔히 수면 중 꿈을 꾸는 단계인 렘수면Rapid Eye Movement sleep과 관련된 것이다. 만약 렘수면과 관련된 뇌 부위가 손상된다면 꿈이 없어질까? 렘수면은 주로 교뇌Pons와 관련이 있는데, 교뇌 부위가 손상된 환자를 대상으로 한 사례 분석에서 상당수는 계속 꿈을 꾸고 있었다. 또한 도파민 계열 약물을 투여해 꿈을 더 생생하게 자주 꾸게 된 환자들의 경우에도 렘수면에는 영향이 없었다. 따라서 렘수면 단계에서 활성화되는 뇌 부위와 꿈의 생성에 관여하는 뇌 부위는 다르며, 이들의 작업 기전도 차이가 있는 것으로 보인다.

위 내용이 조금 어렵게 느껴진다면 애니메이션 「인사이드 아웃」을 떠올려보자. 2015년 월트디즈니와 픽사가 제작한 이 영화는 2024년에 2편이 개봉했다. 1편에서는 주인공 라일리초등학교 여학생의 뇌 속 감정 세계를 그린다. 라일리의 뇌 속에는 기쁨이, 슬픔이, 버럭이, 소심이, 까칠이 등 다섯 감정이 함께 있는데, 이들은 라일리의 운동 기능뿐만 아니라 감정 변화까지 조정한다. 당시 이 영화를 보면서 흥분을 감출 수 없었다. 어려운 주제를 너무나 쉽고 자연스럽게, 그것도 애니메이션을 통해 이해할 수 있게 만들었다는 게 믿기 어려웠다. 정교한 과학 다큐멘터리라고 해도 손색이 없을 정도였다. 어렵고 복잡한 인간의 뇌 활동을 이렇게 재미있고 흥미진진하게 연출하다니!

인간의 모든 기능 중 여전히 미지의 영역으로 남아 있는 것 중 하나가 꿈이다. 특히 꿈은 잠들어 있을 때 일어나는 현상이다. 그나마 깨어 있을 때는 본인의 의지와 노력으로 의미를 찾을 수 있지만, 잠자는 동안에는 어떻게 꿈을 꾸게 되는지 그 과정을 알기 어렵다. 그런데 「인사이드 아웃」에서는 라일리의 꿈꾸는 과정을 보여준다.

라일리의 머릿속에는 꿈 공장이 있다. 라일리는 미네소타의 시골 마을에서 대도시인 샌프란시스코로 이사 오게 되는데, 이로 인한 스트레스를 감정들이 꿈을 통해 풀어주려고 한다. 잠든 라일리의 꿈 공장에서는 꿈 대본을 쓰고, 낮 동안의 기억을 소환해 꿈을 연출한다. 하지만 슬픔이가 어린 시절의 두려운 기억을 끌어내면서 라일리는 악몽을 꾸고, 스트레스 지표가 더욱 높아진다. 사실, 이러한 꿈 공장의 모습을 애니메이션으로 그려낼 수 있는 것은 꿈을 연구하고 있는 뇌과학자들의 노력 덕분이다.

꿈 공장 장면을 보고 있으면 과거 정신분석가들이 꿈을 중요시했던 이유 중 하나가 '무의식에 접근할 수 있는 통로'라고 생각했던 것이 정확한 판단이었음을 알 수 있다. 다만 20세기 초에는 이 통로에 물리적으로 접근할 방법이 없었을 뿐이다.

최근에는 뇌파 파형 분석을 통해 꿈의 영상을 재현하려는 연구자들도 있다. 초기 연구에서는 렘수면 단계일 때 특정 부위의 뇌파를 측정하면서 특정 뇌파가 의미하는 형상 또는 글자를 찾아냈다. 이후 초기 연구 자료들을 토대로 꿈을 꾸는 동안 수집된 뇌파를 분석해 꿈의 영상을 재현하는 컴퓨터 프로그램도 개발했으며, 꿈을 꾸는 대본도 뽑아낼 수 있게 되었다. 자신도 모르는 잠재된 지식, 감정, 사실들을 꿈 분석을 통해 찾아낼 수 있게 된 것이다.

아직 꿈의 모든 신비를 풀어낸 것은 아니지만 다양한 연구를 통해 그 비밀을 한 꺼풀씩 벗겨내고 있다. 예를 들면, 우리는 매일 두세 시간 정도 꿈을 꾸지만 그 내용을 정확하게 기억하는 사람은 거의 없다. 그런데 가끔 꿈이 생생하게 기억날 때도 있다. 왜 그럴까? 최근 연구에서는 꿈이 생성되는 뇌 부위와 수면 단계에 따라 꿈 내용을 기억하기도 한다는 것을 찾아냈다. 하지만 여전히 꿈이 시작되는 기전은 「인사이드 아웃」의 꿈 공장처럼 명백하게 규명된 것은 아니다.

아무 것도 생각하지 않는 순간에도
뇌는 일하고 있다

뇌과학과 뇌 영상 기법의 발전으로 뇌과학자들은 뇌가 하는 일을 좀 더 구체적으로 알아내고 있다. 뇌가 하는 일은 크게 두 가지로 나뉘는데, 열심히 과제에 집중하고 처리하는 일을 담당하는 TPN Task Positive Network, 작업신경망과 휴식을 취하는 DMN Default Mode Network, 비작업신경망이다. 주의 집중력을 발휘해 과제를 실행할 때 TPN이 활성화되면 활성도가 떨어지는 뇌 부위가 있는데, 그 연결망이 바로 DMN이다. 편의상 TPN을 작업모드, DMN을 기본모드로 칭한다.

기본모드는 '뇌가 쉬고 있는 상태'라고 하지만, 실제로는 수집한 정보를 정리해서 저장하고, 미래를 예측해 계획을 세우는 중요한 기능을 맡고 있다. 기본모드의 주요 기능 중에는 통찰력과 창의성을 발휘하는 것이 포함된다. 이 두 가지 신경망이 적절히 역할 분담을 하면서 균형을 맞추면 뇌의 기능이 향상된다. 작업모드와 기본모드를 담당하는 뇌 부위는 각각 연결되어 작업을 수행한다.

이 두 기능이 부조화일 때 나타나는 대표적인 질환이 ADHD이다. 일반적으로 인간의 뇌는 작업모드 부위가 활발하게 기능하는 동안에는 기본모드의 활성도가 낮아진다. 그런데 ADHD가 있으면 작업모드가 활동하는 동안에도 기본모드가 활성화된다. 그러면 두 신경망 기능은 과도한 에너지를 소비하게 되면서 결국 작업 효율이 낮아지고 쉽게 번아웃 상태가 된다.

흔히 '멍 때리고 있는' 게 기본모드 상태일 수 있다. 즉, 겉으로는 아무 일도 하지 않고 멍하니 있는 것 같지만 뇌는 일을 하고 있는 것이다. 가령 낮에 친구와 대화하면서 지난달에 여행 가서 묵었던 귀여운 펜션 이름이 생각나지 않아서 머리를 쥐어뜯을 때가 있다. 그런데 그날 밤 자려고 누웠는데, 갑자기 펜션 간판이 머릿속에 떠오른다. 또 학원에서 아무리 해도 안 풀리던 수학 문제가 야식으로 먹으려고 라면을 끓이다가 달걀을 넣는 순간 갑자기 머릿속에 공식이 떠오르면서 답을 구하기도 한다. 이것이 기본모드의 활성화다.

기본모드는 '마음 방황' 상태에서도 활성화된다. '마음 방황'이란 현재 하는 일과 상관없이, 또 외부의 자극 없이 딴생각에 빠져드는 상태를 말한다. 인지적 과제를 수행하면서 산만해지는 것이다. 이러한 마음 방황은 ADHD의 산만함과 관련이 깊다. 불필요한 것처럼 보이지만 ADHD 환자뿐만 아니라 일반인도 하루 중 많은 시간을 마음 방황에 사용한다. 하버드대학교 연구진은 일반인들이 일상에서 자기가 하는 일이 아닌 딴생각을 하며 보내는 시간이 하루의 46.9%라고 말했다.

흥미로운 결과 중 하나는 마음 방황과 행복 지수의 연관성이다.

연구에 따르면, 즐겁지 않은 내용의 마음 방황, 중립적 내용의 마음 방황, 즐거운 내용의 마음 방황 상태보다 집중모드에서 마음 방황이 없을 때 행복 지수가 가장 높게 나타났다. 즉, 목표를 정하고 작업 수행에 집중할 때 가장 행복한 것이다.

3

자신을 바꾼 사람들

빈곤한 싱글맘에서
세계적 베스트셀러 작가로[7]

1965년, 영국 예이츠에서 롤스로이스 공장의 항공기 엔지니어로 일하던 아버지와 와이딘 종합학교 화학과 직원이었던 어머니 사이에서 태어난 딸은 '조Jo'라는 애칭으로 불린다. 2년 뒤에는 여동생 다이앤이 태어났다. 조는 어릴 때부터 책과 함께 자라며 작가를 꿈꿨고, 열한 살 때 첫 번째 소설인 『일곱 개의 저주받은 다이아몬드』를 썼다. 대학교에서는 불어와 고전문학을 전공했고, 대학생 때 파리로 1년간 교환학생을 다녀왔다.

1990년, 조의 어머니는 다발성경화증으로 사망했다. 조는 대학 졸업 후 국제 앰네스티에서 연구보조원으로 일하기 위해 런던으로 갔다. 그곳에서 포르투갈 출신 저널리스트와 결혼해 1993년에 딸 제시카를 낳았으나 남편의 가정폭력으로 이혼하고 만다. 런던의 높은 물가 때문에 생계 유지가 어려워진 조는 정부로부터 빈곤층 지원을 받으며 살아간다. 그러나 런던에서 더 이상 버티기가 힘들어진 그녀는 더 나은 삶을 기대하며 스코틀랜드의 에든버러로 이사한다. 다행히 다이앤 부부의 도움으로 머물 곳을 마련하고, 불어를 가르치며 돈을 벌긴 했지만, 경제적 상황은 나아지지 않았다. 딸을 양육하는 것도 포기해야 할 지경이었다. 싱글맘, 이혼녀, 비전문직 등 불우한 현실 상황 속에서 작가가 되고 싶은 꿈을 꾸는 게 맞는 걸까?

1990년 어느 날, 기차를 타고 맨체스터에서 런던으로 가던 중 갑자기 '마법 학교에 다니는 꼬마 마법사'에 대한 아이디어가 떠올랐다. 그때 이미 조의 머릿속에는 마법 학교 이야기로 일곱 권의 책을 쓰겠다는 계획이 섰다. 그리고 1993년, 스코틀랜드에 사는 동생을 만나러 가는 짐 가방 속에는 이미 세 챕터 분량의 원고가 들어 있었다.

제대로 된 작업 공간도 마련하기 어려울 정도로 가난했지만, 꿈을 포기할 수 없었던 조는 집 근처 카페에서 글을 썼다. 우울증이 심해질 때면 자살 충동을 느끼기도 했지만, 어린 딸을 생각하며 힘을 냈다. 완성된 초벌 원고를 열두 군데 출판사에 보냈으나 모두 거절당했다. 출판사에 보낼 때마다 원고를 일일이 타자기로 쳐야 했다. 복사비가 부담되었기 때문이다. 마지막으로 원고를 보냈던 크리스토퍼 블룸스베리 출판사에서도 거절당하자 그녀는 출판사 사장인 크리스토퍼 대신 아들에게 원고를 다시 보냈고, 아들은 아버지에게 이야기가 너무 재미있으니 나머지 원고를 보고 싶다고 부탁했다.

사실, 조의 이름은 '조앤Joan', 성은 '롤링Rowling'이었다. 그렇게 1997년 크리스토퍼 블룸스베리 출판사에서 조앤 롤링의 책『해리포터와 마법사의 돌』이 출간되었다.[8] 출판 후 한 달 만에 조는 4천 달러의 인세를 받았다. 1년에 한 권씩 출판된 해리포터Harry Potter 시리즈는 그야말로 대박이 났다. 시리즈 세 번째 책인『해리포터와 아즈카반의 죄수』는 35개국 언어로 번역되었고, 3,500만 부 팔렸다. 이후 2007년, 일곱 번째 이야기인『해리포터와 죽음의 성물』까지 출간되면서 시리즈가 완성되었다. 현재 해리포터 시리즈는 80개국으로 수출되었고, 시리즈가 출간되는 동안 조는 2001년, 의사인 닐 머이Neil Murray와 결혼해 딸과 아들을 낳았다.

해리포터 시리즈는 성경 다음으로 가장 많이 팔린 책으로 알려져 있으며, 해리포터 브랜드의 상품 가치는 15조 원에 달한다. 억만장자가 된 이후에도 조앤 롤링은 자신의 어려웠던 시절을 잊지 않고 경제적 어려움을 겪는 사람들을 돕기 위한 활동을 이어가고 있다. 2000년에는 어머니의 결혼 전 성을 딴 자선 신탁 '볼란트Volant'를 설립했다. 고난에 처한 여성과 어린이, 그리고 젊은이들을 지원하는 단체이다. 2005년에는 빈곤, 갈등, 차별로 고통받는 아이들을 돕기 위한 자선단체 '루모스Lumos'를 설립했다. 2010년에는 다발성경화 증으로 세상을 떠난 어머니를 기리고, 뇌의 퇴행성 질환 진료와 연구를 위한 클리닉을 에딘버러에 개설했다. 그리고 그녀는 말했다.

"무언가에서 실패하지 않고 사는 것은 불가능합니다. 만약 당신이 실패를 두려워해 지나치게 조심스럽게 살아간다면, 그것이 오히려 실패나 마찬가지입니다."

KFC 모델이 된
할아버지 이야기[9]

커널 샌더스Colonel Sanders는 1890년 인디애나주 헨리빌의 농장에서 일하는 아버지와 제칠일안식일예수재림교회 신자인 어머니 사이에서 삼 남매 중 첫째로 태어났다. 여섯 살이 되던 해 아버지를 잃고, 어머니가 통조림 공장에서 일하게 되면서 동생들을 돌보고 요리를 책임지게 되었다.

어머니의 재혼 후 계부와 사이가 좋지 않았던 그는 13세에 집을 나와 마차 페인트공, 농장 인부, 전차 차장, 마차 운전병, 기관차 환경미화원 등으로 일하다가 기관사로 승진했는데, 3년 정도 지났을 무렵 말을 듣지 않는다는 이유로 해고되었다.

19세가 되던 해, 철도 기관사로 일하며 조세핀 킹Josephine King을 만나 결혼해 세 자녀를 낳았다. 생활비가 부족해 가족과 떨어져 지내며 야간 대학에 진학해 법학을 공부했다. 동료와의 싸움으로 철도회사에서 해고된 이후 다른 곳으로 옮겨 인부로 일했고, 법학 과정을 마친 뒤에는 법률 사무실을 열었다. 3년간 열심히 일해 가족과 함께 살 만큼 돈을 모았고, 그의 인생은 나아지는 듯했다. 그러나 법정에서 의뢰인과의 싸움으로 평판이 나빠지자 일을 그만두었고, 이후 다양한 일에 도전했으나 모두 실패로 끝났다.

시간이 지나 1930년, 켄터키주 노스코빈에서 주유소를 운영하던 샌더스는 손님들에게 선보인 치킨 요리가 맛있다는 소문이 퍼지면서 식당을 열게 된다. 그의 레스토랑은 점점 더 유명해졌고, 더 좋은 자리로 이전했다. 그러던 중 우연히 압력솥 관련 시연회에 참석해 몇 분 만에 맛있는 콩 요리가 완성되는 걸 보고, 50세의 샌더스는 팬에 튀기는 대신 압력솥을 사용해 빠르게 닭을 조리할 수 있는 '비밀 레시피'를 완성했다. 그가 만든 치킨 요리는 큰 인기를 얻었다.

지금도 KFC는 여전히 압력 튀김기를 사용해 치킨을 튀긴다.

켄터키 주지사는 그에게 '켄터키 대령Kentucky Colonel'이라는 칭호를 붙여주었고, 이후 샌더스는 '샌더스 대령'으로 불리게 되었다. 그리고 대령에 걸맞게 복장도 바꾸었는데, 염소수염을 기르고 검은색 프록코트를 입었으며 후에 흰색 정장으로 변경 끈 타이를 맸다. 이후 그는 평생 공공장소에서는 다른 옷을 입지 않았다. 겨울에는 두꺼운 울 정장, 여름에는 가벼운 면 정장을 입었고, 흰 머리카락과 맞추기 위해 콧수염과 염소수염을 탈색했다.

65세가 되던 해, 자금난에 봉착한 샌더스는 자신의 레시피를 '켄터키 프라이드 치킨KFC'이라는 이름으로 특허를 내고 켄터키 셸비빌에 본사를 열어 본격적으로 프랜차이스 사업을 시작했다. 동시에 재혼한 아내의 이름과 자신의 이름을 딴 레스토랑 '클라우디아 샌더스 디너 하우스Claudia Sanders Dinner House'를 새로 열었다. KFC의 프랜차이즈 사업은 큰 성공을 거두었고, 캐나다를 시작으로 영국, 호주, 멕시코, 자메이카로 지점을 확장하며 세계적인 패스트푸드 체인으로 자리 잡았다. 샌더스는 KFC의 프랜차이즈가 600개 이상으로 성장하자, 1964년 켄터키 출신의 젊은 사업가에게 회사를 매각하고 자신은 홍보대사로 남았다.

이후 샌더스는 매년 30만km를 여행하며, 회사의 TV 광고와 행사에 출연하고 매장을 방문하는 등 KFC를 알리는 데 최선을 다했다. 1980년, 그가 백혈병으로 사망할 당시 KFC 매장은 48개국에 약 6,000개였고, 2024년 기준으로는 150개국에 약 25,000개 매장을 운영하고 있으며, 우리나라에도 약 200개의 매장이 있다.

사람은
바뀔 수 있다

바뀌지 않는 이유는
바꾸지 않기 때문이다

인생은 종종 우리가 예상하지 못한 방향으로 흘러간다. 원하지 않는 상황이 닥치기도 하고, 때론 감당하기 어려운 시련에 맞닥뜨리기도 한다. 소소한 손해를 보기도 하고, 그로 인해 삶에 타격을 받을 때도 있다. 그럴 때 어떤 생각이 드는가? '역시 난 안 돼' 혹은 '사람은 결국 바뀌지 않는다'고 생각하진 않는가?

하지만 사람은 바뀔 수 있다. 바뀌지 않는 이유는 바꾸지 않기 때문이다. 바꿀 수 없는 걸 어떻게 하느냐고? 이 역시 바꾸지 않기 때문이다. 앞서 '신경 가소성'을 소개했다. 우리의 뇌는 새로운 경험,

학습, 연습을 통해 충분히 변할 수 있다. 뇌는 새로운 습관을 형성하고 새로운 기술을 배우며 심지어 우리의 사고방식을 바꿀 준비가 되어 있다. 원한다면, 우리는 얼마든지 바뀔 수 있다. 변화는 우리 손에 달려 있다.

미국 심리학자인 캐럴 드웩Carol Dweck의 마인드셋Mindset[10] 이론은 자기 자신을 이해하는 데 매우 도움이 된다. 그녀는 마음을 고착형Fixed 마인드셋과 성장형Growth 마인드셋으로 구분했다. 드웩에 의하면, 어느 정도의 지능, 성격, 윤리관을 가진 사람이라면 원하는 바를 충분히 이룰 수 있다고 한다. 하지만 많은 사람이 그렇게 살지 못한다. 왜냐하면 마인드 세팅에 문제가 있기 때문이다.

드웩은 고착형과 성장형을 설명하면서 흥미로운 예시를 제시했다. 누군가에게 답을 구하기 어려운 문제를 주었을 때 사람에 따라 두 가지 마음이 들 수 있는데, 하나는 '역시 나는 이런 문제를 풀 수 있을 만큼 머리가 좋지 않아', 다른 하나는 '아직 문제를 풀지 못했네'라는 것이다.

여기서 주목할 것은 '아직'이다. 드웩이 듣고서 놀란, 시카고의 한 고등학교 이야기가 있다. 그 학교를 졸업하려면 필수 과목 몇 개를 통과해야 한다. 대부분 학교는 이런 경우 '통과Pass'와 '실패Fail'로 판정한다. 이 학교에서는 과정을 통과하지 못한 학생에게 '실패' 대신 '아직 안 됨', 즉 'not yet'이라고 통보한다. 실패라고 통보하면 '아, 역시 나는 안 돼', '나는 실패작이야'라는 생각이 들면서 다시 도전하려는 의지가 꺾인다. '아직 안 됨'이라고 통보하면 '끝이 아니구나', '아직 안 된 거지, 실패는 아니야'라는 생각이 들면서 도전할 의욕이 생긴다는 것이다.

드웩은 좀 더 구체적인 예시를 들어 고착형 마인드셋과 성장형 마인드셋을 설명했다. 초등학교 5학년 아이들이 풀기에 다소 어려운 문제를 내주고 학생들의 반응을 보았다. 그중 몇몇은 놀랄 만큼 긍정적인 반응을 보였다. "저는 도전하는 게 좋아요. 그게 유익하다는 걸 알거든요." 이것이 바로 그녀가 말하는 성장형 마인드셋이다. 반면, 상황을 비극으로 받아들이거나 '망했다'라며 의기소침해하는 애들도 있다. 고착형 마인드셋을 가진 아이들이다. 부정적으로 상황을 판단하고 스스로를 실패자로 만든다. '아직'의 힘을 믿지 않는다.

고착형 마인드셋과 성장형 마인드셋을 가진 사람은 각기 생각의 과정이 다르며, 그에 따라 결과도 달라진다. 고착형 마인드셋은 앞서 어려운 문제를 푼 아이들처럼 도전을 두려워하고 장애물을 만나면 쉽게 포기한다. 노력해도 성과가 없다고 느끼며, 부정적 피드백을 유용하게 활용하기보다는 무시하고, 다른 사람의 성공을 위협으로 느낀다. 결과적으로, 앞으로 더 나아가지 못하고 자기 능력을 충분히 발휘하지 못한다. 자기가 할 수 있는 게 별로 없다고 생각하게 된다.

성장형 마인드셋을 가진 사람은 도전을 즐기고 시행착오를 두려 워하지 않으며, 좌절하더라도 포기하지 않는다. 숙련되기 위해 노력하며, 비난이나 부정적 평가로부터 무엇을 배울지 생각하고, 타인의 성공으로부터 배우고 영감을 받는다. 그 결과, 더 많은 것을 성취하게 되면서 자유 의지로 해낼 수 있는 게 많다고 생각한다.

당신의 마인드셋은 어떤 쪽인가? '세상만사 마음먹기에 달렸다' 는 말이 있다. 옛날 사람들은 드웩의 이론을 알지 못했겠지만, 이미 성장형 마인드셋의 중요성을 알고 있었을 것이다.

전교 2등인 아이와 달리기 2등인 아이 중 자존감이 더 높은 아이는 누구일까

마인드셋 이론을 모르더라도 우리는 살면서 고착형 마인드셋과 성장형 마인드셋을 경험하고 있다. 내가 어릴 때 초등학교는 시험 없이 들어갔지만, 대학교뿐만 아니라 고등학교와 중학교도 입학시험에 합격해야만 들어갈 수 있었다. 그래서 아이들은 초등학교 입학 때부터 중학교 입시를 염두에 두고 있었다. 물론 부모의 학구열과 집안의 경제력도 한 몫 했다. 당시 내가 다닌 초등학교는 경기 중학,

서울 중학, 용산 중학 등 명문 중학교에 많은 입학생을 배출한 학교로, 공부 잘하는 아이들이 대접받는 곳이었다. 지금과 달리 학년마다 천여 명의 재학생이 있었으니, 그곳에서 공부로 인정받기는 여간 어려운 일이 아니었다. 그래서 초등학교를 졸업할 무렵 나의 자존감은 100을 최고라고 한다면 중간에도 미치지 못했다.

어릴 때부터 나는 호기심이 많고 동물을 좋아했다. 그래서 어른이 되면 남아메리카로 이민을 가서 소를 키우는 게 꿈이었다. 그래서 학교 공부보다는 당시 부자 나라였던 아르헨티나, 축구황제 펠레Pele가 사는 브라질 같은 나라에 관심이 갔다.

초등학교 4학년이 되었을 때 교육부는 갑자기 중학교 입시 제도를 곧 폐지한다고 발표했다. 자존감이 낮았던 나로서는 중학교 입시가 없어지자 차별 없는 세상이 된 것 같아 기뻤다. 나는 입학시험을 치르지 않고 중학교에 진학했지만 고등학교는 입시가 있었기 때문에 중학교에서도 공부 잘하는 학생이 대접받았다. 학년당 학생수가 천 명에 가까워, 중학교 시절에도 역시나 공부를 기준으로 자존감이 중간 정도였다.

중학교에 입학하고 얼마 후 고등학교 진학도 추첨제로 바뀐다는 교육부의 발표가 있었다. '와, 이게 웬 떡이냐!' 생각했다. 당시는 사라예보에서 열린 세계탁구선수권대회에서 우리나라 선수로는 최초로 이에리사, 정현숙 선수가 우승해 탁구 붐이 불었고, 입시 부담이 줄어든 나는 친구들과 탁구를 치면서 즐겁게 보냈다.

내가 살던 지역에는 고등학교가 대여섯 개 있었는데, 하필이면 다른 쟁쟁한 고등학교들을 제치고 듣지도 보지도 못한 신설 고등학교에 배정되었다. 게다가 그곳의 1회 입학생이 된 것이다. 자존감도 낮은데, 운도 따라주지 않았다. 고등학교 생활은 시작부터 즐겁지 않았다.

중학교, 고등학교 입학시험이 없어진 것처럼 대학교 입학도 그럴 거라는 소문이 퍼지기 시작했다. 내가 사는 곳에서 제일 가까운 거리에는 서울대학교가 있었다당시엔 지금의 대학로에 서울대학교 본교가 있었다. 나는 이사만 가지 않으면 서울대학교에 입학하게 될 거라고 믿었고, 그러자 고등학교 생활도 조금 나아졌다. 근거 없는 소문 탓에 희망이 생기면서 고등학생 때도 이런저런 공상을 하며 많은 시간을 보냈다.

대학 입학 추첨제 관련 교육부의 발표가 늦어지면서 입학시험 준비와 체력장 연습을 병행해야 했다. 체력장 점수도 대학 입학에 반영됐기 때문이다. 체력장 종목은 턱걸이, 1000m 달리기, 100m 달리기, 멀리뛰기, 멀리던지기 등이었다. 전교생이 모여서 체육대회를 할 때도 주로 이 종목들을 겨뤘다.

어느 날, 체육대회 100m 달리기에서 내가 전교에서 두 번째로 빠르다는 것을 알게 되었다. 공부로는 전교 2등이 불가능했지만 달리기에서는 가능했다. 자존감이 조금 올라갔다. 마음속으로 '나는 전교 2등이다'라고 외치면서 괜히 운동장을 열심히 달렸다. 신기한 것은, 그러다 보니 점점 공부에도 관심을 가지게 되었다는 점이다. 나는 그때까지 달리기에 재능이 있는지 몰랐는데 숨은 재주를 발견하게 되자 공부에서도 열심히 하면 숨겨진 능력을 찾을 수 있지 않을까 하는 막연한 바람이 생겼다.

불행하게도 추첨으로 대학 신입생을 뽑는 제도는 생기지 않았다. 더구나 혜화동에 있던 서울대학교는 관악산 캠퍼스로 이전했다. 그리고 그 자리에 '대학로'가 들어섰다. 어차피 뽑기든 시험이든 서울대학교 입학은 그렇게 물 건너갔다.

나는 입학시험을 치르고 의과대학에 진학했다. 당시 전국에는 12개현재는 41개의 의과대학이 있었고, 서울 지역에는 8개의 의과대학이 있었다. 매년 8개 의대가 참여하는 예과체육대회가 열렸는데 농구, 배구, 축구, 야구, 육상 종목이 포함되어 있었다. 그래서 의과대학에 입학하면 신입생 모두 체육대회를 위해 종목을 선택해야 했고, 나는 육상부에 가입해 100m 달리기에 참여했다. 그런데 웬걸, 다른 의과대학 신입생들이 100m를 엄청나게 잘 달린다는 것을 알게 되었다.

예과 2학년 때는 후배들을 열심히 조련해서 그중 한 명이 단축마라톤에서 우승했다. 이때부터 나는 직접 달리는 것은 잘 못하지만, 가르치는 데 소질이 있는 게 아닌가 하는 자위를 하게 되었다.

　대학교수가 되어 학생들을 가르칠 때면 종종 불안했다. 왜냐하면 언제부터인가 의과대학에 들어오는 학생들이 전국 최상위 0.1% 안에 드는 수재들이기 때문이었다. 국내외 학회에 나가서 발표할 때는 더 불안했다. 자신감을 키우려고 강의법이나 강의록 만드는 특강을 찾아다니며 열심히 들었다.

　그러던 어느 날, 대선배 교수가 내 강의에 대해 평을 해주셨다. "당신, 강의 참 잘하네. 귀에 쏙쏙 잘 들어와." 이럴 수가. 존경하는 선배 교수가 내게 이렇게 말해주다니. 자존감이 낮고 자신감이 부족한 나로서는 강의 일정이 나오면 밤잠을 설치며 수업 준비를 했었는데, 전전긍긍하며 노력한 결과인가?

　어릴 때는 공부는 아니었지만 달리기로 '전교 2등'을 하며 나의 자존감과 자신감의 싹을 틔웠고, 교수로 일하면서는 나 자신을 다독이며 자존감이 조금씩 나아졌다. 달리기에서 얻은 자존감이 가르치는 일에 대한 자존감으로 이어졌고, 어릴 적 별거 아닌 것처럼 여겼던 호기심이 연구와 논문 쓰기에 큰 도움이 되었다.

이 이야기를 한 이유는 공부에 자신 없던 아이가 엉뚱하게 달리기에서 자신감을 얻고, 그 자신감이 학업에 대한 의욕으로 이어졌다는 점을 강조하고 싶어서이다. 그 자신감은 성인이 되어 교수라는 직업을 수행할 수 있을 만큼 열매를 맺었다. 자존감이 낮게 세팅된 고착형 마인드에서 성장형 마인드로 전환되면서 인생의 만족도와 행복감이 달라지게 되었다.

정말 시작이
반일까?

우리가 변화를 일으키려면 우선 무엇이든 시작해야 한다. '시작이 반'이라는 속담이 있다. 이는 무엇이든 시작하기가 어렵지, 시작만 해도 이미 반은 이룬 것이라는 뜻이다. 그만큼 시작은 쉽지 않다. 시작을 두려워하는 이유 중 하나는 '작심삼일'이라는 말에서 비롯된다. 많은 이가 새해 첫날 바닷가에서 일출을 보며, 또는 산 정상에 올라 올해의 목표를 정하고 시작하지만, 그것을 이루기란 여간 어려운 게 아니다.

설 연휴가 끝나고 직장에 출근하면, 새해 목표를 지키려던 의지가 작심삼일로 끝나거나 아예 목표를 세운 것조차 잊어버리기도 한다. 아이들은 방학이 시작되면 집에 와서 도화지에요즘은 테블릿 스케줄 앱에 동그라미를 그리고 일과를 정한다. 계획대로 '숙제하기'를 시작해도 방학이라 느슨해진 마음에 '잠깐만' 하며 미루고, SNS로 친구와 수다를 떨거나 게임을 하느라 일과표는 금세 잊어버린다.

그렇다고 해서 '새해 첫날 목표 세우기'나 '방학식 날 일과표 그리기'가 무의미한 것은 아니다. 좋은 습관 중 하나라고 생각한다. 좋은 습관에 대해 부정적인 생각을 하지 않으려면 어떻게 해야 할까? 차라리 시작이 반이고 작심삼일이 되니까 아예 3일 동안만 실천할 수 있는 단기 목표를 세우는 것은 어떨까? 100% 달성할 수 있는 목표를 세우는 것이다. 예를 들어, '여름방학 동안 3일간 매일 샤워하기'를 목표로 정하고, 3일 후 평가해 100% 달성했으면 자신에게 적절한 보상을 준다. 이렇게 해서 자신감이 붙으면, 다음 목표는 좀 더 노력이 필요한 과제로 정하고 또다시 사흘간 실천해본다.

변화는 시작과 동시에 완성되지 않는다. 꾸준한 노력과 의지가 있어야 가능하다. 시작은 어렵지만, 장애물을 만나거나 실패했을 때 극복할 수 있는 마음 자세가 중요하다.

토머스 에디슨Thomas Edison은 잘 알려진 발명가로, 평생 천 가지 이상의 발명품에 대한 특허를 보유한 인물이지만, 그의 발명은 단순히 천재성으로 쉽게 이루어진 것이 아니었다. 그는 전구를 발명하기 위해 천 번 넘는 실험에서 실패했지만, "나는 실패한 것이 아니다. 전구를 만들 수 없는 수천 가지 방법을 찾아낸 것이다"라고 말했다. 실패가 두려워서 도전하지 않는다면 변화는 없다. 실패는 단지 '성공하지 못하는 법을 또 하나 찾아낸 것'이며, 이는 긍정적 사고와 불굴의 의지가 중요함을 보여준다.

시작의 형태는 사람마다, 업무에 따라 다를 수 있다. 앞서 언급했던 조앤 롤링은 머릿속으로 해리포터 시리즈를 처음 떠올렸을 때 '7년 동안 일곱 권 완성'을 구상했다. 실제로 그녀는 7년보다 더 긴 10년에 걸쳐 시리즈를 마무리하는 끈기를 보였다. 커널 샌더스는 요리에 대한 꿈을 품고 60여 년 동안 다른 일을 하다가, 늦은 나이에 프랜차이즈 사업을 본격적으로 시작했다. 저마다 유형은 다르지만, 시작해야만 끝을 볼 수 있다.

무슨 일이든 시작이 어렵다. 그래서 작은 것부터 시작하는 게 중요하다. 실개천이 흘러서 강이 되고, 바다로 간다. 모두가 아는 애플 컴퓨터를 만든 스티브 잡스Steve Jobs도 친구인 스티브 워즈니악Steve Wozniak과 함께 처음에는 부모님 집 차고에서 조악한 컴퓨터를 조립하고 사업을 시작했다. 또 전 세계에 퍼져 있는 가구 회사 이케아를 창업한 잉바르 캄프라드Ingvar Kamprad 회장이 열일곱 살 때 '이케아'라고 이름 붙인 통신판매 회사를 시작한 곳도 삼촌네 부엌이었다.

아기가 태어나서 첫발을 내딛는 데는 약 12개월이 필요하다. 그 기간 동안 아기는 끝없이 꼼지락대며 목을 가누고, 몸을 뒤집고, 기어 다니다가 결국 보행을 위한 걸음마를 시작한다. 어쩌면 우리가 뭔가를 시작하는 것은 이만큼 어려울 수 있다. 아기의 첫걸음이 미미한 변화처럼 보일 수 있지만 첫발을 떼고 나면 엄청난 변화가 일어나듯이, 작은 시작이 있어야 더 큰 변화를 기대할 수 있다.

2장

나이가 들면
더 변하기 힘들까?

인간은 어떻게, 언제 변할까?

정신분석, 발달 이론의 발견

1995년, 미국 캘리포니아 산타모니카에서 열린 '정신분석과 영화 탄생 100주년' 기념 행사에 참석했다. 서로 다른 분야의 종사자들이 한자리에 모여 각자의 100년 역사를 축하하는 모습이 인상적이었다. 사람들의 마음에 다가가기 위해 노력한다는 점에서 두 분야의 공통분모를 찾을 수 있었다.

이 행사에서 영화계의 원년을 1895년으로 보는 이유를 알게 되었다. 그해는 뤼미에르Lumière 형제가 프랑스 파리의 그랑 카페에서 「기차의 도착」이라는 짧은 영상물을 대중에게 처음 상영한 해였다.

이전에 에디슨이 발명한 기계로 찍은 동영상이 있었으나, 사람들에게 돈을 받고 상영한 것은 뤼미에르 형제가 최초였고, 영화의 대중화를 고려해 이때를 원년으로 규정한 것이다.

「기차의 도착」은 프랑스 남부 해안 도시인 라 시오타 역에 화물 열차가 들어오는 장면을 찍은 약 1분 길이의 영상이다. 당시 카페에서 영상을 처음 본 사람 중에는 실제 기차가 들어오는 줄 알고 놀란 사람이 많았다고 한다참고로 그랑 카페는 현재도 같은 자리에서 영업을 하고 있다.

그 후 영화는 대중의 생활과 떼려야 뗄 수 없는 중요한 문화산업으로 발전했으며, 다양한 장르를 아우르게 되었다. 최초의 1분 미만에서 출발한 영화는 점차 발전해 애니메이션과 IMAX 영화와 같은 혁신적인 기술까지 선보이게 되었다.

나 역시 정신의학 교육에서 영화를 많이 활용한다. 영화 제작자들이 의도한 것은 아니겠지만, 영화는 교과서보다 흥미롭고 정확해서 교육 효과가 매우 좋다. 예를 들면, 「인사이드 아웃」 1편과 2편은 주인공이 초등학생에서 사춘기로 접어드는 발달 과정을 그 어떤 발달 이론 교과서보다 더 재미있고 정확하게 묘사하고 있다.

영화와 정신분석 모두 '탄생'이라는 표현을 쓴 이유는 그 이전에는 영화나 정신분석 이론이 존재하지 않았기 때문이다. 무에서 유가 생겨난 것이다. 정신분석 이론이 탄생하면서 인간을 이해하는

데 유익한 다양한 발달 이론이 만들어졌다. 이번 장에서 발달 이론에 대해 다루는 이유는 우리의 정신세계를 이해하기 위한 방법들이 어떻게 개발되었는지, 그 유래와 경과를 알면 앞으로 나아가는 길을 찾는 데 기초가 될 수 있기 때문이다.

'정신분석'을 처음 이야기한
프로이트[11]

지그문트 프로이트는 1881년 빈 의과대학을 졸업한 후 프랑스로 유학을 떠난다. 파리 살페트리에르 병원의 샤르코Charcot 교수에게 최면 치료를 배우고 돌아와 빈에 병원을 개업해 성공한다. 프로이트의 학교 선배인 브로이어Breuer 박사는 프로이트에게 당시 자신이 치료하고 있던 안나 오Anna O.라는 젊은 여성 환자에 대해 이야기를 해준다. 신경학적으로 이상이 없는데, 갑자기 마비 증세나 언어장애가 나타난다거나 물을 삼키지 못하는 등 다양한 증상을 보인다는 것이다. 그런데 신기하게도 브로이어가 안나의 이야기를 들어주다 보면 그녀의 증상이 사라졌다. 안나 오는 브로이어와의 대화를 통해 자신이 회복하자 이를 두고 '대화 치료'라 불렀다.

그동안 최면 치료를 하면서 그 기전에 대해 궁금해하던 프로이트는 브로이어 선배의 사례를 접하고 정신이 신체에 영향을 미친다고 생각했다. 안나 오는 브로이어와 대화를 나눌 때 어릴 적 상처받은 경험을 많이 이야기했는데, 그러면서 어른이 되어 생긴 증상들이 사라지게 되었다고 말했다.

어린 시절 기억이 마음속 어딘가에 잠재되어 있다가 어른이 된 후, 그 기억이 자극을 받아 마비, 언어장애 등의 증상으로 발현되는 것이다. 프로이트와 브로이어는 이러한 증상을 '히스테리아'로 명명하고, 유사 사례를 수집해 1895년 '히스테리아 연구'라는 사례집을 발표한다. 그래서 정신분석에서는 이때를 원년으로 삼는다.

이후 약 40년 동안 프로이트는 인간의 정신을 과학적으로 탐구해 이론으로 만들어낸다. 그는 사람의 마음속에 의식하지 못하는 무의식이 존재하며, 의식과 무의식을 오가며 활동하는 자아, 주로 무의식 속에 잠긴 채 활동하는 이드, 그리고 성장 과정에서 사회화와 도덕을 관리하는 초자아가 형성된다고 했다. 이 과정에서 정신세계의 발달 과정을 순차적으로 정리했는데, 바로 정신성 발달 이론이 그 것이다.

그의 이론에 따르면, 성 에너지를 중심으로 구강기Oral stage, 항문기Anal stage, 오이디푸스기Oedipus stage, 남근기, 잠재기Latency stage, 성기기Genital stage의 단계로 진행된다.[12]

구강기는 태어나서부터 약 18개월까지로, 이 시기에는 전적으로 돌봐주는 이20세기 초 이론을 발표할 당시에는 주로 어머니에게 의존한다. 입을 통해 세상을 탐색하고, 배고픔을 해소하며 안정감을 얻는다. 어머니와의 관계는 애착 유형을 형성할 뿐만 아니라 훗날 성인이 되어서 대인관계를 맺는 데에도 중요한 틀을 마련한다. 구강기에 욕구 좌절을 많이 경험했거나 돌봄 관계에서 심각한 문제가 있었다면 성인이 되어서도 매사 의존적이고 자기 중심적이며, 요구가 많고, 받을 줄만 알고 베풀 줄 모르게 된다.

항문기는 대략 생후 18개월부터 만 3세까지로, 아이의 관심이 입에서 항문으로 옮겨가고, 배변 훈련을 시작한다. 이 시기에 아이는 처음으로 권력 다툼을 경험하게 된다. 그동안 대소변을 아무 때나 기저귀에 싸도 잘 싸기만 하면 칭찬해주던 엄마가 갑자기 작은 통을 들이대며 대소변을 가려야 한다고 가르친다. 아이는 정해진 시간과 장소에 대소변을 봐야 한다는 엄마의 요구에 당황할 수밖에 없다.

기질적으로 순종적이고, 엄마와 애착이 잘 형성된 아이라면 엄마의 요구를 마지못해 받아줄 수도 있다. 그런데 그렇지 못한 경우라면 갈등이 생긴다. 손발을 자유롭게 움직일 수 있는 아이는 아무 데나 똥을 싸고 그 똥을 주무르며 놀기도 한다. 자기 몸의 일부를 가지고 노는 것인데, 엄마는 기겁하며 똥을 변기에 넣고 물을 내려버린다. 변기로 들어가 어디론가 사라지는 똥을 본 아이는 변기에 앉는 것이 두려워질 수도 있다.

이때 엄마가 아이의 두려움을 이해하지 못하고 배변 훈련을 강요하면 아이는 격하게 반항할 수 있다. 아이가 항문기를 지나며 부모에게 협조하고 순종하는 길을 선택하면 정돈, 정확성, 청결, 복종을 특징으로 하는 건강한 성격이나 강박적인 성격으로 발전할 수 있다. 반면, 제대로 대소변을 처리하지 못할 때 부모가 처벌 위주로 훈육하고 수치심을 주면 반항적인 성향이 형성될 수 있다.

대소변 가리기는 방광과 항문 괄약근을 관장하는 척추신경이 발달해야 가능한데, 아이마다 발달에 차이가 있으므로 성급하게 훈련을 강요하면 부작용이 따를 수 있다. 반대로, 신경 발달이 진행되었는데도 과보호하는 양육은 오히려 아이의 적절한 발달을 방해할 수 있다. 그런 점에서 양육은 매우 예민하고 흥미로운 예술이라고 할 수 있다.

4~6세가 되면 아이들은 남녀의 차이를 느끼고 성기가 다르다는 것도 알게 되는데, 이 시기를 오이디푸스기라고 한다. 이 개념은 오이디푸스 왕의 신화에서 유래한다.

고대 그리스 테베 왕국의 라이오스Laïus 왕은 왕비 이오카스테Io-caste 사이에서 아들을 얻었다. 어느 날, 왕이 델포이 신전에서 아들의 운명에 대해 묻자 신탁을 통해 "아버지를 죽이고 어머니와 결혼한다"는 예언을 듣는다. 왕은 양치기에게 아들을 죽이라고 명령하지만, 양치기는 차마 아기를 죽이지 못하고 발에 상처를 입혀 강물에 흘려보낸다. 이웃 왕국인 코린토스의 폴리보스Polybus 왕에게 입양된 아기는 '부은 발'이라는 뜻의 '오이디푸스'라는 이름을 받고 왕자로 자란다.

그런데 자신이 폴리보스 왕의 친아들이 아니며, 아버지를 죽이고 어머니와 결혼한다는 소문을 들은 오이디푸스는 양부모에게 죄를 짓기 싫다며 궁을 떠난다. 그 당시 길가에는 사람에게 수수께끼를 내고 맞추지 못하면 잡아먹는 스핑크스가 있었다. 이로 인해 나라가 혼란에 빠지자 과부가 된 이오카스테 왕비는 스핑크스를 이기는 자와 결혼한다는 포고문을 발표한다.

스핑크스의 수수께끼를 풀러 나간 오이디푸스는 "아침에는 네 발, 낮에는 두 발, 저녁에는 세 발인 동물은?"이라는 질문에 "사람"이라 답해 마침내 수수께끼를 풀었고, 스핑크스는 수치심에 자살한다. 영웅이 된 오이디푸스는 이오카스테 왕비와 결혼해 네 자녀를 낳는다. 훗날 이오카스테가 친어머니라는 사실을 알게 된 오이디푸스는 자기 눈을 멀게 하고 광야로 떠난다.

남근기 연령의 남자아이는 엄마랑 결혼한다고 하고, 여자아이는 아빠랑 결혼한다고 한다. 실제로 그럴 수 없다는 것을 알게 되면 동성의 부모에게 부러움, 질투, 증오 같은 양가감정을 갖게 된다. 이를 아이의 성별에 따라 남아는 오이디푸스 콤플렉스Oedipus Complex, 여아는 일렉트라 콤플렉스Electra Complex라고 부른다.

아이는 동성 부모에게 적대적 감정을 느끼지만, 상대가 되지 않는다는 것을 알게 되면 일단 그와 비슷해지려는 전략을 세운다. 이것이 '동일시Identification'라는 방어기제다. 또한 동성 부모가 자기를 해칠 수도 있다는 거세 불안Castration anxiety을 느끼기도 한다. 이러한 감정들을 다스리면서 아이는 윤리, 도덕 같은 초자아 기능을 습득한다.

오이디푸스기 동안 아이들은 자신의 성 역할 정체성을 확립하며, 남자아이는 사회문화 통념상 남자다움, 여자아이는 여자다움을 키워간다. 만약 오이디푸스기에 콤플렉스를 제대로 해결하지 못한 채 어른이 되면 이성관계나 대인관계에서 어려움을 겪을 수 있다.

오이디푸스또는 일렉트라 콤플렉스는 부모와 아들 또는 딸 사이의 삼자 구도에서 발생하는데, 최근 가족 개념의 변화가 생기면서 한부모 가정, 조손 가정, 동성 부모 가정에서 오이디푸스기에 습득해야 하는 초자아 개념이 발달할 수 있을까 하는 궁금증이 생긴다.

예를 들면, 우리나라의 옛이야기 『심청전』에서 심청은 어릴 때 엄마를 잃고 아버지심봉사와 둘이 살았는데, 일렉트라 콤플렉스를 어떻게 극복했을까? 심청이 어떻게 자신을 희생해 아버지의 눈을 뜨게 하는 착한 심성을 갖게 되었을까? 논란의 여지가 있지만, 아버지가 심청의 생모에 대해 '아름답고 착하고 청이를 매우 사랑한 훌륭한 분'이라는 좋은 어머니상을 심어준 덕분에 심청도 그러한 어머니의 영향을 받아 착하고 아름다운 여인으로 성장했다는 해석이 있다.[13] 즉, 가족 문화는 시대가 변화하더라도 기본적인 틀은 변하지 않는다고 볼 수 있다.

7~12세까지는 성적 흥미가 사라지면서 사회화가 발달하는 시기로, 잠재기라 부른다. 이 시기는 현재의 초등학교 시절에 해당하며, 성호르몬이 분비되기 시작하는 사춘기 전까지가 여기에 속한다. 학교에 가면서 권위의 존재가 부모에서 교사로 옮겨가게 되고, 여러 친구와 교류하며 학교사회의 규칙과 질서를 배운다. 성호르몬이 분비되는 사춘기 이후는 실제 성 기능이 발달하는 '성기기'로, 성적 욕구가 성숙해지며 성인이 될 준비를 한다.

프로이트는 정신성 발달 이론을 통해 인간이 태어나서부터 어떤 발달과 변화가 진행되는지 과학적으로 설명하려고 했다. 다만, 구강기-항문기-오이디푸스기를 찾아내고 정립하는 데 많은 시간이 걸렸다. 청소년기와 초기 성인기까지 이론을 정립하였고, 중년기 이후에는 더 이상의 큰 변화가 일어나기 어렵다는 잠정적인 결론을 내렸다.

프로이트의 정신성 발달 이론은 많은 논란과 비난을 받았으며 오늘날 일부 내용은 받아들여지지 않기도 한다. 그럼에도 불구하고 이후 많은 분석가들이 프로이트의 이론을 바탕으로 이를 수정하고 확장해 인간 정신 발달 단계를 정립하는 데 기여했다.

'인간은 죽을 때까지 발달한다'고 생각한
에릭슨

때때로 유명한 학자 중에는 어린 시절의 고민이나 경험이 연구의 초석이 되어 특정 분야에서 대가가 되기도 한다. 청소년기 정체성 발달 연구로 알려진 에릭 에릭슨Erik Erikson 또한 자신의 정체성 문제로 어려서부터 성인이 된 후까지 오랫동안 고민을 했던 인물이다.

그는 친아버지가 누구인지 모른 채 계부의 양육을 받았다. 유대인이지만 기독교로 개종했으며, 덴마크인 부모에게 태어났으나 독일 국적이었다. 이러한 불안정한 청소년기를 보낸 탓에 대학교도 중퇴하고 이리저리 떠돌아다닌다. 대학 졸업장이 없는데도, 미국의 하버드대학교, 예일대학교, 캘리포니아주립 버클리대학교에서 교수로 일한 독특한 경력의 소유자이다.

에릭슨의 어머니는 덴마크의 유대인 명문가에서 태어났다. 성인이 된 후 유대인 주식중개인인 블라디미르 이시도르 살로몬센Vladi-mir Isidor Salomonsen과의 사이에서 에릭슨을 잉태했으나, 결혼이 깨지면서 홀로 독일 프랑크푸르트로 이주해 에릭슨을 낳았다. 이후 그녀는 간호사 교육을 받고 병원에서 근무하면서 유대계 소아과 전문의인 테오도르 홈부르거Theodor Homburger와 결혼했다.

에릭슨은 고등학교 재학 당시 공부에 크게 흥미를 느끼지 못했다. 졸업 후 계부는 에릭슨이 의과대학에 진학하기를 원했으나, 그는 뮌헨의 미술학교에 진학한다. 그러나 에릭슨은 그곳에서도 적응하지 못해 학업을 중단하고, 오랜 기간 독일과 이탈리아를 전전하며 방황한다. 사람들에게 초상화를 그려주며 생계를 이어가다 이후다시 학교로 돌아가 미술 교사로 일한다.

함께 방랑했던 피터 블로스Peter Blos의 소개로 에릭슨은 안나 프로이트Anna Freud가 관련된 학교에서 미술을 가르치기 시작했다. 안나 프로이트는 그의 재능을 알아보고 정신분석을 공부할 것을 권유했고, 이후 에릭슨은 빈 정신분석 연구소에서 수료증을 받았다. 이수료증이 그가 가진 유일한 자격증이었다.

에릭슨은 정신분석을 공부하던 중 캐나다 출신의 댄서이자 예술가인 여성과 결혼해 자녀 둘을 낳았고, 기독교로 개종했다. 1939년, 히틀러의 나치 독일이 유대인을 탄압하자 에릭슨은 어머니의 국적인 덴마크로 돌아가려고 했으나 실패하고, 미국으로 이민을 떠난다. 이후 그는 미국 보스턴의 하버드대학병원에서 소아정신 분석가로 일했으며, 예일대학교로 이직해 경력을 이어갔다. 또한 캘리포니아주립 버클리대학교에서도 연구와 교육을 담당했다. 그리고 하버드대학교로 옮겨 68세로 은퇴할 때까지 인간발달학을 가르쳤다.

그는 예일대학교로 이직하던 35세까지 계부의 성인 '홈부르거'를 따랐으나, 자신의 성을 '에릭슨'으로 개명한다. 훗날 그는 이 일을 계기로 자신의 정신분석적 정체성을 찾게 되었다고 말했다.

에릭슨은 프로이트의 정신성 발달 이론을 청소년기와 성인기까지 확장해 8단계로 발전시킨다. 그는 프로이트가 구강기, 항문기의 특징적 성격을 기술한 것에 덧붙여 단계별로 달성해야 할 과제를 제시하고, 성공 또는 실패한 경우에 어떤 심리적 문제가 생기는지 연구했다. 프로이트가 성 에너지를 바탕으로 인간 정신의 발달이 진행된다고 본 반면, 에릭슨은 사회성 발달에 초점을 맞추었다.

에릭슨의 사회성 발달 이론은 연령대별로 발달 과제를 찾아내고, 과제 달성과 실패에 따른 결과를 구분했다.[14] 태어나서 돌이 될 때까지 아이는 혼자서는 생존할 수 없는 존재로, 전적으로 돌봐주는 이주로 어머니에게 의존할 수밖에 없다. 생사가 걸린, 매우 중요한 신뢰가 필요한 관계이기 때문에 어머니와의 관계가 어떻게 형성되느냐에 따라 아이는 사람에 대한 신뢰 또는 불신을 갖고 성장할 수 있다. 이러한 경험은 성인이 된 후 대인관계나 사회생활에도 영향을 미칠 수 있다. 불신이 주가 된다면 남을 믿지 못하고 의심하며, 심지어 배우자까지 의심하기도 한다. 그러나 이를 긍정적으로 승화시킬 수 있는 직업, 예를 들면 검사, 경찰, 사회운동가 등이 된다면 이 시기의 약점을 오히려 강점으로 활용할 수 있다.

연령	과제 달성	과제 달성 실패
1세 이전	신뢰	불신
1~3세	자율성	수치심
3~5세	주도성	죄책감
학령기(6~12세)	근면성	열등감
청소년기(13~18세)	정체성 확립	정체성 혼란
청년기(20~40세)	친밀감	소외감
중년기(40~60세)	생산성	정체감
노년기(60세 이후)	통합성	절망감

1~3세 시기는 프로이트의 항문기와 비슷한 단계로, 배변 훈련 과정에서의 성과에 따라 자율성이 길러지기도 하고, 자신에 대해 수치심을 느끼거나 의심을 갖는 성향이 생기기도 한다. 3~5세 시기는 프로이트의 오이디푸스기에 해당하며, 이 시기를 어떻게 지내느냐에 따라 자기 주도적 성향이 발달하기도 하고, 죄책감이 자리 잡기도 한다. 프로이트의 잠재기에 해당하는 학령기는 학업, 또래

관계, 어른들과의 관계 등 학습과 사회활동을 통해 얻는 성취감에 따라 근면성 또는 열등감이 형성된다.

에릭슨이 가장 심혈을 기울여 연구한 청소년기는 자기 자신이 누구인지 알고 앞으로의 삶의 방향을 정립하는, 매우 중요한 시기이다. 이 시기에 정체성을 확립하고 사회로 나갈 준비를 한다. 그러나 정체성을 구축하는 데 실패하거나 지연되면 성인기로 진입하는 데 문제가 생길 수 있다. 특히 성인기는 사회성과 관련된 부분을 중심으로 다뤄진다.

청년기는 사회생활을 시작하며 네트워크를 구축하고 친밀감을 형성하는 것이 중요한 시기이다. 이 과정에 문제가 생기면 소외감을 느낄 수 있다. 중년기는 직장, 가정을 책임지는 시기로, 생산성이 주요 발달 과제가 된다. 이 단계에서 역할이나 기능에 문제가 생기면 발달이 정체된다. 노년기는 이제까지의 삶을 통합하는 시기로, 이 단계에서 문제가 생기면 절망감에 빠진다.

프로이트는 중년 이후 인간이 크게 달라지지 않을 것이라고 본 것과 달리 에릭슨은 인간이 태어나서 죽는 순간까지 발달하고, 변화한다고 생각했다. 다만 그가 활동했던 1960년대에는 평균 수명이 짧았기 때문에 80세까지의 발달을 분석했다. 이제 평균 기대수명이 100세를 바라보면서 초노년기의 발달 단계를 설명할 새로운 이론이 필요해졌다.

평생에 영향을 주는
아기의 경험

에릭슨과 동시대에 뉴욕에서 활동한 마거릿 말러Margaret Mahler[15]는
주로 영유아기의 정신 발달을 연구했다. 흥미롭게도 말러 역시 에
릭슨처럼 자신의 어린 시절 갈등을 평생 연구 과제로 삼았다. 어린
시절 어머니에 대한 갈망을 충족하지 못한 채 살아가던 그녀는 어
머니의 사망 이후 심한 우울증을 겪었다.

　마거릿 말러의 이론을 소개하기 전에 그녀의 삶을 살펴보자. 말
러는 헝가리 소도시의 의사인 아버지와 자녀 양육에 관심이 없는
어머니 사이에서 장녀로 태어났다. 어머니는 아버지를 닮아 똑똑한
말러를 노골적으로 싫어했지만, 4년 뒤 태어난 여동생에게는 훌륭
한 어머니로서의 역할을 다했다.

　말러는 또래 친구들이 파티에 가고 수다를 떨며 시간을 보낼 때
알버트 아인슈타인Albert Einstein의 상대성 이론을 공부했고, 커서는
의과대학에 진학해 소아과 의사가 되었다. 그리고 빈에서 소아과
의사로 일하며 정신분석을 공부했다. 유대인인 그녀는 나치의 박해
를 피해 제2차 세계대전 직전 미국으로 이주했으며, 뉴욕을 중심으

로 영유아기 발달을 세밀하게 관찰해 아기의 정신 발달 과정을 분석했다.

아기가 태어난 후 일정 기간 엄마와 아기는 공생관계를 형성하며 지낸다. 돌 전후로 아기는 기고 걷게 되면서 물리적으로 엄마와 분리되며, 홀로서기를 준비한다. 두 돌 전후 아기는 홀로 이동이 가능해지고 언어 능력이 발달하면서 인지 능력도 향상된다. 세 돌 무렵의 아기는 엄마가 눈앞에 보이지 않아도 머릿속으로 엄마의 형상을 그릴 수 있는 '대상 항상성Object constancy' 기능이 발달하면서, 엄마와 헤어져도 어느 정도 시간을 보낼 수 있게 된다. 이 시기를 말러는 신체적 탄생에 이어 '심리적 탄생'이라고 불렀다.

특히 말러는 분리 개별화 이론Separation-Individuation Theory에서 이 점을 강조했다. 건강한 심리적 탄생을 경험하지 못한 채 어른이 되는 경우가 많기 때문이다. 말러 역시 어머니의 사랑 없이 성장하는 과정에서 행복하고 건강한 심리적 탄생에 대한 열망과 갈등을 겪었다. 그렇지만 그녀는 그러한 갈등 경험을 연구를 통해 해결하려고 노력했다.

말러는 어머니와의 관계 회복을 위해 그녀를 미국으로 모셔 오려고 노력했으나 어머니의 거부로 이루어지지 않았다. 이후 유대인인 어머니가 체포되어 나치의 유대인 수용소에서 사망했으며, 말러는 이 사건 이후 심한 우울증에 빠졌다. 이는 아마도 어머니와의 건강한 분리 경험을 재현하지 못한 채 관계가 끝났기 때문일 가능성이 크다. 실제로 건강한 심리적 탄생을 경험하지 못한 아이는 어른이 되고 나서 자신의 부모에 대한 분노, 공격성, 의존성 등을 보이며, 자기 자녀들과도 심리적으로 분리되지 못하는 경우가 있다.

인간의 '도덕성'도
발달과 변화를 거친다

리틀 야구단에서 운동하던 아들이 쓰러졌다. 당장 심장 이식을 받지 않으면 살기 어렵다는 판정을 받는다. 중견 직장인인 아버지는 수술비를 마련하기 위해 노력하지만, 방법이 없다. 예치금을 내야 수술 순서를 앞당길 수 있는데, 그마저도 마련하기 어려운 상황이다. 방법을 찾지 못한 아버지는 아들이 입원한 병원 응급실을 장악하고 인질극을 벌인다. 이식할 수 있는 심장을 최대한 빨리 가져오도록 요구하며 인질을 위협한다. 경찰의 무리한 진압, 당국의 의료 보험 문제 등이 대중에게 생중계되면서 사람들은 아버지 편을 든다. 결국 그 아버지는 아들의 이식 순서를 앞당기고, 수술비와 관계없이 수술을 받을 수 있게 된다.

미국 영화배우 덴젤 워싱턴Denzel Washington 주연의 2002년 영화

「존 큐」의 내용이다.[16] 수술이 무사히 진행되면서 아버지는 체포되었고, 재판에서 여론에 힘입어 인질극을 제외한 대부분의 혐의는 무죄 판결을 받는다.

만약 이런 일이 실제로 벌어진다면 영화에서처럼 인질들이 아버지의 심정에 동조해스톡홀름 증후군 오히려 아버지를 도울 수 있을까? 또 심장 이식이 필요한 다른 환자들이 자기를 희생하며 아이가 먼저 수술을 받도록 양보할 수 있을까? 미국 의료보험 제도의 문제도 있지만, 예치금이나 수술비가 없을 경우 수술 순위를 높이기 위해 인질을 볼모로 수술을 요구하는 것이 정당화될 수 있을까? 이를 필요에 따라 허용해야 하는가? 법을 어긴 것은 분명하나 자식을 위한 아버지의 사랑은 도덕적으로 어떻게 해석해야 할까?

인간은 사회적 동물이며, 사회적 합의에 기반한 법을 따른다. 또한 사회를 지탱하기 위해서는 법 외에 인간으로서 도덕적 소양을 갖춰야 한다. 이와 연관해 로런스 콜버그Lawrence Kohlberg가 연구한 '도덕성 발달 이론Moral development theory'이 있다. 콜버그는 자신의 연구를 토대로 도덕 수준에 따라 도덕성 발달을 6단계로 구분했다.

전인습 수준Pre-conventional Level에서 1단계는 처벌과 복종을 지향하며 보통 어린아이들이 여기에 머문다. 2단계는 욕구 충족의 도구적 목적 단계로 개인에 따라 이익과 손해 개념이 다를 수 있고, 도덕적 딜레마가 있는 상황에서 판단도 달라질 수 있다고 본다.

다음은 인습적 수준Conventional Level으로 3~4 단계가 여기에 해당된다. 3단계는 '좋은 사람 논리'이다. 타인에게 착한 사람으로 보이기 위해 노력하며, 누가 좋은 사람인가로 사람을 판단한다. 주로 청소년기가 여기에 해당한다. 4단계는 준법 정신과 질서에 따르는 것으로 대부분의 성인이 4단계까지 발달한다. 이보다 더 높은 후인습 또는 탈인습 수준Post-conventional Level부터는 법과 사회적 규범을 초월할 수 있다. 사회적 계약으로의 법과 인간 권리를 중요시하는 5단계와 보편적 원리에 따라 도덕적 판단을 하는 6단계가 있다.

'개인'이 되며
인간은 발달한다

프로이트는 인간 정신의 발달 과정을 '정신성 발달 이론'으로 설명하며, 사춘기 무렵까지만 포함했다. 이후 에릭슨은 사춘기 이후의 청소년기를 집중적으로 조명했고, 성인기의 발달 과제를 노년기까지 확장해 연구했다. 캘빈 콜라루소Calvin Colarusso는 미국 샌디에이고를 중심으로 활동한 소아정신분석가로, 성인기를 청년기, 중년기, 노년기, 고령기 순으로 나누고 단계별 발달 과제를 제시했다.

콜라루소는 아동과 성인의 발달 과정은 기본적으로 동일하다고 보았다. 즉, 성인도 생물학적, 정신적, 환경적 영향에 의해 지속적으로 발달한다는 것이다. 아동기의 발달은 정신 구조의 형성이 주요 과제인 반면, 성인기의 발달은 기존의 정신 구조와 기능이 진화하는 과정이다. 성인기의 발달은 어린 시절뿐만 아니라 이전 성인기의 경험에 의해서도 영향을 받는다. 성인기 후반에는 시간의 제한성과 죽음이라는 주제를 인식하고 받아들이는 과정에서 정상적인 위기가 발생할 수 있다.

특히 주목할 점은, 앞서 말한 말러의 '분리 개별화'가 영유아기는 물론 성인기에도 반복되고 있다는 것이다. 콜라루소는 말러가 말한 3세 전후의 분리 개별화를 '1차 분리 개별화', 블로스가 말한 청소년기 자녀의 홀로서기를 '2차 분리 개별화'라고 했다. '3차 분리 개별화'는 20~40대, '4차 분리 개별화'는 40~60대, '5차 분리 개별화'는 60~80대에 나타난다.[17]

3차는 결혼을 통해 성년이 된 자녀가 나이 든 부모와 분리되는 것이며, 또한 자녀의 탄생을 통해 부모가 되어 자녀와의 개별화를 경험한다. 4차는 부모의 죽음, 자녀의 성장과 독립, 손주 탄생의 과정을 통해 분리를 경험한다. 5차는 다가오는 죽음을 받아들이고, 신체 노화 과정에서 분리를 경험한다.

이 외에도 다양한 발달 이론이 연구, 발표되고 있다. 물론 연구자, 문화, 시대, 환경 등에 따라 각 이론은 고유의 목적과 적용 방식에서 차이가 있을 수 있다. 정신의학적 진료 현장은 물론 일상에서도 개인을 이해하는 데 가장 적합한 이론을 선택해 활용하면 도움이 될 것이다.

2

우리가 바라는 것은
성장인가 발달인가

성장은 멈추지만
발달은 멈추지 않는다

인간의 '성장'과 '발달'은 종종 비슷한 의미로 사용되지만, 이 책에서는 그 차이를 명확히 구분할 필요가 있다.

성장은 양적 변화, 즉 신체 크기나 양의 증가를 의미한다. 세포 분열과 세포 크기 증가를 통해 나타나며 대표적으로 키, 체중, 팔다리의 길이 변화가 있다. 성장은 일반적으로 숫자로 측정할 수 있고, 성인이 된 후에는 진행되지 않는다. 반면, 발달은 질적인 변화, 즉 기능 향상과 복잡성 증가를 의미한다. 신체, 인지, 사회, 정서, 언어 능력의 향상과 관련이 있다. 발달은 성장처럼 객관적 숫자로 측정하기 어렵지만, 발달 검사, 지능지수IQ 검사, 행동 관찰 등을 통해 평가할 수 있다. 발달은 성인이 된 후에도 계속되며, 각 시기마다 다른 형태로 나타난다.

이제 초등학생부터 청소년, 중년, 초고령자에 이르기까지 연령에 따른 다양한 성장과 발달 유형을 소개하고자 한다. 실제 인물보다는 영화나 문학과 같은 예술 매체를 통해 잘 알려진 인물을 중심으로 접근했다. 그들은 우리처럼 평범한 모습일 수도 있고, 특별한 유형일 수도 있다. 이러한 발달과 변화의 크기와 폭을 통해 이 책에서 추구하는 변화의 틀에 대한 기틀을 마련하고자 한다.

고아로 태어났지만 다른 삶을 사는
해리포터와 볼드모트

영화로도 제작되었지만 원작 소설로 더 유명한 해리포터 시리즈는 성장과 발달을 매우 정교하게 묘사한 대표적인 발달 소설이다. 사춘기가 시작될 즈음 호그와트 마법학교에 입학한 해리포터는 7학년 과정을 거치며 신체적으로 성년에 가까운 몸을 갖게 되고, 정서적으로는 자기 정체성과 이성관을 정립해나간다.

해리포터의 선배 중에는 볼드모트라는 인물이 있다. 그는 해리처

럼 고아로 자랐는데, 마법사인 어머니가 출산 중에 목숨을 잃어 고
아원에 맡겨진다. 볼드모트의 아버지는 '머글'이며, 볼드모트가 태
어나기 전에 아내 곁을 떠났다. 따라서 볼드모트에게는 애정의 대
상이 한 명도 없었다.

해리는 돌이 될 무렵까지 부모의 사랑을 듬뿍 받으며 자랐다. 그
러나 볼드모트가 해리의 부모를 죽이는 과정에서 해리 엄마의 사랑
이 만든 보호막 때문에 볼드모트는 회복하기 어려운 상처를 입고
칩거하게 되었고, 해리는 이마에 번개 모양의 상처가 남게 되었다.

해리는 볼드모트에 의해 부모를 잃은 후 호그와트 마법학교의 덤
블도어 교장의 도움으로 이모 집에서 자라게 된다. 이모네 가족 모
두가 해리를 구박하고 괴롭히지만, 사실 덤블도어 교장은 해리를
보호하기 위해 그 집 전체에 보호 마법을 걸어놓았다.

해리와 볼드모트는 시기는 다르지만, 같은 호그와트 마법학교에
서 7학년 동안 교육을 받는다. 볼드모트는 파괴와 죽음의 상징으로,
자신의 욕망을 위해 걸림돌이 있으면 이를 제거하며 누구와도 동등
한 관계를 맺지 못한다.

그는 자신이 암살당할 것이 두려워 자신의 영혼을 담은 호크룩스
7개를 만들어 비밀 장소에 숨겨둔다. 그중 6개는 볼드모트가 오랜
세월 동안 하나씩 만들어낸 것으로, 주로 물건들이었다. 마지막 하
나는 아이러니하게도 '해리포터'였다. 볼드모트가 해리를 죽이려

했을 때 볼드모트의 영혼이 해리에게로 옮겨갔던 것이다. 그래서 해리는 볼드모트처럼 뱀의 언어를 사용할 수 있었고, 볼드모트와 텔레파시로 소통할 수도 있었다. 볼드모트가 다른 이와 건강한 관계를 형성하지 못하고, 호크룩스의 하나인 뱀 레기니와 함께 다니는 모습은 안쓰러워 보인다.

반면, 해리는 마법학교에서 7년 동안 1등을 놓치지 않은 헤르미온느, 형제처럼 지내며 우정을 쌓은 론 위즐리와 친구가 된다. 그는 학교생활과 또래 관계, 교사나 친구의 가족 같은 성인들과의 원만한 관계를 통해 신체 성장뿐만 아니라 나이에 맞는 발달을 이룬다.

볼드모트는 점차 자신의 세력을 규합하고, 마침내 마법사 세상을 정복하기 위해 큰 싸움을 벌인다. 해리는 악에 맞서 선을 지키려는 이들과 함께 볼드모트를 막아낸다. 해리가 저학년일 때는 주로 학교 안에서 싸움이 벌어지지만, 볼드모트의 힘과 세력이 점차 강해지면서 싸움은 마법사 사회 전체로 확대된다.

최후의 전투가 벌어지던 날, 해리는 자신이 볼드모트의 일곱 번째 호크룩스임을 깨닫고 자기가 죽어야 볼드모트도 죽게 된다는 사실을 알게 된다. 그는 자신이 죽는 희생도 감수하며 세상을 지키기 위해 노력한다. 삶과 죽음의 갈림길에서 이승으로 돌아온 해리는 최후의 전쟁에서 선을 지키려는 모든 이와 함께 힘을 모아 볼드모트를 몰아내고 승리를 거둔다.

해리와 볼드모트는 둘 다 고아로 자랐지만, 애착 형성의 대상이 있었느냐 없었느냐에 따라 큰 차이를 보였다. 해리에게는 성장 과정 동안 보이지 않는 사랑의 손길이 늘 곁에 있었기 때문이다. 시기는 다르지만 같은 마법학교에 입학해 성장하는 과정을 보면 두 사람의 차이가 더 선명하게 드러난다.

이처럼 어린 시절 애착 대상 유무와 같은 작은 환경의 차이가 신체적 성장과는 별개로 인격 형성에 엄청난 영향을 미친다는 사실을 알 수 있다. 현실에서도 여러 문제를 보이는 성인의 과거 궤적을 들여다보면, 근본적인 문제 발생의 시점이나 상황, 영향을 미친 인물 등을 찾아낼 수 있고, 이를 통해 구체적으로 문제 해결을 시도해볼 수 있다.[18]

나는 정신과 의사로서 조앤 롤링 작가에게 존경심을 느끼고 감탄했다. 그 이유는 선과 악의 인물 구도로 전쟁을 벌이는 소설의 전개도 흥미롭지만, 청소년기의 성장과 발달을 너무나도 정확하고 섬세하게 기술했기 때문이다. 그중 론의 질투심을 묘사한 부분을 살펴보자.

볼드모트와의 전쟁을 끝내려면 그가 감춰둔 호크룩스를 모두 파괴해야 한다는 것을 알게 된 해리, 헤르미온느, 론은 함께 호크룩스를 찾기 위해 길을 떠난다. 그 과정에서 헤르미온느를 좋아하는 론은 해리와 헤르미온느 사이를 질투하고 의심하다가 결국엔 다투고 혼자 떠나버린다. 하지만 방황 끝에 돌아온 론은 위험에 처한 해리를 구해주고 셋은 화해한다. 소설에서는 론이 삼각관계를 의심하던 당시, 그가 호크룩스 중 하나인 로켓 목걸이를 지니고 있었기 때문이라고 설명한다. 왜냐하면 로켓 목걸이는 사람의 마음을 의심하고 부정적인 생각을 하게 만들기 때문이다.

청소년에서 성인으로 가는 길목, 호밀밭의 파수꾼은 누구인가

요한 볼프강 폰 괴테Johann Wolfgang von Goethe의 『빌헬름 마이스터의 수업시대』와 『젊은 베르테르의 슬픔』, 찰스 디킨스Charles Dickens의 『위대한 유산』, 헤르만 헤세Hermann Hesse의 『데미안』, 하퍼 리Harper Lee의 『앵무새 죽이기』는 청소년기 성장 소설을 대표하는 작품들이다. 특히 제롬 데이비드 샐린저Jerome David Salinger의 『호밀밭의 파수꾼』은 가장 많이 읽힌 성장 소설로 꼽힌다. 발표된 지 오래된 작품인데도 여전히 현대 사회의 문제를 많이 담고 있다.[19]

이 소설은 고등학교 졸업반 남학생이 성장 과정에서 겪는 갈등과 혼란을 이야기한다. 실제로 소설 내용에는 작가인 제롬 데이비드 샐린저의 가족관계나 경험이 반영되어 있다.

1951년에 처음 출간되었을 당시 욕, 알코올 남용, 문란한 성관계, 매춘 등 청소년에게 해로운 표현이 많다는 이유로 부모들로부터 판매 금지 요청을 받았다. 문맥상 보수와 진보, 부모와 자식 간 갈등과 분열을 조장하는 내용이 많고, 청소년의 눈으로 본 어른들의 위선과 타락한 세상은 아이들의 가치관에 혼란을 일으키기 충분했기 때문이다. 어쩌면 이는 심리적 성장통으로 볼 수 있는 마음의 상처와 혼란을 묘사하며, 부도덕한 세상에 대한 환멸과 실망을 거침없이 드러낸 작품이다.

소설은 16세의 홀든이 펜실베이니아의 사립 기숙학교에서 거의 모든 과목에서 낙제하고, 흡연 등 문제를 일으켜 퇴학 처분을 받으면서 시작된다. 퇴학 후 집으로 가지 않은 그는 사흘간 뉴욕을 돌아다니며 사람들을 만나 방황한다. 그가 집으로 가지 않은 이유는 학교에서 보낸 퇴학 통보서가 집에 도착하기까지 사흘이 걸릴 것을 알고 있었기 때문이다.

홀든은 뉴욕의 술집, 호텔, 클럽 등을 전전하며 기분 전환을 시도하지만, 어딜 가나 위선적인 모습을 보이는 사람들에게 실망한다. 매춘을 권하는 호객꾼에게 이끌려 매춘부와 한방에 묵을 때도 그는 이야기만 나눴을 뿐인데 돈을 빼앗기고 쫓겨난다. 사흘간의 방황 끝에 세상에 환멸을 느끼고 여동생 피비에게로 돌아간다.

이 소설이 유명해진 뜻밖의 이유 중 하나는 1980년 겨울, 뉴욕 센트럴파크 남쪽에 위치한 고급 아파트 앞에서 비틀즈의 멤버 존 레논John Lennon을 살해한 범인이 현장에서 체포될 때 그의 손에 이 책이 있었기 때문이다. 암살범은 자신도 책 내용처럼 세상의 거짓과 가식을 처벌하려는 것이었다고 주장했다.

세상을 위험하고 사악하다고 표현하는 게 작가만의 특권일 수도 있다. 그러나 이 작품에서 전하고자 하는 것이 사랑과 미움의 통합이나 해결책 제시가 아니라, 미분화된 청소년의 적개심과 분노, 환멸감을 재확인하는 차원에 머물고 있다는 점에서 진정한 성장 소설이라고 보기 어렵다는 견해도 있다.

내가 이 책을 읽고 생각한 작품의 메시지는 아이들이 호밀밭에서 다치지 않도록, 즉 사회가 아이들을 보호하는 파수꾼이 되어야 한다는 것이었다. 작가가 그런 역할을 해줄 것으로 기대했으나, 실제로는 작가 본인도 학창 시절을 원만하게 보내지 못했고, 출간 후 평생 칩거해 살면서 진정한 파수꾼이 되지는 못했다. 어쩌면 사회가 안고 있는 문제를 작품에 녹여냄으로써 자신의 역할을 다했다고 생각했을 수도 있다. 성장 소설의 특성을 이해하기 위해 작가 샐린저에 대해 좀 더 알아보자.

샐린저는 뉴욕 맨해튼에서 육류 수입상을 하는 부유한 유대인 가정에서 태어났다. 아버지는 냉담하고 권위적인 인물이었고, 어머니는 과보호와 잔소리가 많은 분이었다. 그리고 일곱 살 많은 누나가 있었다.

샐린저는 키가 크고 마른 체격에 체력이 약한 편이었다. 초등학교와 중학교에서는 적응하지 못했지만, 본인이 원해서 입학한 기숙 군사학교에서는 펜싱부로 활동하며 즐겁게 시간을 보냈다. 이후 대학에 입학했지만 중퇴하고, 다른 대학으로 옮긴 후에도 졸업하지 않았다. 1942년, 제2차 세계대전에 징집되어 노르망디 상륙 작전에 참여했으며, 독일어를 잘해 독일군 포로의 심문을 맡기도 했다.

그는 처음으로 유대인 수용소에 진입한 부대에서 일하며 상당한 충격을 받았고, 그로 인해 한동안 입원해 정신과 치료를 받았다. 이해할 수 없는 것은 군 복무 중 나치 관리인 여성과 결혼해 미국으로 귀국한 점이다. 약 6개월간 결혼생활을 이어갔지만 결국 이혼하고, 아내는 독일로 돌아간다. 샐린저의 아버지는 자신의 육류 사업을 물려받기를 원했으나, 그는 거절하고 글쓰기를 시작한다.

1951년 『호밀밭의 파수꾼』을 발표한 후 그는 인세로 평생 유복하게 생활했다. 두 번째 결혼에서 딸과 아들을 얻었으나 또다시 이혼했고, 이후 어린 여성과 동거하거나 만남을 이어갔다. 세 번째 부인은 샐린저보다 40세 어린 간호사 출신이며, 샐린저가 죽을 때까지 곁을 지켰다. 『호밀밭의 파수꾼』 이후 몇 편의 작품을 출간했지만, 큰 주목을 받지 못했다.

화가가 되려고 타히티로 떠난
40대 증권맨, 중년의 위기인가

'중년기 위기Midlife crisis'라는 말이 있다. 중년기는 말 그대로 젊은 성인과 노인 세대 사이에 낀 중간 세대로, 가정과 직장에서 가장 힘든 시기를 보낸다. 이 시기에 겪는 우울감과 불안감이 크기 때문에 '위기'라고 표현한다. 이 용어가 처음 소개될 1965년에는 35세 전후에 나타나는 빠른 변화나 전환기의 현상으로 소개되었다. 여성에게는 빠른 폐경과 맞물리면 구분하기 어려운 경우가 많고, 남성에게는 힘든 사회생활 등으로 성 에너지가 감소하면서 남성 갱년기로 불리기도 한다. 오늘날에는 35세보다 많은 나이에서 발생하는 심리적 변화를 의미한다.

중년기는 남녀 모두에게 힘든 시기다. 중년이 될 때까지 열심히 살아오느라 지쳐 있고, 몸과 마음이 이전과 같지 않음을 느끼면서 불안해지기도 한다. 그래서 마음의 짐을 덜어내고 일탈을 꿈꾸기도 하지만, 현실의 끈을 놓기란 쉽지 않다.

이러한 중년기 위기를 잘 그려낸 작품이 있다. 1919년 출간된, 영국의 작가 윌리엄 서머싯 몸William Somerset Maugham의 『달과 육펜스』이다.[20] 이 작품 속 주인공인 찰스 스트릭랜드를 살펴보자.

런던의 증권사 직원인 찰스 스트릭랜드는 평범한 직장인으로, 집에는 아내와 아이들이 있다. 그런데 어느 날 갑자기 그가 사라졌는데, 아무도 그의 소식을 알지 못한다. 5년 뒤, 그는 파리에서 그림을 그리고 있었고, 건강이 나빠져 친구에게 신세를 지게 되었다. 그 과정에서 간병을 해주던 친구의 아내와 바람이 나고, 둘의 관계가 알려지면서 친구의 아내는 자살한다.

이후 찰스는 죄책감도 느끼지 못한 채 마르세유를 거쳐 타히티로 향했다. 그곳에서 원주민 여성과 가정을 꾸리고 그림을 그리지만, 한센병Hansen's disease, 나병에 걸려 쇠약해진다. 찰스는 벽화 하나를 남기고 죽는데, 사후에 작품을 모두 불태워달라고 유언한다. 하지만 그의 작품은 유명해졌고 천재 화가로 이름을 남기게 되었다.

찰스의 행위를 중년의 우울감과 위기 극복으로 보아야 할까, 아니면 무책임한 중년의 일탈로 보아야 할까? 또 평범한 중년이던 그가 예술가의 삶을 선택하는데, 이러한 변화를 자기 재능을 구현하기 위한 부득이한 선택으로 봐야 할까, 아니면 비도덕적인 탈선으로 봐야 할까?

『달과 육펜스』에서 '달'은 이상과 예술 세계를 의미하며, '육펜스'는 현실과 돈을 의미한다. 찰스는 달빛 세계의 매력에 이끌려 현실 세계를 탈출한다. 그림을 그리고 싶은 자신의 열망과 간절함을 따른 것이다.

서머싯 몸은 이 작품의 모티프를 프랑스 화가인 폴 고갱Paul Gauguin에게서 얻었으며, 고갱이 살았던 타히티를 방문해 그에 관한 자료를 수집했다. 고갱은 도선사와 해군 등으로 일하다가 파리 증권거래소에 취직해 증권거래인으로 일하며 경제적 부를 축적했고, 그림을 사 모았다. 34세 되던 해, 파리 증권시장이 붕괴되면서 고갱은 전업 화가가 되겠다고 선언한다.

이후 경제적으로 어려워지자, 고갱의 아내와 아이들은 친정이 있는 덴마크로 떠난다. 고갱의 화가로서의 삶은 궁핍과 고난의 연속이었다. 프랑스와 다른 나라를 오가며 계속 그림을 그렸다. 이후 얼마간 반 고흐Van Gogh와 같은 스튜디오에서 작업하기도 했으나, 42세가 되던 해 타히티를 방문해 그곳에서 약 2년간 작업하다가 파리로 돌아간다.

이후 고갱은 다시 타히티로 돌아가 그림 작업을 계속했으며, 그

후 마르키즈 제도로 이주해 55세 나이로 사망할 때까지 그림을 그렸다. 그는 아내와 법적으로 이혼하지 않은 상태였지만, 타히티나 마르키즈 제도에서 원주민 소녀들과 결혼해 자녀를 두었으며, 매독에 걸리는 등 문란한 성생활을 했다.

고갱이나 찰스 스트릭랜드는 중년기 위기라기보다는 재능을 발휘하며 사는 삶을 위해 변화를 시도한 것으로 보인다. 모두 가족을 돌보지 않았다는 점에서 더더욱 그렇다. 자기 자신만을 위한 변화를 추구한 것이다.

101세에 사이클 세계 신기록에 도전하려는 사람이 있을까

초고령자인 경우 발달이 가능한가? 최근 건강하게 백 살 넘게 사는 '백세인'들에게 관심이 쏠리고 있다. 고령 노인은 신체 훈련을 통해 기능이 향상되는 것을 기대할 수 없다고 알려져 있었으나, 프랑스의 아마추어 사이클 선수인 로베르 마르샹Robert Marchand의 사례를 통해 그 통념이 무너졌다.

1911년 프랑스 아미앵에서 태어난 마르샹은 109세로 사망할 때까지 운동선수로 활발히 활동했다. 정원사와 와인 거래상으로 오랫동안 일하다가 77세에 은퇴한 그는 67세부터 아마추어 사이클 선수로 활동하기 시작했는데, 100세 이후에도 훈련을 멈추지 않았다.

101세가 되던 해, '100세 이상 한 시간 트랙 사이클링' 부문에서 세계 신기록을 세웠고, 103세가 되던 해 이 기록을 경신했다24.25 → 26.93km/hour. 105세 때는 현역 선수로는 최고령자로 기네스북에 등재되었다. 106세 때는 '105세 이상 한 시간 트랙 사이클링' 부문에서 세계기록을 수립한 뒤 "더 잘할 수 있다"고 외쳤다. 마르샹의 건강 비결은 풍부한 채소와 제철 과일, 소량의 육류, 적당량의 커피로 구성된 식단과 매일 집에서 한 시간씩 사이클링을 하는 것이다. 이후 마르샹은 107세 때 4,000m 경기를 완주했고, 107세 생일을 자축하기 위해 20km를 자전거로 달렸다.

그는 신체생리학자들과 협력해 백세인이 훈련을 통해 심폐 기능과 최대 산소 소비량이 향상될 수 있는지 실험했다. 101세부터 2년간 연령에 맞춘 신체 훈련을 진행한 결과, 최대 산소 소비량, 최대 출력과 최대 페달링 빈도가 향상되었음을 증명했다. 신체 성장은 멈췄지만, 발달은 가능하다는 것을 입증한 것이다.[21]

백세인Centenarian이란 단순히 나이가 백 살이 넘은 사람을 말하는 게 아니라, 마르샹 씨처럼 건강하게 살고 있는 백 살 이상이 된 사람을 의미한다. 내셔널 지오그래픽은 전 세계를 다니며 90세 이상 또는 백세인이 많이 살고 있는 지역, 즉 '블루존Blue zone'을 대중에게 널리 알렸다. 이곳에 사는 이들의 활동 중 특히 눈길을 끄는 것은, 멀리 보고 큰 그림을 그린다는 점이다. 백 살이 넘어도 새로운 것에 호기심을 갖고 배우는 것이 백세인의 발달 비결이라고 생각한다.

이번 절에서 제시한 사례들을 보면, 일정 나이가 되면 성장은 멈추지만, 나이가 들면서 노화와 퇴화가 진행돼도 발달은 계속된다는 사실을 알 수 있다. 더 나은 삶을 위해 우리가 변화를 추구하는 것은 건강한 발달의 과정이다.

3

발달에 관한
뜨거운 논쟁들

수요일 밤의
모임

프로이트를 위대한 인물로 존경하는 이유는 그가 사람의 정신을 과학적으로 설명하려는 시도를 했기 때문이다. 처음은 누구든 힘들다. 프로이트는 유대인이라는 이유로 차별을 겪었고, 그 후 새로운 이론을 제시하며 주변의 비난을 받았다. 하지만 후속 연구를 통해 정신분석 이론은 점차 인간 정신을 정량화, 정성화하는 중요한 도구로 자리 잡았다. 이 과정에서 연구의 어려움과 사람들 간의 갈등이 많았지만, 그의 이론은 큰 영향을 미쳤다.

오스트리아 빈 베르크가세 19번지에는 프로이트가 수십 년간 거주하며 진료했던 건물이 남아 있다. 현재는 지그문트 프로이트 박물관으로 대중에게 개방되고 있다. 그곳에서 프로이트는 4명의 동료와 함께 1902년부터 매주 수요일 밤 모임을 열었고, '수요심리학회'라고 이름을 붙였다. 프로이트와 동료들은 함께 모여 자유롭게 의견을 주고받으며 시간을 보냈다. 1908년에는 참여 인원이 14명까지 늘었고, '비엔나 정신분석학회Wiener Psychoanalytische Vereinigung'로 이름도 변경했다. 그 후로도 관심을 갖고 간헐적으로 참여하는 사람이 많았다. 특히 모임의 멤버였던 독일의 카를 구스타프 융Carl Gustav Jung은 훗날 국제정신분석학회의 초대 회장이 되었다.

학회의 규모가 커지며 참여 인원이 늘었으나, 그만큼 의견 차이로 떠난 사람도 많았다. 융 역시 프로이트의 이론에 이견을 제시하며 반발했고, 결국 탈퇴했다. 나치의 유대인 탄압, 제2차 세계대전 발발로 학회의 상당수를 차지했던 유대인 분석가들은 결국 영국, 미국, 남미 등으로 망명했다. 그 결과, 오스트리아 빈과 헝가리 등 몇몇 나라에 국한되었던 학문이 세계로 퍼져나가는 변화가 일어났다.

프로이트와 딸 안나 프로이트는 런던으로, 그녀와 함께 아동정신분석을 이끌던 멜라니 클라인Melanie Klein은 남미 쪽으로 이주했다. 또한 상당수 분석가들이 미국으로 떠났고, 이후 정신분석은 영국과 미국을 주축으로 세력이 확대되었다.

수요심리학회에서 출발한 정신분석 이론과 학파는 1939년, 프로이트가 세상을 떠난 후 안나 프로이트를 중심으로 하는 그룹, 멜라니 클라인을 중심으로 하는 그룹, 그리고 양쪽 어디에도 속하지 않는 중도파로 갈라졌다. 또한 프랑스의 자크 라캉Jacques Lacan처럼 독자적으로 행보를 이어가는 분석가들로 흩어졌다. 반세기에 걸쳐 인간 정신을 탐구하는 중요한 학문이 탄생했으나, 그 중심에 선 인물들은 통합과 발전적인 네트워크 구축에는 실패했다.

원숭이와 기러기 연구를
사람에게 적용할 수 있을까

프로이트 사망 후, 그의 딸 안나 프로이트가 정신분석학계를 이끌었다. 그녀는 제2차 세계대전 중 독일군의 공습으로 피해가 컸던 영국에서 부모를 잃은 아이들을 돌보았는데, 그때 축적된 자료를 바탕으로 소아정신의학계에도 큰 영향을 미쳤다. 제2차 세계대전은 이전의 그 어떤 전쟁보다도 더 많은 사상자를 냈고, 특히 민간인 사망자로 인해 수많은 전쟁고아가 생겨났다.

전쟁이 끝난 뒤, 세계보건기구WHO는 유럽에서 약 1,300만 명의 고아와 집 없는 아이들이 생겨남에 따라 정신 건강 발달을 위한 연구 과제를 런던 타비스톡 크리닉에서 안나 프로이트와 함께 일하던 소아정신분석가 존 보울비John Bowlby에게 맡겼다.

보울비는 유럽은 물론 미국의 내로라하는 소아정신 건강 전문가들을 만나 이 문제에 대해 논의하며 근거 자료를 수집했다. 그의 연구 결과는 '어머니의 돌봄과 정신 건강'이라는 WHO 보고서로 발간되었다. 그는 어머니의 돌봄에서 가장 중요한 요소로 아기와 엄마의 상호작용을 꼽았다. 이어서, 아기와 엄마의 조기 분리는 아기에게 심각한 해를 끼치며, 결과적으로 사회에도 부정적인 영향을 미친다고 주장했다. 이를 예방하기 위해 아동과 가정을 지원할 기금 마련의 필요성을 강조했다.

그의 주장에 대해 관련 분야 전문가들은 반발했다. 특히 안나 프로이트는 부모와 자녀 사이에서 정서적 상호작용보다 음식이 더 중요한 매개체라고 주장하며, 보울비의 주장을 인정하지 않았다. 이 일로 인해 정신분석계의 수장 격인 안나 프로이트와 그보다 서열이 아래였던 보울비 사이에 틈이 생기기 시작한다. 훗날 안나 프로이트와 그녀의 추종자들은 보울비를 정신분석계에서 퇴출시켰다.

보울비는 자신의 이론을 입증하기 위해 노력하던 중 엉뚱한 곳에서 해결 방법을 발견한다. 그중 하나는, 미국의 해리 할로Harry Harlow의 '원숭이 실험'이었다. 이 실험은 두 종류의 엄마 원숭이 인형벨벳으로 씌운 엄마 원숭이와 물과 먹이를 가지고 있으나 철사로 만든 엄마 원숭이을 만들고 그 사이에서 아기 원숭이가 어떤 반응을 보이는지 관찰하는 것이다.

다른 하나는, 알에서 부화한 야생 기러기 새끼들이 처음 본 대상인 사람을 부모처럼 졸졸 따라다니는, 일명 '각인 효과'를 연구한 콘라트 로렌츠Konrad Lorenz의 '기러기 실험'이었다.

미국 위스콘신대학교 연구소에서 근무하고 있었던 할로의 원숭이 실험과 오스트리아에서 연구 중이었던 로렌츠의 기러기 실험. 지구 반대편에서 진행된 두 실험의 공통점은 음식과 같은 본능적 만족보다 정서적 교감과 피부 접촉이 강력한 관계 형성의 요인이 된다는 것이다. 이들의 실험과 연구를 통해 보울비는 자신의 이론을 뒷받침할 수 있는 매우 과학적인 근거를 마련했다.

아기는 영유아 시절에 자신을 돌봐주는 특별한 사람, 대개 엄마와 정서적으로 연결되며, 보울비는 이를 '애착'이라 명명했다. 애착은 아기와 돌봐주는 이 사이에 따뜻하고 친밀한 관계가 지속될 때 생겨난다. 애착의 목표는 애착 대상의 존재하에 안정을 취하는 것이며, 생리적으로 생존을 목표로 한다.

보울비의 이 이론 역시 많은 반대에 부딪힌다. 특히 인간의 정신 발달을 원숭이나 기러기 같은 동물과 비교하는 것에 비판이 많았다. 하지만 점차 동물행태학자들의 실험과 연구 자료가 축적되면서 인간에게 적용될 수 있음이 증명되었다. 또한 보울비의 연구 조수였던 메리 에인스워스Mary Ainsworth는 미국 존스홉킨스대학교에서 오랜 기간 아기와 어머니의 관계를 관찰해 애착 발달 유형을 밝혀냈으며, 애착 발달에 문제가 생겼을 때 아기의 정서적 및 사회적 발달에 어떤 영향을 미치는지를 증명했다.

기존 이론을 주장하는 기성세대와 동물행태학을 인간의 정신 발달을 이해하는 데 도입한 신흥 세력 간 갈등은 결국 신흥 세력의 승리로 끝난다. 생물학적 연구 자료, 과학적 분석, 관찰 결과를 바탕으로 한 데이터가 그들의 손을 들어주었기 때문이다. 꽤 오랜 시간이 걸렸지만 권위와 기득권이 통하지 않게 되었다.[22]

세 살 애착, 여든까지 간다
보울비의 애착 발달 유형

여러 연구가 있지만 대표적인 결과를 보인 연구에 따르면, 성인 애착 유형은 '안정 애착'과 '불안정 애착'으로 나뉘며, 불안정 애착은 무시형, 집착형, 미해결형으로 세분화된다. 아기 애착 유형은 에인스워스의 연구 결과를 참고할 만하다. 에인스워스는 생후 1~2년 된 아기를 대상으로 '낯선 상황 검사'를 했다. 아이가 어머니와의 분리와 재결합 상황에서 어떻게 반응하는지 관찰했는데, 그 결과 애착 유형을 회피성, 양가적/저항성, 비조직화/비정형으로 나눌 수 있었다.

흥미로운 점은, 아기의 애착 유형과 임산부 시절에 조사한 성인의 애착 유형 간 결과에 유형별로 높은 상관관계가 있다는 것이다. 즉, 회피성 애착 아기의 어머니는 무시형 애착, 양가적/저항성 애착 아기의 어머니는 집착형 애착, 비조직화/비정형 애착 아기의 어머니는 미해결형 애착 유형인 경우가 많았다. 이는 애착 성향이 유전되었거나 아기의 양육 환경이 영향을 미쳤을 수 있다.

아기와 돌봐주는 이의 애착 형태는 아기가 성인이 된 후 대인관계의 원형이 된다는 점에서 매우 중요하다. 안정 애착을 형성한 사람은 원만한 대인관계를 유지하고 사회 적응이 원활하다. 또한 정서적으로도 적절한 자기 표현과 타인에 대한 공감과 배려를 할 수 있다. 물론 불안정 애착 특징이 있는 아기나 성인 모두가 심각한 사회 부적응자가 되는 것은 아니다. 스스로 부족한 부분을 조율해가며 살아가지만, 심한 경우 다음과 같은 특징이 나타나기도 한다.

회피성 아기는 엄마와 분리될 때 무의식적으로 불안을 피하거나 무시하려 하며 재회 시에는 반응을 보이지 않는다. 양가적/저항성 아기는 엄마와의 분리를 매우 힘들어하고 엄마와 재회해도 안심하지 않는다. 계속 관심받기 위해 크게 울거나 심한 불안을 보이기도 한다. 비조직화/비정형 아기는 이상하고 독특한 행동으로 친밀함을 표시한다. 예를 들어, 엄마 뒤에서 몰래 다가가거나 갑자기 숨거나, '얼음 땡' 놀이처럼 멈춰 서거나 멍하니 있는 모습을 보인다.

성인의 경우 미해결형 애착을 가진 사람에 대한 관심이 크다. 왜냐하면 이들은 어린 시절에 부모나 가정에서 큰 외상을 경험한 경우가 많기 때문이다. 과거 외상의 영향으로 성인이 된 후에도 대인관계나 사회생활에서 모순되고 혼란스러운 행동을 보인다. 예를 들면, 타인과 금세 가까워졌다가도 특별한 이유 없이 결별을 선언하기도 한다. 불안과 두려움으로 상대를 믿지 못하고 정체성 혼란을 겪는다. 심한 경우 경계성 성격장애Borderline Personality Disorder로 굳어질 가능성이 높다.

1950년대 초반까지만 해도 아이 양육에서 중요한 것은 아이가 잘 먹고 잘 자는 것이었다. 실제로 아이가 아파 병원에 입원해도 부모가 아이를 간병하는 것이 허락되지 않았다. 감염 우려 때문이기도 했지만, 아이와 돌봐주는 이의 관계에서 음식이 중요한 매개체라는 기존 분석 이론에 기반한 것이다.

보울비는 음식보다 아이와 돌봐주는 인물 사이의 정서적 상호작용의 필요성을 강조했다. 그가 영국 정신분석학회에서 퇴출되어 관련 분야의 전문가들과 교류할 기회를 얻은 점은 오히려 다행이었다고 할 수 있다. 만약 보울비가 기존 이론에 안주하고 자신의 안위를 우선시했다면, 애착 형성이 인간 정신 발달에 미치는 영향에 대한 이해가 수십 년 이상 지연되었을지도 모른다. 한 사람의 노력과 희생이 엄청난 결과를 가져온 셈이다.

아이 아니면 어른이던 사회에서
처음 등장한 개념 '청소년'

무능한 프랑스 국왕과 귀족들로 인해 프랑스가 영국과의 백년전쟁에서 한참 밀리던 시기, 혜성처럼 나타난 10대 소녀가 전세를 역전시킨다. 바로, 잔 다르크이다. 그녀는 평민이었기 때문에 전쟁에 참전할 때의 나이가 정확하게 기록되어 있지 않다. 훗날 종교재판을 받을 당시의 기록을 보면, 1412년생으로 짐작된다. 그렇다면 전쟁에서 이길 묘안이 있다며 프랑스군 지휘관을 찾아갔을 때는 만 16세 정도였을 것이다. 학교도 다니지 않았고, 더구나 군사교육도 받지 않은 16세 시골 소녀가 어떻게 군사들을 이끌고 전쟁에서 승리할 수 있었을까?[23]

만약 지금 중학교를 자퇴한 16세 여학생이 배달앱 회사를 찾아가서 배달비를 대폭 줄일 수 있는 묘책이 있다고 제안하면 어떻게 될까? 미성년자를 정사원으로 고용할 수도 없을 테고, 더구나 학생을 임원으로 임명할 회사가 있을까? 가장 큰 걸림돌은 청소년이기 때문일 것이다.

과거에는 어린이와 성인 사이에 중간 단계가 없었다. 아이가 자라서 일꾼 역할을 할 수 있으면 바로 일을 시작했고, 적당한 나이가 되면 결혼을 했으며, 대개 결혼하고 자녀가 생기면 어른 대접을 받았다.

산업혁명으로 노동력이 많이 요구되었던 농사일이 줄어들고, 이를 대신할 기계들이 발명되면서 숙련된 성인보다 젊은이들의 일자리가 감소했다. 한편, 왕정 폐지와 같은 사회 변화는 평민들에게 교육의 기회를 제공했고, 일터에서 젊은이들의 필요가 줄어든 대신 그들에게는 교육을 받을 수 있는 기회가 생겼다.

1904년, 미국의 저명한 심리학자이자 클라크대학교의 총장인 스탠리 홀Stanley Hall은 『청소년기』라는 약 2천 페이지의 책을 발간했다.[24] '청소년기의 생리, 인류학, 사회학, 성, 범죄, 종교, 교육에 관하여'라는 책의 부제를 보아도 알 수 있듯 그는 심도 있는 연구로 '청소년'에 관한 새로운 개념을 소개했다. 책에는 '청소년기는 질풍노도의 시기'라는 표현이 등장한다. 이처럼 '청소년기'라는 개념은 약 120년 전에 생긴 비교적 새로운 것이다. 이 책의 몇몇 이론은 현재 사라졌지만, 스탠리 홀이 서술한 청소년기의 특징은 여전히 오늘날에도 통용되고 있다. 책에서 언급된 청소년기의 특징으로는 높은 우울감 유병률, 자극 추구 성향으로 인한 위험한 행동, 또래 관계의 특성, 뇌 발달을 포함한 생물학적 발달 등이 있다.

르네상스와 산업혁명이라는 사회문화적 변혁과 함께 '아이'라는 개념에서 아동과 청소년의 구분이 필요해졌다. 스탠리 홀은 이 변화를 직감하고 '청소년기'라는 개념으로 녹여냈다.

서른 살짜리 청소년도 있나?[25]

기존 발달 이론에 따르면, 인간의 발달은 직선적이며 단계별로 진행된다. 그러나 유용한 발달 이론들이 등장하면서 이를 바탕으로 인지 발달, 심리 발달, 운동 발달, 사회정서 발달 등의 연구가 활발히 진행되었다. 최근에는 디지털기기의 발전이 더해지면서 인간의 발달은 뇌와 신체, 그리고 환경 간의 복합적이고 체계적인 상호작용의 결과이며, 직선보다는 비선형을 띠며, 단계적이라기보다는 유동적이라는 의견이 지배적이다.

발달 이론에서 큰 변화를 보이는 시기는 '청소년기'와 '초고령 세대'이다. 특히 청소년에서 성인으로의 이행 기간이 과거에 비해 길어지면서 이 시기에 대한 관심이 높아지고 있다. 이는 단순히 기간이 연장된다는 의미가 아니라, 청소년기의 구조체계를 허물고 성인의 구조체계가 만들어지는 과정이 단번에 이루어지지 않고, 붕괴와 재조직을 반복한다는 사실을 알게 되었다. 청소년기와 성인기 사이의 중간 단계라는 의미로 '성인기 발돋움 단계Emerging adulthood'로 명명하는 학자도 있다.

이러한 중간 단계가 생기는 이유는 성인기의 책임감이 20대 말로 이동하기 때문이다.[26] 이 시기 성인은 직업의식이 뚜렷하지 않아 이직이 잦고, 대학원에 진학하기도 한다. 실업 상태가 길어지면서 결혼과 출산도 늦어진다. 또한 급변하는 디지털 사회 환경으로 인해 세대 간 격차가 커진 것도 원인이다. 과도기적 특성을 띠는 이 과정에서 발달을 방해하는 요인으로는 우울, 불안, 자기 비난과 부적절함, 어머니로부터 분리가 어려운 점 등이 있다.

성인기 발돋움 단계를 개방적이고 융통성 있게 헤쳐 나가기 위해서는 유능감, 낮은 자기 비난, 낮은 의존성 등의 개인 자원뿐 아니라 부모의 지지와 같은 자원이 결합되어야 한다. 그래야 긍정적인 결과를 만들 수 있다. 이전에는 성인이 되고도 부모의 지원을 받는 것을 부끄럽게 여겼으나, 최근 일부 학자들은 개인 유능감에 대한 부모의 지지가 유사 이래 모든 발달 단계에서 중요한 도움 요소가 된다고 시사했다. 특히 어머니의 지지와 동시에 아버지의 지지가 있다면 개인 유능감이 낮더라도 직장에서의 어려움을 극복할 수 있고, 만족스러운 결과를 얻을 수 있다고 보았다. 이는 가끔 미디어에서 보도되는 취업 현장의 '아빠 찬스' 문제를 부정적으로 바라보는 것과는 다른 시각을 제시한 것이다.

대기업 회장님이
같은 옷만 입는 이유[27]

2010년 1월 27일, 샌프란시스코에 위치한 야르바 부에나 아트 센터 무대에 스티브 잡스가 검은색 터틀넥, 청바지, 뉴발란스 운동화 차림으로 작은 메모판 같은 것을 들고 등장했다. '아이패드'가 세상에 처음 공개된 순간이다. 불과 15년 전의 일이지만, 이제 아이패드는 학용품 중 하나로 흔히 사용될 만큼 대중적인 물건이 되었다. 물론 그 가격이 부모들에게는 대중적이지 않지만 말이다.

아이패드의 등장은 경제적 측면과 디지털기기의 발전 면에서 분명 획기적인 발명품으로 평가받는다. 그러나 나는 스티브 잡스의 패션이 이러한 물질적 도구의 발명보다 더 큰 의식의 변화를 주도했다고 생각한다. 대기업의 대표라면 회사 신제품 발표 자리에서 올백 머리에 넥타이 정장, 반짝반짝 잘 닦인 구두를 신고 등장하는 것이 일반적이다. 그러나 잡스는 전혀 다른 모습으로 나타났다. 그의 패션은 아이패드보다 더 인상적이었다. 자칫 관객을 무시하는 패션이라고 오해받을 수 있었는데도 말이다.

그런데 그의 패션이 단지 쇼맨십이 아닌, 의상을 결정하는 데 드는 에너지인 '결정 피로Decision fatigue'를 최소화하려는 노력이라는 게 알려졌다. 즉, 제품 개발에 집중하기 위해 다른 데 들어가는 에너지를 줄이자는 것이다. 실제로 잡스는 같은 색의 터틀넥만 100벌 이상 가지고 있었다. 이처럼 결정 피로를 줄이려는 그의 방식은 다른 유명인들 사이에서도 발견된다.

페이스북 창시자인 마크 저커버그Mark Zuckerberg는 중요한 회의 석상에도 티셔츠를 입고 나타난다. 단순히 편안한 옷차림이라고 해서 결정 피로가 줄어드는 건 아니다. 전 미국 대통령 버락 오바마Barack Obama는 네이비 톤의 정장을 선호했는데, 그 역시 옷을 고르는 시간을 아껴 나랏일을 살피는 데 시간을 쓰고자 했다고 알려졌다.

과학자 아인슈타인의 사진을 살펴보면, 그는 넥타이에 정장 차림을 하고 있지만 주로 회색 양복만을 입었다는 것을 알 수 있다. 당시에는 아인슈타인처럼 학문에 몰두하고 패션에 무심한 사람들을 '너드Nerd'라고 비하하고, 그들의 패션을 '너드룩'이라 부르며 기피하기도 했다. 그러나 이는 결정 피로를 줄이고 자신의 일에 전념하려는 의지로 볼 수 있다.

디지털 문화가 전 세계를 강타하면서 전문인들의 패션도 스티브 잡스의 패션, 즉 너드룩을 따르고 있다. 스티브 잡스는 자신의 제품 개발에 도움이 되지 않는 요소를 과감히 빼는 '시프트'를 이미 오래전에 시작한 것이다.

인간 정신을 과학적으로 설명하고 발달 단계를 찾아내려는 시도는 100여 년 전부터 시작되었다. 청소년기가 단순히 아이와 어른의 중간기가 아니라 독립된 발달 단계로 자리잡았고, 아기에게 음식보다 애착이 더 중요하다는 점도 확인되었다. 시대가 변하면서 성인기 진입 전에 발돋움하는 단계도 생겨났다. 디지털 문명은 기계 문화뿐 아니라 인간 정신의 문화적 변혁을 주도한다. 인간 정신의 발달은 개인뿐 아니라 사회 문화와 함께 변화하고 있다.

인간의 삶 전체를 추적한 연구, 하버드 그랜트

하버드대학교의
위대한 연구

개인의 발달 궤적을 연구할 때, 인물이 태어나서 사망할 때까지, 그리고 그 인물이 결혼하고 자식을 낳아 그 자식 대까지 추적한다면 가장 이상적이고 심도 있는 연구가 될 것이다. 이와 가장 유사한 연구가 바로 1938년에 시작되어 현재까지 이어지고 있는 성인 발달 연구, '그랜트 연구'이다. 이 연구는 하버드대학교 의과대학 정신과 교수들이 주축이 되어 시작되었으며, 연구 기금을 지원한 그랜트 재단[28]에서 유래했다.

연구 대상은 두 집단이다. 먼저 '하버드 그룹'은 1939년에서 1944

년 사이의 하버드대학교 졸업생 268명으로 구성된 '그랜트 연구 그룹'이다. 당시 이 집단에 포함된 사람 중에는 1965년부터 1991년까지 「워싱턴 포스트」의 편집장을 지낸 벤 브래들리Ben Bradlee와 전 미국 대통령 존 F. 케네디가 있다.

이후 연구에 참여한 '보스턴 그룹'은 도심의 저소득층 가정에서 자란 11~16세 백인 청소년 456명으로 구성된 '글루엑[29] 연구 그룹'이다.

연구를 시작한 1938년부터 지금까지 유지되고 있는 연구 방법은 첫째, 2년마다 설문을 통해 신체 및 정신 건강, 결혼생활, 직장 및 은퇴 여부, 그리고 기타 사항들을 점검한다. 둘째, 5년마다 본인 및 주치의를 통해 건강 정보를 확인한다. 셋째, 5~10년마다 연구 대상자들과 직접 심층 면담을 진행한다. 이때 대인관계, 경력, 노화 적응을 주로 확인한다.

연구를 통해 수집된 자료는 수많은 논문과 방송 인터뷰, 유튜브 등을 통해 발표되고 있다. 또한 그 내용을 체계적으로 정리해 책으로도 출간하고 있다. 첫 번째는 1977년 조지 베일런트의 『Adaptation to life』로, 그랜트 연구 대상자가 47세가 되던 해까지의 자료를 모아 출간했다. 두 번째는 2002년 조지 베일런트의 『Aging well』이며, 그랜트 연구 대상자가 80세가 될 때까지의 자료와 글루엑 연구 대상자가 70세가 될 때까지의 연구 결과를 정리했다. 세 번째는 2012년 조지 베일런트의 『Triumphs of experience』로, 2002년 이후 추가된 자료를 모은 것이다. 이 책은 우리나라에서 2013년 『행복의 비밀』로 출간되었다.

초기 그랜트 연구는 성인의 발달, 특히 노화를 연구 주제로 삼았다. 그랜트 연구와 글루엑 연구는 백인 남성만을 대상으로 했다는 것이 약점인데, 이를 보완하기 위해 연구진은 초기 대상자의 배우자와 후손들을 대상으로 한 2세대G2 연구를 기획해 시행하고 있다. 현재 그랜트 연구의 책임자는 매사추세츠 종합병원의 로버트 월딩거Robert Waldinger 박사이며, 크게 세 가지 주제로 연구를 진행하고 있다.

첫째, '정서적 안정과 정신 건강'이다. 두 집단을 대상으로 행복하고 건강한 생활 적응, 결혼, 성공적인 노후를 예측할 수 있는 요인을 추적한다. 즉, 아동기 경험, 가족력, 심리적 요인예를 들면, 방어기제을 중심으로 연구한다. 이때 신체 및 정신 장애, 불행한 결혼생활, 은퇴 후 적응 장애와 관련된 요인도 함께 찾아낸다.

둘째, '결혼'이다. 이는 현재 연구진이 꼽는 핵심 주제로, 노후는 질병이나 신체 기능 저하와 같은 인생 주기의 큰 스트레스를 견뎌야 하는 시기이다. 이 시기에 안정적이고 만족스러운 관계를 촉진할 수 있는 요인들은 행복한 노화를 예측하는 데 중요한 역할을 한다. 인간관계의 중심이 되는 결혼은 그런 점에서 매우 중요한 주제이다.

셋째, '사회 신경과학'이다. 70년 이상 축적된 자료에 유전 정보, 지적 기능, 뇌 구조와 기능의 신경 영상, 그리고 최근에는 뇌 부검 자료까지 추가됨으로써, 이 연구는 인간 노화에서 뇌와 행동 사이의 연관성을 탐구하는 사회 신경과학 연구에 있어 대체 불가능한 자원이 될 것이다.

그랜트 연구가 시작된 것은 1930년대 후반이므로 초기 자료들은 모두 손으로 종이에 작성되었으며 그 양도 방대하다. 현재는 모든 자료를 전산화하는 작업이 진행되고 있다.

85년 동안 발표된 자료를 모두 열거하기에는 수십 권의 책으로도 부족할 것이다. 이 책에서는 조지 베일런트미주 3번와 로버트 월딩거미주 4번의 책을 참조하였다.

먼저, 연구자들은 알코올 중독을 가장 경계해야 할 문제로 꼽았다. 그랜트 연구 대상자들의 결혼생활이 이혼으로 끝난 가장 큰 원인도 알코올 중독이었다. 알코올 남용은 신경증과 우울증 사이의 상관관계를 보였으며, 흡연과 함께 건강에 영향을 미쳐 질병에 취약하게 만들며 평균 수명을 단축시키는 위험 요소로 작용한다.

다음으로, 연구자들은 경제 문제는 지능보다는 인간관계에서의 따뜻함에 달려 있다고 보았다. 지능이 상위 1% 수준인 집단과 대상자 대부분의 연봉에도 큰 차이가 없었다. 즉, 경제적 성공이나 높은 지능이 행복한 삶에 직접적인 영향을 미치는 게 아니라는 의미다. 오히려 사회적 유대감이나 정서적 지원이 삶을 더 행복하게 만들 수 있다. 다만, 이 부분은 그랜트 연구 대상자들이 하버드대학교 졸업생임을 감안해 판단해야 한다. 차세대 연구에서도 이 부분을 염두에 두고 있다.

또, 마음가짐이나 성격 특성은 친밀감과 밀접한 관련이 있다고 보았다. 특히 성격 특성에 따라 노년기의 성관계에 차이가 나타났다. 보수적인 성향이 두드러진 남성들은 평균 68세경부터 성관계에 소홀해지는 반면, 진취적인 성향의 남성들은 80대까지 활발한 성생활을 유지했다.

그랜트 연구에서는 행복과 가장 관련이 높은 것으로 '사람과의 관계'를 꼽는다. 대인관계의 만족도가 높은 남성들이 노년기에 더 건강했다. 50대에 네트워크를 많이 만들어둔 사람은 그렇지 않은 이들에 비해 80대에 신체가 더 건강했다.

또한, 어린 시절 어머니와의 관계에서 형성된 따뜻함은 성인이 된 후에도 오랫동안 영향을 미친다. 어머니의 돌봄이 덜했던 남성들보다 어머니와의 관계가 좋았던 남성들이 연 수입이 평균 87,000

달러 정도 더 높았다. 반대로, 어린 시절 어머니와의 관계가 좋지 않았던 남성들은 노년에 치매에 걸릴 가능성이 훨씬 더 높았다. 또한, 전문직의 경우 어릴 때 어머니와의 관계아버지와의 관계는 무관가 직장에서의 효율성과도 관련 있다는 사실이 밝혀졌다. 그러나 어린 시절 어머니와의 관계에서 형성된 따뜻함은 75세에 삶의 만족도에는 큰 영향을 미치지 않았다.

어린 시절 아버지와의 따뜻한 관계는 성인기의 불안감을 낮춰주고, 휴가 때 더 큰 즐거움을 주며, 75세에 삶의 만족도가 높아지는 현상과 관련이 있는 것으로 나타났다.

조지 베일런트는 인생을 살면서 따뜻한Warmth 인간관계가 삶의 만족도에 가장 큰 긍정적인 영향을 미친다고 결론지었다.

방어기제,
그 비밀을 벗기다

그랜트 연구의 석좌 책임자인 조지 베일런트는 하버드대학교 의대병원에서 정신과 전문의 과정을 마쳤으며, 보스턴 정신분석연구소에서 정신분석가 과정을 밟았다. 30년 이상 그랜트 연구 책임자로 활동했으며, 평생을 방어기제 연구에 매진하고 있다. 그는 그랜트 연구에서도 건강한 노화와 관련된 성숙한 방어기제에 대해 연구하

고 있다.[30]

그랜트 연구는 세계에서 가장 오랜 기간 지속되는 연구라는 점에서 의의가 있지만, 방어기제에 대해서도 기존 연구와는 다른 내용들이 발견되고 있다. 특히 눈길을 끄는 것은, 어릴 때 따뜻한 돌봄을 받은 남성들이 그렇지 못했던 남성들에 비해 중년까지는 대인관계나 직장생활에서 잘 적응하며 건강한 방어기제를 많이 사용하는데, 이러한 차이가 75세 전후로 사라진다는 점이었다. 이전에는 이미 형성된 방어기제가 나이가 들어도 크게 달라지지 않는다고 알려졌지만, 최근에는 오히려 어린 시절에 덜 따뜻한 환경에서 성장한 남성들이 노년에 이르러 더 성숙한 방어기제를 사용한다고 밝혀졌다.

방어기제란 마음이 편치 않을 때 자기 마음을 다스리는 방식이다. 프로이트가 처음 도입한 개념으로, 당시는 원시적 욕구인 이드와 초자아 사이에서 마음의 균형을 유지하는 것으로 설명했다. 처음 방어기제가 소개될 때는 그 종류가 많지 않았으나, 사람을 이해하는 데 있어 방어기제가 매우 유용한 도구이자 접근법임을 알게 되면서 점차 다양한 방어기제를 사용한 사례들이 발견되었다. 일상에서 대인관계나 외부 환경, 상황에 대응하는 방식으로 자주 사용되지만, 인식하지 못하는 경우가 많다.

방어기제는 대개 무의식적 작용이기 때문에, 비슷한 유형의 방어기제들은 구분하기 어려울 수 있다. 하나의 방어기제가 단독으로 사용되기도 하지만, 두세 가지가 동시에 또는 순차적으로 작동하면 확인이 더욱 어려워진다.

조지 베일런트는 하버드 그랜트 연구 참여자들을 대상으로 한 분석에서 방어기제를 4단계로 분류했다. 베일런트의 연구 결과에서 흥미로운 점은 사회 적응 기능이 낮은 사람들이 하위 단계의 방어기제를 더 사용하고, 사회 적응 기능이 높을수록 상위 단계의 방어기제를 더 많이 활용하고 있다는 사실이다. 물론, 상대방이나 상황에 따라 가장 적절한 방어기제는 기능이나 단계와 상관없이 달라질 수 있다.

방어기제 4단계는 표에서 보듯 병리적 방어기제, 미성숙 방어기제, 신경증적 방어기제, 성숙한 방어기제이다.

병리적 방어기제	미성숙 방어기제	신경증적 방어기제	성숙한 방어기제
전환	행동화	주지화(지식화)	억제
부정	해리	격리(고립)	이타주의
분리	투사	억압	유머
	신체화	반동형성	승화
		취소	동일시
		합리화	예견

병리적 방어기제인 부정, 분리 등은 어린아이들이 스스로 상황에 적응하기 어려울 때 흔히 사용한다. 성인이 된 뒤에 이러한 방어기제를 사용한다면 현실을 심각하게 왜곡하는 가장 해로운 방어기제가 될 수 있다. 특히 분리는 경계성 성격장애에서 흔히 나타나는 기제로, 주변 인물들을 좋은 사람과 나쁜 사람으로 양분하거나, 상대방을 과도하게 깎아내리거나 추켜세우는 등 극단적인 두 가지 범주로 나누어 생각하는 방식이다.

미성숙 방어기제는 감정적 자각을 억제할 때 주로 사용된다. 일시적으로는 불안을 가라앉힐 수 있지만, 장기적으로는 부적응 행동으로 나타나게 된다. 예를 들면, 행동화는 생각이나 감정을 조절하지 못하고 행동으로 드러내는 것이다. 화가 날 때마다 욕을 내뱉거나 주먹부터 나가는 행동이 포함된다. 어릴 때는 미숙해서 그렇다고 이해하고 넘어갈 수 있지만 어른이 되어서도 그러면 용납되기 어렵다. 대표적인 미성숙 방어기제인 투사도 마찬가지다. 일이 잘 되면 내 탓, 안 되면 네 탓을 하며, 자신의 잘못을 인정하지 않고 자신이 저지른 실수나 사고를 주변 인물이나 조직체계 탓으로 돌린다.

신경증적 방어기제는 부정적 감정, 생각, 충동을 관리하기 위해 사용된다. 이를 통해 심리적 균형을 일정 부분 유지할 수 있지만, 장기적으로는 심리적 불안감이 심해질 수 있다. 일상에서 흔히 사용되는 합리화는 특정 행동이나 태도의 문제를 인정하기보다는 정당화하기 위해 합리적이고 의식적인 변명과 설명으로 일관하는 방어기제이다. 우리나라 속담에 '핑계 없는 무덤 없다'나 '홧김에 서방질한다'는 말이 합리화를 잘 표현한다.

성숙한 방어기제는 심리적으로 건강한 성인이 가장 흔히 사용하는 기제이다. 일상의 스트레스를 효과적으로 관리하고 개인의 성장을 돕는다. 남을 위해 행동함으로써 만족을 얻는 이타주의, 부정적 감정이나 생각을 상대방이 불쾌하지 않도록 즐겁게 전달하는 유머, 부정적인 감정을 건강하고 사회적으로 용인되는 행동으로 변환시키는 승화, 미래를 바라보고 큰 그림을 그리는 예견 등이 있다.

하버드 그랜트 연구에서는 방어기제 분석을 통해 방어기제가 개인의 정신 건강과 신체 건강, 그리고 사회 적응에 미치는 영향을 체계적이고 장기적으로 증명함으로써 다음과 같은 교훈을 남겼다.

첫째, 성숙한 방어기제는 행복하고 건강한 삶의 핵심 요소다. 둘째, 방어기제의 성숙도는 인간관계와 삶의 만족도에 직접적인 영향을 미친다. 셋째, 방어기제의 성숙도는 훈련과 노력을 통해 개선할 수 있다. 즉, 방어기제의 성숙도에 따라 삶의 질, 대인관계, 정신 건강 및 신체 건강이 크게 달라질 수 있음을 보여주었다.

3장

변화에 대한

7개의 질문

시프트란?

빠르게 변하는 세상
그렇지 못하는 우리

1985년 3월 1일, 정신과 전공의를 시작했다. 어느 날 외래진료실에 바이오피드백 기계가 도착했다. 긴장 조절, 불안 치료에 좋다고 해서 미국에서 수입한 장치였다. 과장님께서 자네가 제일 젊으니까 사용법을 한번 알아보라고 하셨다. 사용설명서의 의학적 부분은 그나마 이해가 가는데, 부품 설명 중에 '사과 계산기Apple computer'는 도무지 알 수가 없었다. 의료 기기에 웬 사과 계산기? 상자를 열어보니 작은 단지처럼 생긴 기기 표면에 한 입 베어 먹은 사과 모양의 로고가 보였다. 정신과 교수님이나 선배들은 나보다 경력이 더 많으니 아시겠지 기대했지만, 모두 사과 계산기에 대해선 문외한이었다. 그나마 병원 전산실 직원 중 한 명이 그 기계가 먹는 사과와는 상관없고, 바이오피드백 치료를 하면서 그 자료를 입력하고 보관하는 기계라는 걸 알려주었다. 서류나 자료는 보통 책꽂이나 벽장에 보관하는데, 작은 박스처럼 생긴 곳에 많은 환자들의 자료를 어떻게 보관한다는 것인지 이해가 안 됐다. 개인 PC와의 첫 만남이었다.

1990년 봄, 철원 비무장 지대에 있는 사단 의무대에서 군의관 업무를 시작했다. 군대에서 논문 작업을 해야 할 일이 생겼다. 애플 컴퓨터 덕분에 누구보다 빨리 컴퓨터를 접했던 나는 타자기보다 빠르고 자료 보관도 간편한 데스크톱을 구입하기로 결심했다. 당시 우리나라에서는 애플 컴퓨터보다는 IBM이 대세였고, 데스크톱 한 대 값은 군의관 세 달치 월급에 해당했다. 주저하던 나에게 전자상가 컴퓨터 가게 사장님은 1.44메가 플로피 디스크 열 장이 든 한 박스를 공짜로 끼워주셨다. 사장님은 "이 컴퓨터랑 플로피 디스크 열 장이면 평생 작업하는 동안 새로 살 일이 없을 거예요"라고 하셨다.

1996년 봄, 서울에서 천안까지 무궁화호로 매일 출퇴근하게 되었다. 기차 타는 시간만 하루 세 시간이 넘어서 컴퓨터 작업을 위해 당시 새로 출시된 S사의 노트북을 구입했다. 군의관 때 산 데스크톱보다 비쌌다. 노트북 판매자는 "이거 하나면 10년은 너끈할 거예요"라고 했다. 문제는 무궁화호에는 컴퓨터 충전 장치가 없었고, 당시 노트북 배터리는 두세 시간 이상 가지 않았으며, 무릎에 놓고 사용하면 뜨거워서 오래 쓸 수도 없었다.

그리고 21세기에 접어든 이후 얼마나 많은 데스크톱과 노트북을 더 샀는지 기억도 잘 나지 않는다. 외장 하드, USB 등은 수도 없이 많다. 평생 다시 살 일 없을 거라던 컴퓨터를 앞으로 얼마나 더 바꾸게 될지 궁금하다.

달나라 티켓을
홈쇼핑에서 사는 날이 온다

의학을 비롯한 과학은 광속으로 발전하고 있다. 그 속도가 점점 빨라지는 이유 중 하나는 인터넷망을 통해 거의 모든 지식이 실시간으로 공유되고 활용되기 때문이다. 또한, 로봇 시장과 AI의 발전은 끝을 알 수 없는 곳으로 가는 느낌이다. 그 예로, 우주산업의 경쟁을 들 수 있다.

1960년대 미국과 러시아는 우주 공간을 점유하기 위해 경쟁에 나섰다. 러시아가 먼저 유인 우주선 발사에 성공했지만, 달에 먼저 발을 디딘 것은 미국의 아폴로 11호 선장 닐 암스트롱Neil Armstrong

과 착륙선 조종사 버즈 올드린Buzz Aldrin이었다. 1969년 7월 20일, 아폴로 11호의 달 착륙 순간은 수신이 가능한 모든 나라의 텔레비전으로 생중계되었다. 당시 흑백 텔레비전으로 달 착륙 장면을 시청하면서 달은 도저히 토끼가 살 만한 환경이 아닌 것을 알고 실망했던 기억이 있다. 그럼에도 불구하고 사람이 어떻게 하늘에 떠 있는 달에 갈 수 있는지, 왜 그곳에 가야 하는지 궁금했었다.

지금은 어떠한가? 미국 보잉 항공기 제작사나 NASA 외에도 억만장자 세 사람이 우주산업에 뛰어들어 경쟁하고 있다. 영국 버진그룹의 리처드 브랜슨Richard Branson, 아마존 창업자 제프 베이조스Jeff Bezos, 테슬라의 일론 머스크Elon Musk이다. 20여 년 전부터 우주산업을 목표로 각각 '버진 갤럭틱', '블루 오리진', '스페이스 X'라는 회사를 중심으로 기술을 개발했다.

2021년 7월 11일, 버진 갤럭틱의 리처드 브랜슨 회장이 직접 훈련을 받고 우주선에 탑승해 가장 먼저 우주여행에 성공했다. 같은 해 7월 20일에는 블루 오리진에서 쏘아 올린 우주선에 아마존 회장 제프 베이조스가 탑승했고, 9월에는 일론 머스크는 탑승하지 않았지만 스페이스 X가 민간 우주왕복선 운행에 성공했다. 현재 버진 갤럭틱에서는 민간인의 우주여행 티켓을 45만 불한화로 약 6억 원에 판매하고 있다. 홈쇼핑에서 우주여행 티켓을 판매할 날이 멀지 않은 것 같다.

과학의 친구이자
포로가 된 우리

코비드19 사태로 거리두기가 절정에 달한 기간 동안 묵언수행 하는 스님처럼 살았다. 아내도 고위험군 환자를 진료하는 일을 하고 있어서 집에서도 웬만하면 말을 섞지 않았다. 원격 진료가 허용되지 않았기 때문에 재택근무는 불가능했고, 매일 출근했다. 환자를 진료할 때 서로 마스크를 쓰고 대화하는 것 외에는 거의 사람과 대화를 하지 않았다.

어느 날 출근하려고 주차장에 내려갔는데, 차 사이드미러가 '징' 소리를 내며 펴졌다. 주머니 안에 있었던 스마트키가 반응한 것이다. 직장으로 가는 길에 내비게이션은 "여기 말고 다음 길에서 진입하세요. 잘못된 길로 들어서지 마세요."라고 친절하게 알려준다. 매일 출근하는 길이지만, 차가 막힐 때를 대비하고 새로 생긴 과속 단속 장치를 알기 위해 내비게이션을 켜고 다니기 때문이다.

일과를 마치고 주차장에 있는 차로 다가가니 사이드미러가 '징' 하고 펴졌다. 마치 주인을 반기는 강아지가 귀를 세우고 달려드는 느낌이다. 집에 가는 길에 내비게이션이 말한다. "이 길 말고 다음 다음 번에서 우회전하세요." 이때 가다가 들러야 할 곳이 생각나서 다음 다음 번이 아닌 다음 번에서 우회전했다. 내비게이션은 짜증

내지 않고 차분한 음성으로 "경로를 재탐색합니다. 전방 1km 앞에서 시속 70km 단속 장치가 있습니다"라고 조언한다. 나도 모르게 고마운 마음에 "고마워, 내비"라고 말했다.

우주 전쟁까지는 아니더라도 이미 우리는 과학의 친구, 내지는 포로로 살고 있다는 느낌이 든다.

자동차에서 우주까지, 플로피 디스크 컴퓨터에서 스마트폰까지, 종이 지도에서 내비게이션까지 우리의 삶은 너무도 달라지고 있다. 이번 장에서는 더 나은 결과를 얻기 위해, 새로운 상황에 적응하기 위해, 변화하는 세상에서 잘 살기 위한 시프트를 시작한다.

2

언제
시프트 하나?

변화는
이미 시작되었다

영어 단어 시프트Shift는 본래 '위치를 옮기다, 이동하다'라는 의미를 가진다. 이는 단순히 위치를 바꾸거나 움직이는 것을 넘어 움직임에 따라 변화나 전환이 일어난다는 뜻을 담고 있다.

시프트라는 단어가 낯설게 느껴진다면, 여러분 앞에 있는 키보드를 한 번 보자. 아마 거의 모든 직장인이 시프트 키를 매일 보고 두드리고 있을 테지만, 그것을 인식하지 못하고 있을 것이다. 컴퓨터 키보드에 보면 'Shift'라고 쓰인 키가 좌우에 하나씩, 두 개가 있다. 시프트 키를 누르고 자판을 치면, 알파벳은 대문자또는 소문자가 되고,

우리말은 된소리ㄲ, ㄸ, ㅃ, ㅆ, ㅉ가 되며, 기타 윗글쇠 기호를 입력할 수 있다. 이처럼 시프트에는 상태 전환이 함께 이루어지는 변화의 의미가 내포되어 있다.

지금은 키보드를 사용하지만, 과거 타자기를 사용하던 시절에도 시프트 키는 매우 유용한 기능이었다. 과거 유럽에서는 타자기에 대문자만 있었는데, 1878년 레밍턴 사에서 시프트 키를 도입하면서 소문자와 대문자로 글을 입력할 수 있게 되었다. 이로 인해 타자기의 활용이 크게 발전했다. 즉, 타자기 역사에서도 시프트가 일어났다.

'시프트'가 일상 언어의 범위를 넘어서게 된 계기는 1900년대 초, 여러 미국 대학교의 미식축구 코치로 명성을 날린 글렌 스코비 워너Glenn Scobey Warner와 노트르담대학교의 미식축구 코치인 크누트 록니Knut Rockne가 선수들의 위치 변화 전략을 개발해 '시프트'라고 부르면서부터였다. 그들은 기존의 미식축구 전략과 달리, 공격 개시 전 선수들의 위치를 이동시켜 공격에 유리한 상황을 만들고 수비진을 혼란스럽게 하는 전략을 세웠다. 이후 많은 감독과 코치들이 새로운 형태의 시프트를 개발해 공격과 수비에 유리한 작전을 구사하게 되었다.

미국의 프로야구에서도 1940년대부터 시프트 전략을 사용했다.

강타자이면서 주로 오른쪽으로 타구가 쏠리는 좌타자인 테드 윌리엄스Ted Williams를 견제하기 위해 그가 타석에 나오면 수비진을 오른쪽으로 이동해 안타를 잡아내는 전술을 사용했는데, 이를 '윌리엄스 시프트'라고 불렀다.

현대 야구에서는 팀마다 분석가가 있어 데이터를 바탕으로 통계 분석과 정교한 시프트 전략을 개발하고 있다. 한편, 미국 프로야구 메이저리그에서는 너무 정교한 시프트 전략이 오히려 타격을 어렵게 만들고 경기 흐름이 지루해진다는 비판이 일자, 2023년부터 시프트 규제를 도입했다. 이는 시프트의 범위를 제한해 안타 확률이 지나치게 낮아지는 것을 방지하고 프로야구의 재미를 되살리기 위한 조치였다.

24시간 운영되거나 항상 경계 태세를 유지해야 하는 직업군에서도 시프트 전략을 사용한다. 의료계의 간호사와 의사, 공공안전 분야의 경찰, 소방관, 교도관, 구급대원 등은 물론 연중무휴로 가동되는 생산 및 제조업, 최근 급증하고 있는 택배 및 물류 산업, 그리고 국방을 책임지는 군인들까지 주야간 또는 일일 삼교대 근무 체제를 운영하고 있다.

내가 이 책에서 주장하는 시프트는 나를 더 나은 사람으로 변화시키는 태도다. 나아가 이를 통해 삶의 보람, 재미, 그리고 행복을 느끼자는 것이다. 이를 실현하기 위해 육하원칙에 따라 질문하고 답하며 구체적으로 시프트를 알아보고자 한다.

시프트 유전자는
누구에게나 있다

사람이 경험하는 최초의 시프트는 무엇일까? 아기가 엄마 배 속에서 세상 밖으로 나오면 '으앙' 하고 소리를 낸다. 아마도 이것이 인간이 가장 처음 경험하는 시프트일 것이다. 인간은 산소 없이는 살수 없다. 엄마 배 속에서 태아는 태반을 통해 엄마의 혈액 속 산소를 공급받고 이산화탄소를 배출한다. 그러다 태어나면 태반과 연결된 탯줄을 자르기 때문에 아기에게 산소 공급이 중단된다. 그러면 그 때부터 아기는 스스로 폐를 통해 숨을 들이쉬고 내쉬어야 한다. 만약 태어난 아기가 스스로 호흡하지 못하면, 의료진은 아기의 발바닥이나 엉덩이를 때려 자극을 주어 아기가 스스로 숨을 쉬도록 돕는다.

　엄마 배 속에서는 한 번도 사용하지 않았던 성대 사이의 공간으로 공기가 들어오면서 마찰음을 내게 되는데, 이를 아기의 '첫울음'이라고 한다. 삶과 죽음을 결정짓는 순간을 알려주는 아이의 첫울음은 사람으로서의 첫 경험이자 가장 위대한 시프트의 장면이다.

당신은 기억하지 못하겠지만, 당신은 태어난 순간부터 자신을 살리기 위한 시프트를 멋지게 해낸 것이다.

올해 초 우리 가족에게 첫 손주가 태어났다. 너무나 사랑스러운 선물이다. 멀리 살아서 곁에 두고 볼 수는 없지만, 디지털기기를 통해 최소 하루에 한 번씩 아기를 만난다. 아내와 나는 이미 아기에게 중독됐다. 아기가 크는 과정을 보고 있으면 너무나 황홀하다. 끝없는 시프트의 과정이다. 엄마 젖을 먹고 영양을 공급받는 신생아는 젖 먹는 시간을 빼면 거의 종일 잠을 잔다. 시간이 흐르면서 몸의 근육을 하나하나 움직이기 위해 사용법을 익히며 수없이 많은 반복과 실패를 거듭한다.

만약 집에 신생아나 어린아이가 있다면, 아이의 모습을 가만히 지켜보아라. 백일 무렵의 아이라면 머리를 가누기 위해 끊임없이 머리를 움직이고 있을 것이다. 이제 생후 8개월에 접어든 우리 손주는 기는 데 성공했다. 머리를 가누고 앉고 뒤집고, 그리고 긴다.

기는 것은 아기에게는 엄청난 시프트다. 기기 전까지 아기에게 가장 큰 움직임은 자기 몸을 제자리에서 뒤집는 것이지만, 기는 것은 이동해서 다른 곳으로 가는 것이다. 그다음 아기는 붙잡고 서기 시작한다. 아마도 앞으로 몇 달 동안 아기는 서기 위해 애쓰면서 엎어지고, 뒤로 자빠지고, 옆으로 쓰러지고, 다치고 울음을 터뜨리고,

또다시 이 과정을 반복할 것이다. 그래도 우리가 알 수 없는 그 어떤 의지의 힘으로 계속 반복해 넘어지고 일어날 것이다. 그리고 돌 무렵이 되면 첫걸음을 내딛게 될 것이다. 그리고 어느 날 부정확한 발음으로 '엄마'나 '아바바'를 말하게 될 것이다.

우리는 본능적으로 시프트를 통해 첫 숨을 쉬었고, 이후로 수없이 많은 시프트를 통해 성장하고 발달했다. 이미 우리는 시프트의 달인인 셈이다.

지금 책을 읽고 있는 당신이 성인이라면, 충분히 무엇을 시프트할 것인지 선택하고 판단하고 실천할 수 있다. 원하는 것이 무엇인가? 마음속에, 종이 위에, 스마트폰에, 태블릿 메모장에 적고 실천하면 된다. 우리 몸속에는 이미 시프트의 DNA가 충분히 내재되어 있다.

시작이
반이다

우리에게는 이미 태어날 때부터 시프트 DNA가 있으니, 시작할 준비는 끝났다는 말이다. 유전자를 믿고 출발하면 된다. '시작이 반이다'. 그런데 시작하기 전에 이 말이 어디서 왔는지 궁금해졌다. 속담이나 경구는 수백 년 혹은 수천 년에 걸친 경험의 산물이니 대개 믿을 만하다. 다만, 강산이 수십에서 수백 번 바뀌었고, 디지털 시대가 되었으니 지금도 믿을 만한 말인지 그 뿌리가 궁금하다.

챗지피티에게 물어봤다. 챗지피티는 가장 먼저 아리스토텔레스Aristoteles를 언급했다. 아리스토텔레스의 아들인 니코마코스Nikomachos가 편집한 '니코마코스 윤리학'에 나온 내용 중 비슷한 문구가 있다. 그리스 시대에 쓴 책이니 영어로 옮겨지는 과정에서 표현이 달라졌지만 "Well begun is half done"이라는 표현이다. '지르고 보자'보다는 '신중하게 생각하고 효율적인 방법으로 시작하면 과제를 성공적으로 마칠 확률이 높다'는 뜻일 것이다.

여기서, '잘 시작해야 성공한다'는 말이 부담스러워 너무 신중한 나머지 시작조차 하지 못한다면 오히려 손해가 될 수 있다. 비슷한 뜻으로 '구슬이 서 말이라도 꿰어야 보배'라는 속담이 있다. 아무리 좋은 재능이나 자원이 있어도 실제로 활용하고 완성하지 않으면 소용이 없다는 의미이다. 그만큼 노력이 중요하다는 말이다.

젊은이들 가운데 재능이 많아 보이는데도, 용돈이 필요할 때만 가끔 배달앱에 뜬 심부름 한두 가지를 해주고 충당하거나, 집에서 유튜브에만 매달리는 경우가 있다. 그들은 종종 이렇게 말한다. "아직 저한테 맞는 일을 찾지 못해서요"라든가 "할 만한 일이 없어요"라고. 그러나 자신에게 많은 능력구슬이 있다고 하더라도 이를 드러내고 인정받기 위한 노력이 없다면, 과연 누가 알겠는가?

아이스하키계의 전설인 웨인 그레츠키Wayne Gretzky는 "시도하지 않은 슛은 백 프로 놓친 것이나 마찬가지다"라며 도전하지 않았음을 후회한다고 말했다. 영국의 총리 윈스턴 처칠Winston Churchill은 "성공한다고 끝이 아니며, 실패한다고 치명상을 입는 것도 아니다. 중요한 것은 계속해나가는 용기이다"라며 실패를 두려워하지 않고 끊임없이 시도할 것을 요구했다. 마크 트웨인Mark Twain은 "20년 뒤에 당신은 한 일보다 하지 않은 일을 더 후회할 것이다"라고 강조했다.

다음은 최근 애플에서 직원들에게 배포한 스티브 잡스 어록 책[31]의 첫 페이지에 나오는 말이다.

사람으로 살아가는 방법은 정말 다양합니다. 사람들은 각자 자기만의 방식으로 감사함을 표현합니다. 그중 제가 생각하기에 다른 사람들에게 감사를 표현하는 방법 중 하나는 뭔가 멋진 것을 만들어 세상에 내놓는 것입니다. 우리는 그 사람들을 직접 만나지 않고, 악수도 나누지 않으며, 사람들의 말을 듣거나 자기 이야기를 하지도 않지만, 애정과 정성을 담아 무언가를 만드는 과정 속에서 무언가가 전해집니다. 그것이 우리 인간에게 깊은 감사를 표현하는 하나의 방식인 것이죠. 그래서 우리는 우리 본연의 모습에 충실하고, 우리에게 정말 중요한 것이 무엇인지 기억해야 합니다. ─2007년 어록

무언가를 만들어 세상에 내놓는 것은, 자기는 물론 세상에 감사하는 방식의 하나라는 말이다. 책의 마지막 페이지에는 다음과 같이 쓰여 있다.

한 가지 단순한 사실을 깨닫는 순간, 인생은 훨씬 더 크게 다가올 것입니다. 그것은 바로, 당신이 삶 또는 인생이라고 부르는 주변의 모든 것이 당신보다 더 똑똑하지 않은 사람들이 만들어낸 것이라는 사실입니다. 당신이 그것을 바꿀 수 있고, 영향을 미칠 수 있으며, 다른 사람들이 사용할 수 있는 자신만의 것을 만들 수 있습니다. 이 사실을 깨닫는 순간, 당신은 결코 예전과 같을 수 없습니다. ─1994년 어록

때로는 정확한
타이밍이 중요하다

우리 각자의 삶에도 시프트가 필요한 시기가 있다. 이때, 우리는 기

회를 잡을 수도 있고 놓칠 수도 있다. 미래를 예측할 수 없기 때문에 인생에 절대적인 정답은 없다. 내 미래를 미리 알 수는 없지만, 다른 이들이 경험한 사례를 통해 나에게 맞는 시프트 타이밍을 결정할 수 있다.

컴퓨터 엔지니어인 스티브 워즈니악의 기술력과 스티브 잡스의 창의적 경영 능력이 만나 시너지를 낸 결과, 애플 컴퓨터가 세상에 나오게 되었다. 그런데 승승장구하던 애플에서 스티브 잡스를 내치는 일이 벌어졌다. 자신이 창업한 회사에서 쫓겨난 그는 픽사Pixar와 넥스트NeXT라는 회사를 만들어 재기에 성공한다.

이후 경영난에 빠진 애플은 스티브 잡스의 복귀를 결정한다. 그러나 그에게도 애플로의 복귀는 쉬운 결정이 아니었을 것이다. 그는 복귀 후 아이패드를 포함한 다양한 전자기기를 혁신적으로 개발했고, 애플은 세계적 기업으로 거듭났다. 잡스의 복귀는 시기적으로 적절했으며, 개인적으로도 성공적인 시프트였다.

일론 머스크는 인터넷 사업으로 큰 성공을 거둔 후 과감하게 사업을 정리하고, 테슬라를 설립해 전기차 사업에 뛰어든다. 한술 더 떠서 아무도 생각하지 못했던 민간 우주 탐사를 위한 스페이스X를 창업한다. 비현실적이고 무모하기 짝이 없다고 여겨졌던 이 두 가지 사업 과제는 이제 지구를 넘어 우주로 뻗어가는 혁신적인 사업이 되었다. 미래를 내다보고 인생을 건 시프트를 시도한 가장 대표적인 인물이 바로, 일론 머스크다.[32]

2013년, BTS가 데뷔할 당시 우리나라는 이미 많은 걸그룹과 보이그룹을 보유한 문화 강국이었다. BTS는 초기에는 힙합을 기반으로 한 음악을 선보였으나, 이후 사회문제, 청소년 성장, 인간 갈등과 심리 등 주제를 넓혀 음악에 담기 시작하며 자신들만의 음악 세계를 구축해갔다.

특히 기존의 마케팅 방식을 벗어나 SNS를 활용한 팬들과의 교류가 성공의 기폭제가 되었다. 유튜브와 X구 트위터를 비롯한 디지털 플랫폼의 위력은 어마어마했고, 이들이 세계적인 그룹으로 거듭나는 데 기여했다. 이후 빌보드 차트에서 영어가 아닌 한국어로 된 곡이 맨 위에 오르는 쾌거를 이루었다. 팬클럽 아미A.R.M.Y는 단순히 팬들의 모임을 넘어 BTS를 지지하는 전 세계 네트워크로 성장했다.

BTS는 자신들만의 음악 세계와 방향성, SNS 마케팅 전략, 글로벌 타깃 공략 등 여러 가지 중요한 시프트를 실현하며 새로운 역사를 이뤄내고 있다.[33]

3

어떻게
시프트 하나?

시프트에 정해진
방법은 없다

시프트에는 제한이 없다. 나이, 성별, 국적, 환경 등에 상관없이 가능하다. 그야말로 무한 도전인 것이다. 현재 상황을 직시하고, 돌파구를 찾아내면 된다.

　영국의 소아과 의사이자 아동정신분석계의 거장인 도널드 위니컷Donald Winnicott의 '스퀴글Squiggle 기법'이라는 것이 있다. 말을 잘 못하거나 너무 어려서 협조가 잘 안 되는 아이와 대화할 때 사용하는 방법이다. 정해진 규칙 대신 낙서처럼 그림을 그려가면서 아이의 마음속에 감춰진 억압된 정서를 찾아낸다.

치료자가 종이에 낙서하듯이 아무렇게나 선을 하나 긋는다. 아이도 거기에 자유롭게 낙서를 더한다. 이어서 치료자가 낙서를 덧붙인다. 그리고 아이 차례가 되면 또 낙서를 하거나 뭔가를 그린다. 이런 식으로 하다 보면 아이가 하고 싶은 이야기, 아이가 겁내는 불안의 실체에 접근할 수 있다.

시프트도 마찬가지다. 어떻게 해야 할지 끝이 보이지 않더라도, 한 발을 내딛고 중심을 잡으려 노력하며 다음 발을 내딛고, 그렇게 한 걸음씩 앞으로 나가는 것이다. 길을 잘못 든 것 같으면 돌아서서 다른 길을 찾으면 된다. 제자리에 머물면 아무것도 할 수 없다.

현재 상태가 편안하고, 자기 나름대로 안주해야 하는 이유가 있다며 합리화할 수 있다. 예를 들어, "이 나이에 무슨 시프트?"라고 말할 수도 있다. 그러나 시프트에 나이가 무슨 상관이란 말인가.

나이를 뛰어넘은 사람들

「전국노래자랑」의 진행을 맡았던 고 송해 씨가 있다. 이 프로그램은 1980년부터 KBS에서 방송되었고, 송해 씨는 중간에 5개월 정도 쉰 기간을 빼면 1988년부터 2022년 5월 15일까지 약 35년간 진행자로 활약했다. 그는 원래 무대 위에서 웃음을 선보이는 코미디계의 1세대 연예인이었다. 구봉서, 배삼룡, 김희갑, 임희춘 등과 함께 활동했으나, 모두 오래전에 타계했다.

1988년 「전국노래자랑」 사회를 보기 시작할 당시 그는 이미 회갑이 지난 나이였다. 코미디언에서 노래자랑 프로그램의 사회자가 된다는 것은 그에게 있어서도 대단한 도전이었을 것이다. 그러나 그의 푸근한 성품과 모든 연령층을 아우르는 친화력 덕분에 「전국노래자랑」은 KBS를 대표하는 프로그램이 되었다. 2022년 6월, 그는 타계하기 한 달 전까지 사회자로 활약했으며, 그때 그의 나이는 95세였다.

1960년대 초등학생 시절, 내가 즐겨 보던 미국 드라마가 있었다. 바로 「0011 나폴레옹 솔로」였다. 미국과 소련의 냉전 시대를 배경으로, 미국 특수 요원인 잘생긴 나폴레옹 솔로가 주인공을 맡고 그의 파트너로 키 작은 러시아인 일리야 쿠리야킨이 등장했다. 사건을 해결하고 나면 명예와 영광은 언제나 나폴레옹 솔로의 몫이었고, 늘 그렇듯 미녀 주인공은 나폴레옹 솔로 품에 안겼다. 당시 나는 항상 뒷전에서 솔로를 보조하는 역할을 하는 일리야 쿠리야킨이 더 친근하게 느껴졌다. 그 후 오랫동안 나는 일리야 쿠리야킨을 잊고 살았다.

몇 년 전, 우연히 「NCIS」라는 미국 수사물을 보다가 부검의를 보고 깜짝 놀랐다. 그가 일리야 쿠리야킨과 너무 닮았기 때문이었다.

너무 오래전 기억이라 정확하지 않아 검색을 해보니, 내가 어릴 때 보았던 일리야 쿠리야킨이 맞았다. 본명은 데이비드 맥컬럼David McCallum으로, 영국 스코틀랜드 출신의 배우였다. 「NCIS」는 2003년에 첫 방송을 시작해 올해 10월 시즌22를 방영하며 여전히 이어지고 있는 드라마다.

일리야 쿠리야킨 역을 맡았던 데이비드 맥컬럼은 1933년생으로, 2003년 드라마를 시작할 때 나이가 70세였다. 아무리 배우가 모든 역을 다 소화한다고 해도, 70세에 법의학을 전공한 부검의 역을 맡았다니 놀랍다. 그것도 영화처럼 한 편으로 끝나는 게 아니라, 단역도 아닌 고정 배역으로 20여 년을 꾸준히 출연하며, 나이가 90이 될 때까지 그 역할을 계속 할 만큼 몸과 인지 능력을 관리하고 유지했으니 실로 대단한 분이 아닐 수 없다.[34]

나이 60이 넘어 「전국노래자랑」의 사회자로 취업해 30년 넘게 이어간 송해. 나이 70에 전혀 새로운 배역으로 분해 20여 년을 연기한 데이비드 맥컬럼. 무엇보다 그 나이에도 도전할 수 있는 몸과 마음을 단련한 그들이 무척 존경스럽다.

백 살을 사는
사람들의 공통점

'챗지피티'에게 삶에서 가장 소중한 것을 꼽아보라고 하자 관계, 건강, 행복, 성장을 제시한다. 이처럼 소중한 것들이 이루어지려면 건강이 뒷받침되어야 한다. 건강을 관리하는 방법은 다양한데, 그중에서도 근거가 확실한 방법을 선택하는 것이 중요하다.

인생의 교훈을 배우는 방법 중 하나는 오래 살아온 이들의 훈수를 받아들이는 것이다. 앞에서 언급한 '블루존'이 좋은 예이다. 내셔널 지오그래픽에서 선정한 세계 5대 블루존[35]은 이탈리아의 사르데냐, 그리스의 이카리아, 일본의 오키나와, 코스타리카의 니코야, 미국 캘리포니아의 로마린다이다. 이들 지역의 공통점은 바닷가를 끼고 있으며, 1년 내내 햇빛이 많고, 수산물이 풍부하다는 것이다. 실제로 블루존에 사는 사람들은 건강하게 백세인생을 살고 있으니, 그들의 인생 철학에서 배울 점이 많다. 그들이 꼽은 건강하게 오래 살기 위한 생활 습관은 다음과 같다.

첫째, 자연스럽게 움직이고 자발적으로 활동한다. 즐겁게 지내고, 산책하고, 정원을 가꾸고, 새로운 취미를 찾는다. 적당히 몸을 쓰는 것이다. 매일 동네 한 바퀴를 돌거나 간단한 운동을 해도 좋다.

둘째, 배불리 먹지 않는다. 최인호의 소설 『상도』에는 '계영배'라는 잔이 나온다. 계영배란 꽉 차는 것을 경계하는 잔, 즉 '지나침을 경계하는 잔'을 말한다. 술잔에 7할 이상이 차면 술이 넘친다. 소설의 주인공인 거상 임상옥은 계영배를 옆에 두고, 자신이 과욕을 부리지 않도록 경계했다. 모든 일에 지나침은 금물이지만, 특히 눈앞의 음식을 마주할 때는 과식하지 않도록 마음속에 항상 계영배를 지니고 있어야 한다.

셋째, 식단에 신경을 쓴다. 고기와 가공 식품은 피하고, 매일 네댓 가지 채소를 섭취하며 콩을 곁들이고, 견과류를 함께 먹는다.

넷째, 포도를 사랑한다. 5대 블루존 중 네 곳은 모두 와인 산지이다. 식사 때 와인을 한 잔씩 반주로 마신다오키나와는 사케를 그렇게 먹는다.

다섯째, 멀리 보고 큰 그림을 그린다. 연령대에 맞는 목표를 설정하고 실천한다. 파트너를 찾고 비망록을 작성하는 등 새로운 것에 관심을 갖고 지속적으로 배운다.

여섯째, 스트레스가 쌓이지 않도록 한다. 사람마다 취약한 부분에 더 스트레스를 느끼므로 소음을 줄이고 규칙적인 생활 습관을 유지하며 명상을 한다.

일곱째, 소속감을 갖는다. 하버드 그랜트 연구에서 가장 강조한 것이 '관계'이다. 종교 활동이나 동호회 활동이 도움이 된다.

여덟째, 항상 가족을 우선 순위에 둔다. 현대사회는 SNS를 통해 해외에 사는 가족들과도 실시간으로 소통할 수 있다. 가까워지려면 자주 모이고 함께 시간을 보내야 한다.

아홉째, 좋은 사람들과 어울린다. 농담 삼아 하는 말이지만, 나이가 들수록 모임에서 말은 줄이고 지갑을 열어야 한다.

바쁘게 살아가는 젊은 세대가 이러한 여유를 모두 누리기는 어려울 것이다. 그러나 일도, 사랑도, 행복도, 건강을 바탕으로 한다. 더 많이 일하고, 더 많이 행복하기 위해 가능한 한 백세인의 건강법을 실천해보자.

우리에게 필요한 건
장점을 찾는 연습

나의 전공은 소아정신건강의학이다. 소아정신과 진료실에서 내가 가장 많이 만나는 환자는 ADHD가 있는 아이들이다. 아이마다 행동 문제는 다르게 나타나지만, 대개 수업 중 교사에게 집중하지 못하거나 친구들에게 장난을 치고, 혼자 멍하니 창밖을 바라본다. 또한 궁금한 게 많아서 수업 내용과 관련 없는 질문을 자주 해서 교사를 힘들게 만들기도 한다. 그리고 항상 하고 싶은 말이 많아서 탈이다. 체육 시간이나 급식 시간에 규칙을 지키지 못하고 자기 마음대로 행동하는 경우가 많아 친구들에게 미움을 사기도 한다. 그러다 보니 어릴 때부터 지적과 비난을 받으며, 교실 뒤에 가서 서 있는 벌도 자주 받는다.

정상 발달을 보이는 아이들은 5~6세를 기점으로 자기 조절을 담당하는 뇌 부위가 빠르게 발달하면서, 규칙을 지키고 하기 싫은 일도 할 수 있게 된다. 그리고 이 시기에 초등학교에 입학한다.

그런데 ADHD가 있는 아이들은 자기 조절을 담당하는 뇌 부위의 발달이 ADHD가 없는 아이들보다 약 6년 정도 늦다. 어린이집이나 유치원에서는 다른 애들도 자기 통제 기능이 미숙하기 때문에 교사나 부모가 '그러려니' 하고 넘어갈 수 있다. 하지만 초등학교 입학 후에는 지켜야 할 규칙과 스스로 해야 할 일이 많아지면서 산만한 아이들이 눈에 띄기 시작한다. 이런 아이를 둔 부모는 자녀를 학교에 보내고도 학교에서 연락이 올까 봐 전전긍긍하게 된다.

ADHD가 있는데 이를 알지 못한 채 초등학교에 입학한 아이는 괴롭다. 호기심이 많고, 에너지가 넘치고, 지루한 것을 참지 못하는 특성 때문에 주변 친구나 교사에게 기피 대상이 될 수 있기 때문이다. 그래서 ADHD가 있는 아이가 제대로 치료받지 못한 채 초등학교 고학년이 되면, 오히려 위축되어 조용해지거나 반항적인 성향을 보일 수 있다.

ADHD 특징이 있는 자녀를 둔 부모와의 첫 진료 시간에는 아이의 장점에 대해 물어본다. "○○이가 문제가 많았군요. 그럼 이번에는 ○○이의 좋은 점을 알려주시겠어요?"라고 하면 대부분의 부모는 당황하며, 상당수는 "우리 애는 장점이 없는데요"라고 답한다. 아이의 증상 때문에 늘 마음을 졸이며 살다 보니 아이의 장점을 생각할 겨를이 없었을 것이다.

엄마와 아이를 분리해 아이와 면담을 해보면, 아이의 장점이 잘 드러난다. 나이에 비해 존댓말을 아주 정확하게 구사하는 아이, 산만하긴 하지만 진료실에 있는 뇌 모형이나 모형 약들에 관심을 보이며 과학 실험을 좋아한다고 말하는 아이, 나이 많은 의사와 둘이 이야기하면서도 전혀 긴장하거나 위축되지 않고 의사의 얼굴을 쳐다보며 씩씩하게 자기 생각을 말하는 아이, 또래들은 잘 모르는 공룡이나 조선 시대 역사를 술술 이야기하는 아이, 한자 급수 시험을 위해 공부하는데 그 수준이 상당한 아이, 날쌘 정도를 보았을 때 그 누구보다 뛰어난 운동신경을 가졌을 것 같은 아이 등등.

물론 이런 장점이 있는 아이들이지만, 진료실에서 면담할 때 의자에 차분히 앉아 있기보다는 들썩거리거나 일어났다 앉기를 반복하고, 앉아 있더라도 계속 손가락으로 탁자를 두드리거나 양발을 까딱거리며 책상을 툭툭 차고, 이야기하는 중간중간 창밖의 풍경에 주의를 빼앗겨 다른 질문을 하기도 한다. 아마도 이러한 꼼지락거리는 태도나 행동에 신경을 쓰다 보면, 아이의 장점을 살펴볼 여유가 없을 수도 있다. 안타까운 사실은, 부모와 면담할 때 보면 당신들의 자녀에게 이런 장점이 있다는 사실을 제대로 알고 있는 부모

가 많지 않다는 것이다.[36]

ADHD는 병이다. '약은 약사에게, 진료는 의사에게'라는 표어처럼 병은 의사와 상의해서 개선해야 한다. 그런데 병인 줄 몰라서 병원을 찾지 않기도 한다. 문제가 있다고 느끼면서도 정신과 진단에 대한 낙인 효과를 우려해 다른 방법으로 해결하려고 하는 경우가 많다. 그러다 보면 부모, 특히 어머니들이 아이에게 부정적 표현을 많이 하게 된다. 우리나라도 맞벌이 부부가 늘었지만, 여전히 육아에 더 많은 시간을 할애하는 쪽은 엄마이기 때문이다.

말은 흔적이 남지 않는 것처럼 보이지만, 그야말로 '마음에 상처'를 남긴다. 그리고 그 상처가 심해지면 곪기도 하고 합병증을 일으키기도 한다. 마음의 상처가 오래가면 무기력해지고, 이는 의욕 저하로 이어진다. 결과적으로 자존감이나 자신감이 바닥을 치게 된다.

이 문제에 대해 짚고 넘어가자. 어머니들이 하는 말 중에 공통된 문구가 있다. "우리 애는 아무리 말을 해줘도 똑같아요." 이 말을 뒤집어보면 "우리 애도 안 변하지만, 나도 매번 똑같이 야단을 치게 돼요"가 된다. 아이와 엄마 모두 변하지 않는 것이다. 병인 줄 몰라서 또는 병이라고 의심되지만 인정하기 어려워서, 엄마는 아이가 어서 다른 애들만큼 될 수 있도록 야단치거나 화를 낼 수도 있다.[37]

예를 들면, ADHD가 있는 아이는 엄마가 부엌에서 아침 식사를 준비하면서 "학교 가게 세수해"라고 말하면 "응" 하고 대답한 뒤 하던 게임을 계속한다. 엄마가 한 번 더 세수하라고 크게 말하면, 아이는 조금 더 크게 "응"이라고 대답하고 또다시 자기 하고 싶은 일을 한다. 세 번째로 엄마가 큰소리로 말하면 아이는 신경질을 내면서 자기 할 일을 계속한다. 네 번째로 엄마가 다시 큰소리를 내며 아이에게 다가가 등을 한 대 때리면, 아이는 화를 내며 드러눕는다.

근본적인 변화가 필요하나. 어머니가 마음속으로 '우리 아이는 장점도 많고, 사랑스러운 부분이 많다'는 것을 인식하고 있다면, 큰소리를 내는 대신 "세수해야지"라고 꾀꼬리 같은 목소리로 노래하듯 부드럽게 말할 수 있다. 그럴 때 아이는 어떻게 반응할까?

누가
시프트 하나?

우리는 모두
시프트의 주체들이다

누가 시프트를 해야 할지는 그다지 어려운 문제가 아니다. 우리는 모두 더 나은 미래를 꿈꾸며 살아간다. 따라서 나를 포함한 모두가 시프트를 준비해야 한다. 이 책이 출간되면, 수혜자 중 하나로 나도 포함될 것이다. 왜냐하면 책을 준비하며 나를 시프트 하고 있기 때문이다.

내가 이 책을 준비하기 시작한 때는 2024년 초, 정년퇴직을 하고 얼마 되지 않아서였다. 몇십 년 만에 처음으로 소속 없이 지내게 되었다. 한편으로는 심란하기도 했다. 퇴직 후 어떤 일을 해야 할지 결정하지 못했기 때문이었다. 게다가 의과대학을 졸업한 후로 40여 년 동안 소속이 없었던 날은 단 하루도 없었다. 대학 졸업 후 곧바로 인턴으로 근무했고, 1년간의 인턴생활이 끝나자마자 정신과 전공의 과정을 밟았다. 전공의 수련을 마치고 시험에 합격해 정신과 전문의가 되었고, 바로 의과대학에서 임상 강사로 2년을 일했다.

임상 강사로서 낮에는 환자를 진료하고, 밤에는 동물실험실에서 박사학위 논문을 위한 실험과 연구를 했다. 군의관으로 입대하기 이틀 전, 마지막 실험을 마친 후 입대했고, 39개월간 군의관으로 복무한 다음 정신과 의사로 근무를 시작했다. 1997년 3월부터 2024년 2월까지 같은 직장에서 계속 근무했으며, 그 기간 동안 다른 대학교 병원에서 1년간 교류 교수로 활동했고, 외국 대학교의 자폐 센터에서 1년간 연구를 하기도 했다.

정신과 분야에서 햇수로 40년을 보냈다. 40년간 해마다 '다음 해도 열심히 살아야지' 다짐했었는데, 소속감이 사라지니 어떻게 사는 게 열심히 사는 것인지 혼란스러웠다. 젊은 세대는 어떨지 모르겠지만, 나와 같은 58년 개띠들에게는 보통 같은 업종에서 평생 일하거나 한 직장에서 몇십 년 일하는 것이 그리 낯선 일이 아니다.

사실 퇴직 후 생활을 설계하려던 계획에 차질이 생긴 데에는 코비드19 사태가 영향을 미쳤다. 2020년 2월, 설 연휴 동안 퇴직 후 계획을 머릿속에 그리기 시작했는데 곧바로 코비드19 사태가 터지면서 모든 체제가 달라졌고, 사회가 침체되기 시작했다. 돌이켜보면 그 시기에 나 역시 우울감에 휩싸였던 것 같다. 그동안 궁금했지만 미뤄두었던 자료들을 찾아보고 몇 년간 논문 작성에 몰두했던 것도 지금 돌이켜보면 우울감에 빠지지 않기 위한 일종의 방어기제였던 것 같다.

해리포터 시리즈에는 집 요정 '도비'가 나온다. 도비에게는 주인이 있었는데, 주인이 도비에게 양말을 주면 도비는 자유를 얻을 수 있었다. 해리의 꾀로 도비의 주인인 악당 마법사가 실수로 도비에게 양말을 주게 되고, 도비는 해방된다.

이 소설을 읽으면서 나도 정년퇴직을 하면 도비처럼 자유를 얻을 것으로 생각했다. 그런데 막상 양말을 받은 도비가 되었는데도 마음이 심란했다. 그 무렵 출판사에서 책 집필을 의뢰했고, 덜컥 제안을 받아들였다. 나 자신을 위해서라도 시프트에 대해 좀 더 알아보고 싶어서였다. 물론 집필 과정은 예상보다 몇십 배 힘들었지만, 한편으로는 시프트가 주는 매력과 즐거움도 누리고 있다.

부모의 시프트 필요성,
동시성 분리 개별화[38]

시프트는 특정 개인에게만 국한된 게 아니다. 그러나 여기에서는 내가 가장 많이 지켜본 대상, 즉 가장 큰 변화를 겪는 자녀를 둔 부모에 대해 이야기하고자 한다. 부모는 대개 자녀의 문제 행동을 고쳐야 한다고 생각한다. 그러나 소아정신과에서 오랜 시간 일하면서 느낀 것은, 정작 아이는 변할 준비가 되어 있는데 부모가 그 변화를 막고 있는 경우가 많다는 것이다. 특히 사춘기 자녀와 부모 사이에서 이런 현상이 자주 나타난다. 즉, 자녀와 부모는 동시에 변해야 한다.

부모들이 가장 무서워하는 게 '중 2'라고 한다. 소아청소년정신과 의사에게도 남자애, 여자애 할 것 없이 중 2는 두려운 대상이다. 이시기 아이들은 왜 두려운 대상이 되었을까? 몇 가지 이유를 생각해 보자.

먼저, 선입견 또는 편견 때문이다. 약 120년 전, 미국 심리학자 스탠리 홀이 처음으로 '청소년'이라는 용어와 개념을 도입하면서, 청소년기를 '질풍노도의 시기'라고 정의했다. 이후 정신분석의 대가 안나 프로이트 또한 "청소년기에 일탈 행위가 없다면 청소년이 아니다"라며 청소년기의 문제 행동이 나타나는 게 당연하다고 옹호했다. 그러나 이후 연구를 통해 모든 청소년이 질풍노도를 겪는 것은 아니며, 약 20~30% 정도만이 청소년기에 심각한 혼란을 겪는다고 밝혀졌다. 그렇지만 여전히 부모들은 청소년기 자녀가 짜증 내고, 반항하고, 일탈 행동을 하면 질풍노도의 시기니까 시간이 지나면 좋아질 거라며 덮어두려고 한다.

두 번째 요인으로는 자녀 수 감소와 가족 구조의 변화를 들 수 있다. 과거에는 형제자매가 많고 대가족이거나, 근처에 친척이 함께 살며 가족 자체가 작은 사회 역할을 했다. 아이들은 그 안에서 규범과 통제를 배울 수 있었고, 부모가 직장에 가면 다른 식구가 아이를 봐줄 수도 있었다. 어릴 때부터 어린이집에서 생활하는 경우가 많은 요즘에는 이러한 가내 학습과 완충 효과를 기대하기 어렵다.

세 번째 요인은 코비드19 사태의 영향이다. 2020년 초부터 3~4년간 코비드19 사태가 지속되면서 아이들은 어린이집, 유치원, 학교에서 배울 수 있는 사회성 학습 기회를 잃었다. 이 시기 부모들 또한 경제적, 사회적 제한으로 인해 힘든 시간을 보내며 자녀 양육에 소홀할 수밖에 없었을 것이다. 발달 과정에 있는 아이들에게 이러한 혼란기는 정상적인 발달에 영향을 미쳤을 것이다.

네 번째 요인을 이해하기 전에 동시성 분리 개별화 개념을 소개한다. 인간의 발달을 연구하는 사람 중에는 정신분석가가 많다. 에릭 에릭슨과 피터 블로스는 청소년기에는 자아 정체성을 확립하고,

부모로부터 '정신적 분리 개별화Psychological separation and individuation'가 이루어져야 한다고 주장했다. 이 이론은 지금까지도 인정받고 있다.

나는 소아청소년정신과 전문의로 오랜 기간 일하며 청소년기에 부모와의 분리 개별화가 제대로 이루어지지 않는 경우를 자주 접했다. 청소년 자녀는 이미 부모에게서 독립해 개별화가 진행되고 있는데, 이를 방해하는 요인이 있다는 느낌을 받았다. 피터 블로스의 이론에 근거해 심층 면담을 해보아도 원인을 찾기가 어려웠다.

어느 날, 같은 소아정신과를 전공하고 다른 병원에서 근무하는 후배와 비행을 일삼는 아이에 관해 토론하다가 "혹시…" 하면서 서로의 얼굴을 쳐다보았다. 후배가 진료하던 남학생이 전에는 착한 아이였는데, 고등학교에 들어가면서 노는 애들과 어울리며 달라져 그 부모가 우울증에 걸릴 지경이라고 했다.

아이는 담배도 피고 싶고, 술도 먹어보고 싶고, 하고 싶은 게 많았는데, 아버지가 엄해서 엄두를 못 내고 있다. 그런데 노는 아이들이 웬만한 건 원하는 대로 다 하는 걸 보고 그들과 어울리기 시작했다. 편의점에서 담배를 훔쳐 피우기도 하고, 오토바이를 훔쳐 뒤에 여학생을 태우고 가다가 운전 미숙으로 사고를 내 경찰에 잡히기까지 했다. 아버지는 타이르며 말렸지만, 이미 아들은 그런 일탈에 깊이 빠져 있었다.

고등학생이 되기 전에는 아버지와 더할 나위 없이 친구처럼 지내던 아들이 일탈을 일삼게 된 게 아버지로서는 도저히 이해하기 어려웠다. 결국 아버지는 아들을 설득해 정신과 보호 병동에 입원시킨 뒤, 나쁜 친구들과의 교류를 차단하고 치료를 시작했다.

이 부자의 치료 과정에 대해 후배와 이야기하면서 느낀 것은, 아들의 일탈이 청소년기에 종종 나타나는 '위험 행동에 대한 동경'일 수 있다는 점이었다. 반면, 아들의 성장을 단순히 비행으로만 보고 걱정하는 아버지의 태도에도 문제가 있었다. 아들이 바라는 아버지 상은 자기를 이해해주는 어른이지, 친구처럼 지내려는 모습이 아니었다. 아들은 이미 부모로부터 분리되어 자기만의 세계를 구축하며 개별화를 이루려고 하는데, 아버지가 아들을 놔주지 않고 개별화를 막고 있는 것이다.

청소년기의 분리 개별화가 이루어지려면, 결국 아들과 아버지가 각각 동시에 분리 개별화를 실천해야 한다는 결론에 도달했다. 이후 치료 과정에 동시성 분리 개별화 개념을 적용했고, 부자 모두 호전되기 시작했다.

이후 후배와 함께 새로운 이론을 전파하기 위해 논문을 썼다. 실제로 우리 사회에서는 많은 부모가 자식과 정서적으로 분리되는 과정을 피하거나 두려워한다. 특히 학업이나 입시와 관련해서는 거의 한 몸처럼 움직이기도 한다. 한밤중 대치동 사거리를 지나다 보면 도로가 불야성을 이루고 교통 체증이 심각하다. 학원이 끝난 아이들을 태우기 위해 도로변에 불법 정차를 하며 대기하고 있는 부모들의 행렬 때문이다.

청소년기 자녀를 둔 부모뿐만이 아니라 대부분의 부모가 자녀 양육에 어려움을 호소한다. 학업, 또래 관계, 정서 발달, 주의력 발달 등 여러 면에서 걱정이 많다. 이러한 부모들에게 필요한 시프트는 무엇일까? 바로, 동시성 분리 개별화이다.

예를 들어, 아이가 아주 어리지 않는데도 부모는 아이와 함께 잠을 잔다. 특히 요즘은 외동인 경우가 많아 아이가 불안해하거나 원하면 부모는 무엇이든 들어주려고 한다. 그러다 보니 아이가 밤에 혼자 자는 게 무섭다고 하면, 부모는 아이가 불안해하지 않도록 같이 자게 된다. 그래서 심지어 중학생이 돼도 계속 같이 자기도 한다. 불안은 극복하고 넘어가야 하는데, 아이가 힘들어할까 봐 익숙하고 편한 것을 선택한다. 이는 아이가 스스로 불안을 극복할 기회를 부모가 빼앗는 것이며, 아이의 발달을 부모가 막고 있는 것이다.

소아과를 찾는 아이가 부모와 함께 병원을 방문하듯, 소아정신과를 찾는 아이도 부모나 조부모 중 최소 한 명이 동반한다. 소아과에서는 진료를 볼 때 대개 부모가 함께 진료실에 들어가지만, 소아정신과에서는 아이가 너무 어려서 혼자 있기 힘든 경우가 아니라면,

먼저 아이를 만나고 그 후에 보호자를 만난다.

이때 아이가 주는 정보와 엄마가 제공하는 정보가 일치할 때도 있지만, 다른 경우도 많다. 예를 들면, 아이는 방과 후에 학원을 여러 개 다니는 게 너무 싫다고 말한다. 피아노, 태권도, 영재 수학, 원어민 영어, 암산 학원, 독서 교실, 줄넘기, 축구 교실, 과학 탐구, 그림 교실, 종이접기 등 다양하다. 그런데 엄마는 아이가 이것저것 호기심이 많아서 여러 학원에 다니는 걸 즐거워한다고 말한다. 누구의 말이 사실일까?

부모에게 필요한 시프트는 아이가 어떤 발달 단계에 있고, 부모가 아이의 발달을 위해 할 일이 무엇인지 공부하는 것이다. 이것이 제대로 이루어지지 않는 경우 무서운 중 2가 생기는 네 번째 요인이 된다.

5

어디서
시프트 하나?

지금 우리가 서 있는
모든 자리에 시프트는 필요하다

소아정신과 의사로 40여 년을 살아오면서 내 생활의 모든 것이 정
신의학과 연결되어 있다고 느꼈다. 부끄럽지만 정신과 전공의를 시
작한 첫날부터 지금까지 인간의 정신세계에 관한 지식은 내가 아는
것보다 모르는 것이 훨씬 많다는 것을 깨달았다.

정신과 전공의 1년 차 때는 정말 정신과에 대해 무지했다. 의과대
학에 다니는 내내 정신과 의사가 되겠다고 생각했었는데, 막상 정
신과 의사가 되어 정신과 병동에 들어가보니 막막했다. 아는 게 없
으니 모든 게 궁금했다. 사람의 마음이 눈에 보일 리 없고, 무엇을

어떻게 해야 할지 몰랐다. 그나마 눈에 보이는 것은 정신과에서 처방하는 약들이었고, 나는 밤을 새우며 그 약들에 대해 공부했다. 문제는 책에서 배운 많은 이론과 실제로 약을 먹는 환자들이 이야기하는 내용 사이에 큰 차이가 있다는 것이었다.

약을 복용한 환자 중 상당수는 그 효과에 대해서는 잠깐 언급하고, 불편감이나 부작용은 길게 이야기한다. 더구나 환자들은 교과서에 나오는 것처럼 부작용을 정확한 용어로 말하지 않는다.

예를 들면, 과거 조현병Schizophrenia 환자들에게 주로 처방했던 클로르프로마진Chlorpromazine이라는 약의 부작용 중에는 '입 마름'이 있다. 클로르프로마진은 침을 분비하는 침샘을 자극하는 아세틸콜린Acetylcholine이라는 신경 전달 물질을 차단해, 이 약을 복용하는 거의 모든 환자가 입 마름이 생긴다. 이러한 지식을 습득한 정신과 초년생은 뿌듯한 마음으로 환자에게 질문한다. "요즘 입 마름이 있지요?" 그러면 환자들은 고개를 젓고 "아니요, 입 마름은 없고요"라며 "아침에 일어나니 입이 써요", "말할 때 혀가 입천장에 붙어서 발음하기가 힘들어요", "하루 종일 입에 물통을 달고 살아요", "양치질을 하루에 서너 번 하는데도 입에서 냄새가 나요", "껌을 씹어도 입에 침이 안 생겨요" 등 다양한 방식으로 증상을 표현한다.

의미는 다 비슷한 것 같은데, 왜 환자들은 그렇게 표현할까? 또 가끔 이렇게 말하는 환자도 있었다. "입이 마르기는 한데 '많이 마르지는 않아요.'"라고. 여기서 '많이'는 어느 정도인가? 나는 '많이'가 정확히 어느 정도인지 알기 위해 약을 직접 먹어보기로 했다. 아주 소량을 먹어보았다. 그러고는 12시간 이상 잤다.[39] 일어나니 입이 '많이 썼다'. 그 경험 이후로는 환자들이 입이 마르다고 할 때 '좀 견디면 괜찮아져요'라는 말을 하지 않게 되었다. 대신 "그러시지요, 입이 말라 불편하시지요"라고 말하게 되었다.

그리고 정신과에서 사용하는 치료 방법 중에는 전기경련요법Electro Convulsive Therapy이란 게 있다. 머리 양쪽에 전극을 대고 일정한 전류 자극을 흘려보내 경련을 유도하는 방법으로, 이를 통해 뇌의 신경전달물질의 불균형을 조절한다. ECT는 심한 우울증이나 심각한 자해 행동이 있는 환자에게 유용한 치료법이다. 현재는 근육이완제 등으로 전 처치 후 시행하고 있어 더 안전하다.

환자나 보호자에게 전기경련요법을 권하면 겁을 냈다. 아무리 가볍게 설명하려고 해도 전기 충격이나 경련 같은 표현을 순화시키기가 쉽지 않았다. 효과가 좋고, 안전하다고 설명하면서도 뭔가 찜찜했다. 실제로 전기경련요법을 받으면 어떤 느낌이 드는지, 침대에 누워서 요법을 준비하는 의사와 간호사를 보는 마음이 어떤지, 치료가 끝난 뒤 의식이 돌아올 때 기분은 어떤지 궁금했다. 그래서 나는 전기경련요법을 직접 받아보기로 했다. 이상한 부탁을 하는 후

배 때문에 선배들은 곤혹스러웠을 테다. 나 역시 걱정이 스쳐 지나 갔지만 한번 해보기로 결심한 이상 물러설 수 없었다.

눈을 떴을 땐 몇 시간이 지나 있었다. 그 후로 나는 환자들에게 이 치료가 정말 안전하고 시도해볼 만한 것이라고 권하게 되었다. 그럴 때마다 최대한 표정으로 내가 믿을 만한 사람이라는 것을 보여주려고 노력했다. 과연 내 얼굴을 보고 믿음이 간다고 느낀 분들이 얼마나 있었을지 지금도 궁금하다.

그 후로도 나는 정신과에서 진행하는 심리 검사, 자율신경 검사, 뉴로피드백 치료, 정신 치료, 사이코 드라마, 인지행동 치료, 최면 등 다양한 치료법을 직접 경험해보았다. 또한 치료 기전이나 효과를 확인하는 쥐 실험도 진행했다.

물론 직접 경험을 한다고 해도 환자의 마음이나 변화를 모두 알 수는 없다. 하지만 이런 노력이 상대를 이해하고 해결책을 모색하는 데 작게나마 도움이 되지 않을까. 요즘도 새롭게 개발되는 치료법, 약물, 치료 기기에 관심을 가지고 있다. 여전히 정신과 의사로 일하고 있지만, 나는 계속 새로운 시프트를 시도하고 있다. 정신 세계에 관한 배움에는 아직 갈 길이 멀기 때문이다. 전혀 가지 않은 길을 탐색하는 시프트도 중요하지만, 지금 내가 있는 자리에서도 시프트는 필요하다.

6

무엇을
시프트 하나?

시프트란
무엇일까

과학 다큐멘터리 방송에서 매미의 일생과 허물을 벗는 우화羽化 과
정을 본 적이 있다. 매미는 땅속에서 애벌레로 나무뿌리 액을 빨아
먹으며 살다가, 7년이 지나면 땅 위로 올라와 나무 위에 자리를 잡
고 탈피 과정을 거쳐 성충이 된다. 2~3주 정도 사는 동안 수컷은 짝
짓기를 위해 열심히 맴맴 노래를 부른다. 짝짓기가 끝나면 수컷은
죽고, 암컷은 나뭇가지에 구멍을 만들어 알을 낳고 죽는다.

7년 동안 땅속에서 살다가 성충으로는 한 달도 채 되지 않는 짧은
생을 사는 매미 이야기를 들을 때마다 신비로움을 느낀다. 그 과정

을 시프트로 본다면, 가장 고생스러워 보이면서도 한편으로는 가장 아름답고 훌륭한 시프트가 아닐까 하는 생각이 든다.

얼마 전 우리나라의 한강 작가가 2024년 노벨문학상 수상자로 결정되었다. 처음 이 소식을 접했을 때 살면서 이보다 더 기쁜 뉴스를 들어본 적이 있을까 싶을 정도로 반가웠다.

시프트의 내용이나 대상이 무엇이든 더 나은 내가 되는 게 목표라면, 한강 작가의 노벨문학상 수상은 그야말로 엄청난 시프트의 결과물이라는 생각이 든다. 한 작품을 완성하는 동안 얼마나 긴 인고의 시간과 노력이 필요했을까. 한강 작가가 노벨문학상을 염두에 두고 작품을 쓰지는 않았을 것이다. 그저 그동안 최선을 다해 시프트를 한 사람에게 돌아온 보상일 뿐일 것이다. 아래에서는 개인의 일상, 우리 사회의 한 단면, 지구 환경 같은 여러 관점에서 시프트를 알아보고자 한다.

자신만의
생활 패턴을 찾는다

개인의 일상에서 자신의 패턴을 구축하는 것은 매우 중요하다. 하지만 이 패턴은 사람에 따라 차이가 있으며, 정답은 없다. 먼저 이른 아침을 활용해서 삶의 만족도와 충만감을 높이는 경우가 많이 언급된다. 새벽형 인간[40]이나 아침형 인간[41]에 관한 책들이 출간되면서 이른 아침 시간을 활용하는 사람들에 대한 관심이 커졌다. 남들보다 일찍 일어나 아침 자투리 시간을 유용하게 써서 괄목할 만한 업적을 이룬 사람들의 이야기에서 분명히 배울 점이 있을 것이다.

할 엘로드Hal Elrod는 『미라클 모닝』[42]에서 아침을 성공적인 삶에 있어 중요한 시간으로 보았다. 아침에 일어나 짧은 시간 동안 침묵명상, 자기 확신자기 최면, 직관의 시각화, 간단한 운동체조, 독서, 기록 등 6단계 루틴을 만들어 실행할 것을 권했다. 그는 아침 루틴을 통해 다양한 효과를 기대할 수 있고, 결과적으로 삶의 질이 향상되었다고 말했다.

아침형 인간으로 유명한 사업가들이 있다. 애플의 대표이사인 팀 쿡Tim Cook은 새벽 4시에 일어나 이메일을 확인하고 운동을 하며 개인 시간을 효율적으로 활용한다고 알려져 있다.[43] 민간 기업 최초로 우주여행을 다녀온 버진 그룹의 리처드 브랜슨 회장 역시 새벽 5시부터 활동을 시작한다. 그는 대부분 아침에 운동을 하거나 가족과 시간을 보낸다.[44]

스타벅스의 전 대표였던 하워드 슐츠Howard Schultz도 새벽 4시 반에 일어나 운동을 하고, 커피를 준비한 뒤 업무를 시작한다.[45] 오바마 전 대통령의 아내인 미셸 오바마Michelle Obama 역시 새벽 4시 반에 일어나 하루를 준비하고 가족과 시간을 보낸다.[46]

이처럼 아침형 인간은 아침 시간을 자신의 성장이나 업무를 위한 시간으로 활용하거나 가족과 함께 보내는 데 쓴다. 그리고 하루 일정을 준비하는 데 사용하기도 한다. 마이크로소프트의 대표이사 사티아 나델라Satya Nadella,[47] 테슬라의 회장 일론 머스크, X의 창업자 잭 도시Jack Dorsey 같은 디지털 업계의 거물들 역시 자서전에서 새벽에 일과를 시작한다고 말했다.[48]

새벽은 방해받지 않고 자기만의 시간을 보내기에 더없이 좋은 시간이며, 많은 사업가가 세계 각국의 사람들과 소통하고 네트워크를 관리하기 위해 이른 아침 시간을 활용한다.

아침 일찍 하루를 시작하는 일은 여러모로 유익하지만, 모든 사람이 아침형 인간이 될 수는 없다. 자신의 바이오리듬이나 여건에 맞춰 시간을 조율해 활용하는 것이 바람직하다.

예를 들어, 윈스턴 처칠의 수면 패턴은 매우 비정형적이었다. 그는 아침 7~8시 사이에 기상해서, 곧바로 자리에서 일어나지 않고 침대에서 여러 업무를 처리한 후 비서나 보좌관들을 모아 회의를 했다. 그리고 오후 5~6시 사이에는 꼭 한 시간 이상 낮잠을 잤다. 그런데 그가 낮잠을 자는 시간이 다른 사람에게는 일과 시간이었기 때문에 비서나 보좌관들은 그가 깰 때까지 기다려야 해 불편했다. 이후 늦은 저녁에 식사를 하고 나면 자정이 넘을 때까지 일하는 게 흔한 일이었다. 불규칙해 보이기는 하지만, 처칠 자신에게는 나름대로 일정한 패턴이 있는 규칙적인 생활이었다.[49]

지금 사회에 필요한 것은
돌봄이 함께 하는 시간과 공간

소아정신과 의사로 아이들을 치료하면서 우리 사회의 변화 중 가장 안타까운 점은 아이들이 놀 공간과 시간이 점점 줄어들고 있다는 것이다. 먼저 공간에 대해 생각해보자. 요즘 짓는 아파트 단지는 세대 수가 많고 첨단 커뮤니티 시설을 갖추고 있다. 커뮤니티 시설에는 다양한 문화 공간과 함께 체육 시설이 마련되어 있다. 수영장, 스크린 골프, 탁구장, 실내 암벽, 실내 체육관 등이다. 얼핏 보면 어른 위주의 종목들이 아닌가 싶기도 하다. 출입증 카드가 있어야 들어갈 수 있고, 다른 사람에게 방해되지 않도록 조용조용 움직이며, 시설을 망가뜨릴까 봐 살살 걸어야 하는 첨단 시설도 좋지만, 맘껏 뛰고 뒹굴고 소리 지르고 엉키면서 놀 수 있는 자연스러운 공간이 자라나는 아이들에겐 더 좋다. 심지어 최근 일부 아파트 놀이터는 그 아파트에 사는 아이들이 아니면 이용하기 어려운 경우도 종종 있다고 한다.

시간은 어떠한가? 어린 아이들은 어린이집이나 유치원, 그리고 돌봄 교실 외에도 태권도장과 피아노학원에 다니느라 바쁘다. 2009년 기준, 우리나라 체육도장 수는 13,112개이며, 그중 89.4%가 태권도장이었다. 물론 태권도장은 운동 목적 외에도 맞벌이 가정의 자녀들이 부모 퇴근 시간까지 아이들과 놀 수 있는 중요한 공간이기도 하다.

조금 큰 아이들은 학교가 끝나도 학원에 다니느라 바쁘다. 서울시 교육청 자료에 따르면, 전국의 입시, 검정, 보습학원 수는 2012~2022년 사이에 7,725개에서 8,095개로 4.8% 늘었다. 이는 예체능이나 영어학원은 포함되지 않은 숫자이다. 같은 기간 동안 가장 많이 늘어난 지역은 강남구로, 986개에서 1,316개로 25.4% 늘었다. 2위는 서초구이다. 2022년 학생 1만 명당 사설학원 수는 강남구가 419개로 가장 많았고, 가장 적은 곳은 중구로 90개였다. 아이들의 학습에도 중요하지만, 역시 부모의 퇴근 시간까지 아이들이 친구를 만들고 돌봐주는 공간으로서의 기능이 있다.

놀 공간과 시간을 언급하는 것은 놀이가 아이들에게는 대화의 수단이며, 놀이를 통해 세상을 이해하고 현실을 받아들일 수 있기 때문이다. 놀이는 아이들의 신체 및 정서 발달 과정에서 중요한 도구이며, 인지 발달에도 필수적이다. 즉 놀이는 연령대에 따라 이뤄야 할 발달 과업을 달성하도록 돕는 기능이 있다.

물론 도시문화, 아파트 주거환경, 그리고 부모의 사회 참여로 인해 방과 후 생활의 주요 무대인 학원이 아이들의 좋은 놀이터가 되고 있는 현실을 간과할 수는 없다. 귀가 후에는 스마트폰이나 태블릿이 아이들의 놀잇감이고 SNS가 놀이터가 되고 있다. 이러한 현실을 고려하면서 부모의 돌봄과 참여가 있는 놀이 시간과 공간을 어떻게 확보하고 활용할 것인가에 따라 시프트의 방향이 결정된다.

기후를 망가트리는
숨겨진 범인

몇 년 전만 해도 기후위기는 우리와 먼 이야기라고 생각했다. 유엔이나 국제기구들이 해결할 문제라고 여긴 것이다. 그러나 최근 기후 문제가 심각해지고, 개개인의 삶에 영향을 끼치기 시작하면서 관심과 노력이 절실하게 필요하다는 인식이 퍼지고 있다.

서울시는 2024년 1월부터 6개월간 시범 기간을 거쳐 7월에 정식 사업으로 '기후동행카드'를 발행했다. 기후동행카드는 1회 요금 충전으로 선택한 기간 동안 지하철, 버스, 따릉이를 무제한 이용할 수 있는 대중교통 통합 정기권이다. 자가용의 배기가스 발생량을 줄여 대기 환경을 개선하자는 취지로 도입되었다.

또 다른 예로 얼마 전 직장 전산실에서 받은 이메일 공문이 있다. 나에게만 온 게 아니라 전 직원에게 보낸 공문이다. 이메일을 보낼 때 온실가스가 발생하고, 이메일 보관함을 관리하는 센터마다 에너지를 사용하면서 추가적인 온실가스가 발생한다는 것이다. 당시 나는 사용하던 메일 주소가 3개 있었고, 각각 쌓여 있는 메일 개수는 모두 만 개가 넘었다. 현재는 메일 주소 하나만을 남기고 모두 폐기했다. 생각해보니 아파트 우편함에 우편물이 쌓이면 금세 알 수 있고, 우편물이 보이면 바로 수거하지 않나. 이메일은 인터넷 사용료를 내면 무료로 받는 서비스라고 생각했는데, 온실가스의 주범이라니. 자동차 배기가스나 에어컨 냉매가스만 범인인 줄 알았는데 말이다.

지구온난화로 인해 미래에 우리 자손들이 살 곳이 없어서 지구를 떠나는 일이 없도록 미리 신경 써야 하지 않을까. 지구가 망하지 않도록 개인이 실천할 수 있는 기후 위기 탈출을 위한 시프트가 필요하다.

7

왜 시프트를
해야 하나?

시프트를
하는 이유

아기가 엄마 배에서 나와 태반 호흡에서 폐 호흡으로 전환하는 이
유는 궁극적으로 생존을 위한 것이지만, 다른 관점에서 보면 당장
산소 공급이 되지 않아서 불편함을 해소하려고 시도하는 것이다.
이처럼 시프트 하는 이유는 상황에 따라, 시각에 따라, 입장에 따라
달라질 수 있지만 분명히 필요하기 때문이다.

　개인의 측면에서 생각해볼 수 있는 이유는, 먼저 건강한 삶을 위
한 변화를 미리 계획해야 한다는 것이다. 평균 수명이 길어지면서
단순히 오래 사는 게 목표가 아닌, 건강한 노년을 목표로 체중 조절,

식단 변화, 건강한 수면 환경 조성, 스트레스 대처 전략 등을 설계한다. 둘째, 개인의 성장과 발전을 추구하는 데 중요한 동기가 된다. 자기 계발을 위해 시간을 투자하거나, 자신의 열정과 창의적 활동을 위한 시간을 확보하기 위해 일상에 변화를 주는 것이다. 셋째, 행복 추구와 일상의 활력을 증진하기 위함이다. 취미 활동, 사회적 네트워크 모임, 봉사 활동, 또는 자기만의 기쁨과 만족을 찾을 수 있는 활동에 시간을 할애하기 위해 일상에 변화를 주기도 한다. 매너리즘이나 정체를 탈피하기 위해 일상을 재정비함으로써 작은 변화로 신선함을 경험하게 만들 수도 있다.

직장이나 직업 측면에서 시프트가 필요한 이유는 다음과 같다. 첫째, 작업 성과 또는 생산성 향상이 중요한 목표이기 때문이다. 이를 위해 일과 중 시간 관리 기법을 도입한다든가 앞에서 언급했듯 새벽형 인간으로 전환을 시도한다. 둘째, 워라밸의 균형을 맞추기 위함이다. 직장과 가정에 모두 충실하기가 쉽지 않지만, 일과 개인 시간을 잘 조절해 생산성과 삶의 만족도를 높인다. 그래야 일에 지나치게 몰두했을 때 발생할 수 있는 번아웃을 예방할 수 있다.

이러한 개인과 조직 차원의 시프트는 개인의 삶의 질을 향상시키고, 디지털 환경에 적응하며 건강과 웰빙을 유지하고 목표를 달성하는 데 도움이 된다. 시프트는 개인 성장에 대한 욕구에 의해 촉진

될 수 있고, 조직이나 기업의 압력에 의해 영향을 받을 수 있다. 결국 시프트는 일과 삶의 균형을 만족스럽고 의미 있게 만들어가는 과정이다.

요즘 MZ세대 사이에서 사용하는 신조어 중에 '이생망'이번 생'과 '망했다'의 합성어'이라는 말이 있다. 20~30대 젊은이가 이번 생이 망했다고 하는 게 그럴 수 있는 일인가 하는 생각도 들지만, 불안한 상황을 그들만의 말로 유머러스하게 표현했다고 이해한다.

'이생망'과 대조적으로 사용되는 말로는 '갓생 살기'가 있다. 신을 의미하는 영어 '갓God'과 한자 '생生'을 붙여 '신처럼 완벽한 삶을 산다'는 의미를 지닌다. 흔히 스스로 루틴이나 목표를 설정하고 실천할 때 '갓생 산다'고 하는데, 건설적이고 생산적인 생활 태도를 말한다. 온라인에서 '갓생 살기 프로젝트'나 '갓생 살기 게시판' 등 구체적인 실천 방법을 찾아볼 수 있다.

'이생망'이든 '갓생 살기'든 누가 시켜서 하는 게 아니다. 변화한 사회 환경에 적응하기 위해 자발적으로 찾아낸 것이다. 시프트도 이러한 대처 방식의 하나이다. 우리 몸속에서 꿈틀거리고 있는 시프트 DNA가 이끄는 대로 따라가면 된다. 아기가 태어나 첫 숨을 쉬듯이, 돌 지난 아이가 첫발을 내딛듯이, 자연스럽게 변화를 경험하고 새로운 단계로 나아가는 것이다.

4장

변화를

방해하는 것들

1

불안
....
걱정 때문에
잠 못 이루는 사람들

불안한 마음은
어디서 시작하는가

우리는 대개 모르는 것에 대해 마음의 평정을 잃는다. 미래에 대한 불확실성 때문에 마음이 편치 않아 생명보험, 운전자보험 등 다양한 보험에 가입한다. 타임머신을 발명하려는 노력이나 신점을 잘 치는 곳을 찾는 이유도 마찬가지다.

마음이 불안하면 하던 일에 집중하기 어렵다. 불안정한 마음 상태가 만성적으로 지속되면 미래를 준비할 의욕도 사라진다. 이러한 불안 때문에 불안해서 시프트를 하지 못한다면 큰일이다. 따라서 불안의 정체를 모르는 것도 불안해지는 원인이 되므로, 불안에 대해 알아보고자 한다.

인간이 왜 불안이라는 감정을 느끼게 되었는지에 대해 찾아보다가 인간과 고릴라를 비교한 책[50]을 읽게 되었다. 인간은 주어진 과제를 수행하면서 책임감을 느끼며, 스트레스를 받으면 과제를 해결하려는 노력 대신, 딴 길로 빠지는 경우가 종종 있다고 한다. 나 역시 이 책을 쓰면서 원고 마감일을 지켜야 하는 스트레스에서 벗어나기 위해 고릴라 관련 책을 읽게 되었다. 그러면서 잠시 머리를 식혔다.

지금 불안하다면, 잠시 그 상황에서 벗어나 정글 속 고릴라를 떠올려보면 어떨까. 독자들에게도 그런 시간이 되길 바라면서 다음 이야기를 소개한다.

인간은 지구상에서 매우 취약한 포유류 중 하나다. 진화론적으로 인간과 비교적 비슷한 고릴라는 수컷이 성체가 되면 200kg을 넘지만, 성인 남성은 대개 100kg을 넘지 않는다. 고릴라의 키는 성인 남성보다 조금 작거나 비슷하거나 더 클 수 있다. 반면, 성인의 뇌 크기는 고릴라보다 약 세 배 정도 크다.

흥미로운 점은 인간은 아기로 태어날 때 평균 체중이 약 3.2kg인데, 고릴라 새끼는 약 2kg 전후라는 것이다. 왜 그럴까? 3~4백만 년 전쯤 인간의 조상으로 알려진 오스트랄로피테쿠스가 있었다. 인간은 두 다리로 걷게 되면서 골반이 접시 모양으로 변형되었고, 상반신을 지탱할 수 있게 되었다. 그러나 그 과정에서 출산을 위한 산도가 좁아져 머리가 큰 아기를 낳는 것이 어려워졌다.

그러나 사람의 뇌는 수백만 년이 지나는 동안 점점 더 커졌다. 아기의 머리가 고릴라 새끼보다 더 큰 이유는 커진 뇌를 보호하기 위해 지방층의 두께가 두꺼워졌기 때문이다. 출생 후 3년 동안 아기 뇌는 최대 크기의 80%까지 자란다. 이처럼 인간은 다른 포유류에 비해 뇌의 발달이 월등하게 우수하다. 하지만 고릴라만큼 체중이 나가지 않고 힘도 약하다. 원숭이처럼 나무 위로 높게 도망치지도 못한다. 멧돼지나 영양처럼 빠르게 달리지도 못한다. 물속에서는 산소 호흡기 없이는 숨을 쉴 수 없고, 힘으로는 악어를 이길 수 없다. 물론 하늘을 날지도 못한다. 인간은 태어나서 12개월 정도가 지나야 고작 걸음마를 시작할 뿐이다.

맨몸으로는 취약한 포유류가 바로, 인간이다. 그래서 선천적, 후천적으로 방어 행동을 학습하게 된다. 이때 '불안'이라는 정서 반응은 인간 생존의 필수 요소로 작용한다. 불안은 위험 상황에 대한 평가를 촉진하거나 입장을 보류하는 수동적인 회피 반응이고, 공포는 위험 상황에서 벗어날 수 있도록 돕는 능동적인 회피 반응이다. 이러한 불안과 공포에 반응하기 위해 인간의 뇌에서는 세 부위가 서로 연결되어 작동한다.

　먼저 전전두엽에서는 위험의 정도를 평가한다. 이어서 해마와 편도체는 변연계의 일부로, 공포 반응이 일어나도록 한다. 그다음 시상하부-뇌하수체-부신HPA 축에서 일련의 반응이 이어진다. 시상하부는 코르티코트로핀분비호르몬CRH을 분비하고, 뇌하수체는 부신겉질자극호르몬ACTH을 방출하며, 부신에서는 코르티솔을 분비한다. 이처럼 불안을 관장하는 부위는 HPA 축이며, 이 축이 기능적으로 성숙해지는 시기는 생후 7~12개월이다.

불안의
이유

불안과 공포는 비슷한 말처럼 들리지만, 다음 표에서 보듯이 분명한 차이가 있다.[51] 공포는 위협 자극이 명확할 때 나타나는 행동과 관련된 자극이고, 불안은 애매한 위협에 따라 나타나는 행동과 관련된 자극을 말한다. 이 둘의 차이는 기능적인 측면에서 더욱 두드러진다.

　불안은 억압된 갈등이 활성화되는 상황을 피하려는 반응이고, 공포는 그러한 경고 기능 없이 탈출과 회피 반응으로 이어지며, 상황이나 자극이 통제되지 않으면 대처하기 어렵다. 공포는 종종 불안으로 전이되므로, 불안은 '해결되지 못한 공포의 형태'로도 볼 수 있다. 즉, 일반적으로 불안은 공포나 걱정을 포함한다.

항목	불안	공포
위협 형태	없거나 애매함	명백한 위협적 대상(자극)
기능	적응 능력 키우기	위협에 즉시 대처(보호)
활성화 유형	장기간(지속적)	단기간
인지	인지적/복합 인지	자동
감각 과정	언어적/걱정	시각적
관련 뇌 부위	편도-중격 해마	편도-시상하부 중심회로

선천적 불안이나 공포는 모든 사람에게 나타나며, 태어날 때부터 예정된 정상적인 두려움이다. 갓 태어난 아기는 뇌 발달이 미숙하므로 주변 인물이나 양육자와의 분리를 인지하지 못하지만, 생후 6~7개월이 되면 시각과 청각이 발달하면서 낯선 사람을 인식하고, 이에 따라 낯선 사람에 대한 불안을 보인다. 이후 주 양육자와의 분리를 힘들어하는 모습이 나타나며 이는 만 2~3세까지 지속된다. 어둠에 대한 공포도 4~6세 사이에 나타난다.

높이에 대한 공포는 대부분 아기에게 선천적으로 나타나지만, 드물게 일부 아기는 높은 곳에서 내려오는 것을 겁내지 않는다. 예외가 있는 것이다.

공포 반응의 선천성 여부를 실험한 동물 연구에서 생후 5개월 된 아기 원숭이는 스트레스 상황에서 나오는 호르몬인 코르티솔 농도의 증가 형태가 엄마 원숭이와 일치했다. 이는 공포 반응이 세대를 거쳐 전해질 수 있음을 보여준다.

인간을 대상으로 한 연구에서도 비슷한 결과가 나타났다. 엄마의 코르티솔 반응 수준이 높을수록 걸음마기 아기들의 행동이 위축되었다. 다른 연구에서는 수줍음이 심한 두 살짜리 아이들을 일곱 살이 되었을 때 재평가해본 결과, 정상 발달 아이들에 비해 또래나 어른들과의 접촉을 피하고 말수가 적은 모습을 보였다. 변연계의 특정 부위는 자극에 대한 역치를 견디는 능력에서 유전적 다양성을 반영한다. 이런 아이들은 어른이 되어서도 사회적 관계 형성을 어려워하는 경향이 있다.

환경에 의해 형성된 불안으로는 시험 불안, 사회성 불안, 성 기능 불안을 들 수 있다. 이러한 불안의 공통점은 자율신경계 이상보다는 인지 기능의 장애와 관련이 있다. 특히 남성의 발기 불안 같은 성 기능 문제는 상대방이나 상황에 따라 정상적으로 기능할 수 있다는 점에서 선천적인 요인보다는 경험이나 학습에 의한 원인일 가능성이 크다.

스트레스에도 종류가 있다
유스트레스와 디스트레스

정상 불안은 인간 생존과 더 나은 삶을 위해 필요한 좋은 스트레스다. 참고로 스트레스란 적응이 어려운 환경에 처했을 때 느끼는 정신 및 신체의 긴장 상태를 말한다. 따라서 '적응이 어렵다'는 표현이 반드시 부정적인 의미를 담고 있는 것만은 아니다.

스트레스는 유스트레스Eustress와 디스트레스Distress 두 가지로 나뉜다. 정확히 표현하면, 즐겁고 행복한 일이라도 처음 접해본 경험이라서 어떻게 적응해야 할지 모르는 경우, 이 상황도 스트레스가 될 수 있다. 예를 들어, 직장에서의 승진, 난생처음 해본 전교 1등, 애인에게 프로포즈 후 7일 만에 받은 승낙 문자 등으로, 이는 유스트레스에 해당한다.

생존에 대한 불안뿐만 아니라 일상적으로 느끼는 불안은 적절한 준비와 훈련 프로그램을 수행하도록 만든다. 가령, 자녀가 태어난 뒤 아이의 미래를 위해 보험에 가입하거나, 집을 넓히고 아이의 방을 따로 마련해주기 위해 주택청약예금을 신청하거나, 청소년 자녀의 과도한 인터넷 사용을 통제하기 위해 핸드폰 셧다운 프로그램을 설치하는 등의 행동은 부모가 아이의 건강한 발달과 미래를 염려해 생긴 건강하고 합리적인 불안이라고 할 수 있다.

반대로, 감당하기 어려운 사건이나 불행한 일을 당했을 때 느끼는 스트레스는 디스트레스이다. 예를 들어, 저항하기 어려운 직장 상사의 반복되는 성적 괴롭힘, 소액 사채를 썼다가 연 1,000% 이자를 갚으라는 독촉, 남자친구의 위협적인 스토킹, 치매를 앓는 노부모의 독설과 불면 등 이와 같은 일이 벌어지면 디스트레스가 반복적으로 나타난다. 이것이 장기간 지속되면 심장병, 위궤양, 고혈압 등 신체 질환을 일으킬 수 있다. 정신 건강 측면에서는 불면증, 노이로제, 우울증 등 심리적 부적응이 나타날 수 있다.

사회에서 스트레스를 부정적으로 생각하는 것은 '디스트레스'의 영향이 크다. 디스트레스가 심화하면 사실상 유스트레스인 것도 부정적으로 생각할 수 있기 때문이다. 가령, 공부에 대한 부모의 압박이 심한 가정에서 아이가 전교 1등을 한다면, 아이는 이를 유지하기 위해 더 많은 시간을 공부에 투자해야 한다. 이때 아이에게 전교 1등은 디스트레스가 될 수 있다. 또한 애인이 프로포즈를 받아들여서 결혼을 준비하는 과정에서 양가 부모의 과도한 개입이 지속되면, 이것 역시 디스트레스가 된다.

디스트레스가 모두 정신장애로 이어지는 것은 아니다. 하지만 병적 불안에 대한 평가 요구가 늘어남에 따라 불안장애의 유병률은 높아지고 있다. 불안장애 진단 분류 초기에 평생 유병률은 전체 인구의 2~4%라고 추정되었다. 이후 미국의 불안장애 유병률 연구에서는 연구 당시 그해 유병률은 20%, 평생 유병률은 28.8%로 나타났다. 뉴질랜드에서 18~32세 성인을 대상으로 한 연구에서는 당해년도 유병률은 22.8%, 평생 유병률은 49.5%였다. 반면, 우리나라는 상대적으로 유병률이 낮았다. 2021년 기준, 국립정신 건강 설문조사에 따르면, 당해년도 유병률은 3.1%, 평생 유병률은 9.3%였다. 흥미로운 점은 평생 유병률에서 남녀의 비율 차이다. 남성은 5.4%, 여성은 13.4%로 큰 차이를 보였다.

불안의 종류와
그 특징

불안 반응은 인간을 대상으로 연구하기가 쉽지 않아 원숭이를 대상으로 한 연구가 많다. '원숭이 실험'으로 유명한 해리 할로는 아기 원숭이가 두려움을 느끼는 상황에서 어떻게 행동하는지 연구하기 위해 생후 6~12개월 된 원숭이를 세 집단으로 나누었다.

첫 번째, '홀로 남기 상황' 집단은 10분간 독방에 머물도록 했다. 두 번째 '눈 맞춤 없는 상황' 집단은 우리 안에 아기 원숭이를 혼자 두고 우리 밖에 한 사람이 서 있도록 했다. 이때 그는 움직이지 않으며 눈도 맞추지 않아야 한다. 세 번째 '응시 상황' 집단은 한 사람이 우리 밖에서 무표정하게 원숭이를 쳐다보게 했다. 아기 원숭이들은 어떻게 행동했을까?

'홀로 남기 상황' 원숭이는 안절부절못하며 엄마 원숭이의 관심을 끌기 위해 구슬프게 울어댔다. '눈 맞춤 없는 상황' 원숭이는 크게 놀란 채로 꼼짝하지 못하고 마치 '얼음 땡'을 하는 것처럼 굳어 있었다. 아마도 상대방이 자신의 존재를 알아보고 공격할까 봐 눈 맞춤을 피하는 것으로 보인다. '응시 상황' 원숭이는 이빨을 드러내며 으르렁대는 등 공격적이고 적대적인 행동을 보였다. 이처럼 자신이 처한 상황에 따라 공포와 불안을 느끼고 표현하는 정도가 다르다는 것을 확인할 수 있다.

불안의 이유가 다양한 만큼 불안장애의 종류도 다양하다. 여기에서는 일곱 가지의 불안장애를 소개하려고 한다. 첫 번째는 특정 대상이나 상황에 대해 지나치게 두려워하는 '특정 공포증Specific phobia'이다. 자극 유형에 따라 거미나 개 같은 특정 동물을 두려워하는 동물형, 높은 곳이나 폭풍 등을 겁내는 자연환경형, 주사나 침습적인 의학 시술을 겁내는 혈액/주사/손상형, 엘리베이터, 비행기 등 밀폐된 곳을 힘들어하는 상황형, 큰 소음, 피에로 분장 등에 질식이나 구토를 보이는 기타형 등이 있다.

두 번째는 한 가지 이상의 사회적 수행 상황에서 지속적이고 현저한 두려움을 보이는 '사회불안장애Social Anxiety Disorder'다. 특히 대

중 앞에서 말하거나 행동하는 것에 국한되는 수행형 단독 유형도 있다.

세 번째는 '공황장애Panic Disorder'로, 최근 연예인들이 자신이 겪고 있다고 공개하면서 일반인들에게 공황장애에 대한 접근 장벽이 낮아졌다. 공황장애는 갑자기 시작되며, 수 분 내에 최고조에 이르러 두근거림, 발한, 떨림, 숨 막힘, 흉통, 오심, 복통, 어지러움, 비현실감 같은 신체 및 인지 증상을 동반한다.

네 번째 '광장공포증Agoraphobia'은 도움을 구하기 어려운 상황에서 느끼는 불안과 공포를 말한다. 이로 인해 집 밖에서 적절한 기능을 수행하기가 매우 어렵다. 대중교통 이용, 공원 같은 열린 공간에 있는 것, 영화관 같은 밀폐된 공간에 있는 것, 줄을 서거나 군중 속에 있는 것, 집 밖에 혼자 있는 것 등 이 다섯 가지 상황 중 두 가지 이상에서 극심한 공포와 불안을 느낀다. 이러한 증상은 6개월 이상 지속되며, 광장공포증이 있는 사람은 이를 유발하는 상황들을 회피하려는 경향을 보인다.

다섯 번째 '범불안장애Generalized Anxiety Disorder'는 학업, 직장생활 등 일상적인 활동에 대해 과도한 불안과 걱정 또는 염려가 최소 6개월 이상 지속되는 상태를 말하며, 이 기간 동안 불안하지 않은 날보다 불안한 날이 더 많은 상태를 뜻한다. 대표적인 증상으로는 안절부절못하거나 긴장하고 초조한 상태, 신경이 곤두선 느낌, 쉽게 피로해짐, 집중이 어렵고 멍한 느낌, 짜증이 잘 남, 근육의 긴장, 잠들기 어렵거나 자주 깨며 만족스럽지 못한 수면장애 등이 있다.

여섯 번째 '분리불안장애Separation Anxiety Disorderr'는 정상적으로 발달하는 아동에게 나타날 수 있으나, 대개 3~5세가 되면 자연스럽게 사라진다. 소아청소년에서 가장 흔한 증상은 신체 질환 없이 나타나는 신체적 증상과 등교 거부이다.

마지막은 '선택적 함구증Selective mutism'이다. 이는 소아청소년에서 흔히 나타나며, 가족처럼 가깝게 지내는 사람과는 말을 하지만 잘 모르는 다른 사람과는 말을 하지 않는다. 선택적 함구증을 겪는 사람들 중 절반 이상이 성인기까지 자신감, 독립심, 성취감, 사회적 의사소통 등의 영역에서 어려움을 경험하며, 일부는 사회불안장애와 함께 진단되기도 한다.

불안한 사람이
나아가기 어려운 이유

불안의 유형에 따라 시프트를 지연시키거나 포기하게 만드는 이유는 다를 수 있지만, 보편적인 현상에 대해 알아본다.

먼저, 결정 마비다. 결정을 내리려면 자신감이 동반돼야 한다. 변화에 대한 두려움과 불확실성은 결정을 미루게 하거나 아예 결정을 내리지 못하게 만든다. 그러면 변화의 필요성을 인식하고 있어도 중요한 시점에서 결단력을 잃고 실행하지 못하는 상황이 생길 수 있다.

또 불안은 미래에 대한 과도한 걱정을 불러일으킨다. 머릿속에서 상황이 점점 악화되고, 최악의 시나리오에 도달하면 불필요한 스트레스가 증폭된다. 분명 잘 해낼 수 있는 능력이 있는데도 걱정에 빠져 해야 할 일에 집중하지 못하고, 걱정하는 데 에너지를 다 써버려 일을 시작하기도 전에 번아웃 상태에 이르게 된다.

불안의 또 다른 단점은 자기 효능감을 떨어뜨린다는 것이다. 변화에 적응하지 못하고, 성공할 수 없을 것이라는 부정적 자기 평가가 늘어난다. 부정적 자동 사고Negative Automatic Thoughts가 기저에 깔려 있을 수도 있다. 결국 불안은 뭔가를 시도하기 어렵게 만들고, 시작하더라도 사소한 걸림돌에 의해 쉽게 포기하게 만든다.

그리고 불안한 상태에서는 합리적 사고와 선택이 어렵다. 불안을 피하기 위해 안전하지만 비효율적이고 비합리적인 방법을 선택하게 된다. 장기적으로 더 나은 방향으로 나아가기 위해서는 어느 정도 위험을 감수해야 하는데, 이를 감당하지 못하면 변화의 효과는 미미해진다.

불안한 사람은 효과적으로 소통하기 어렵다. 상황 판단이 제대로 되지 않아 자기주장을 회피하고, 자기 의견을 명확하게 전달하지 못한다. 그러면 직장 동료 사이에서 오해가 생기거나 중요한 정보를 제대로 전달하지 못해 원활한 업무 진행이 어려워진다.

불안을 극복하는
확실한 방법

첫 번째는 현실적인 목표를 설정하는 것이다. 계획이 너무 거창하면, 성공 확률이나 빈도가 낮아진다. 따라서 계획이나 목표를 세분화해 큰 에너지를 소모하지 않도록 해야 한다. 이렇게 하면 성취감을 느낄 수 있고, 변화 과정의 부담도 줄일 수 있다.

또한, 부정적 자동 사고를 느낄 때마다 이를 노트나 앱에 기록해 긍정적 사고로 전환하는 연습이 필요하다. 자신에게 격려의 말을 건네는, 긍정적 자기 대화Positive self-talk나 자신에게 감사의 메시지를 보내는 방법 등을 통해 긍정적 사고를 강화한다. 스스로 하기 어렵다면 가족이나 주변 인물의 도움을 받거나 전문가에게 자문을 구하는 것도 좋다.

다음으로, 변화를 위한 충분한 정보를 수집하고 실천 가능한 계획을 세운다. 준비가 철저할수록 불확실성이 줄어들고 불안도 감소한다.

변화가 시작되기 전후로 불안이 커질 수 있다. 불안 때문에 변화를 포기하지 않으려면, 신뢰할 수 있는 이들의 지지가 필요하다. 이 또한 전문가에게 도움을 요청할 수 있다.

지원 네트워크를 24시간 활용하기는 어려우므로, 스스로 불안을 관리하는 방법을 익히는 것도 중요하다. 명상, 요가, 심호흡 등 마음챙김과 스트레스 관리 기술을 배워서 실천한다. 이는 현재에 집중하고 불안을 완화시키는 데 도움이 된다.

마지막으로, 나의 작은 성공을 축하하는 것이다. 변화는 한 번에 이루어지지 않으며, 긴 호흡으로 멀리 내다보며 진행해야 한다. 그 과정에서 동력을 얻기 위해서는 소소한 성취라도 인정하고 축하해 주어야 한다. 그래야 동기부여가 강화되고, 앞으로 나아갈 수 있는 자신감을 키울 수 있다.

불확실성을 극복한 남자
일론 머스크

일론 머스크는 우주산업을 선도하는 스페이스 X와 전기차 테슬라의 CEO로 활동하고 있다. 2024년 기준, 그는 「포브스」지가 발표한 세계 부자 순위에서 2위를 기록했으며, 그의 순자산은 약 260조 원에 달한다. 그런 그도 과거 사업에서 실패와 좌절을 여러 차례 경험했다. 특히 우주산업이나 전기차처럼 시도한 적 없는 새로운 영역에 발을 디디면서는 많이 불안했을 것이다. 그가 이를 어떻게 극복했는지 살펴보자.[52]

머스크는 미국에서 성공을 거둔 전자지갑 플랫폼 기업인 페이팔PayPal을 매각한 자금으로, 2002년 민간 우주여행 사업을 위해 스페이스 X를 설립했다. 머스크는 스페이스 X의 비전으로 우주왕복선 재활용과 화성의 식민지화를 선언했다. 당시 그의 나이는 31세였다.

초기에 머스크는 러시아의 우주선을 구입해 사업을 진행하려고 했으나, 여러 이유로 자체 개발이 더 유리하다고 판단했다. 그러나 2006년부터 2008년까지 3회 연속 우주선 발사에 실패한다. 이후 2008년 말, 마침내 우주선 발사에 성공했다.

그 후 2016년에는 엔진 가동 시험 중이던 팔콘9 로켓이 폭발하면서 모든 프로젝트가 연기되기도 했다. 그러나 스페이스 X는 이를 극복하며 세계 최초의 상용 우주선 발사, 궤도 발사체 수직 이착륙, 궤도 발사체 재활용, 민간 우주 비행사의 국제 우주정거장 도킹 등의 성과를 달성했다.

테슬라는 2003년 캘리포니아 샌 카를로스를 기반으로 설립되었다. 세르비아에서 미국으로 이주한 천재 과학자이자 발명가인 니콜라 테슬라Nikola Tesla의 이름을 따 회사명을 '테슬라'로 지었다. 머스크는 2004년 사업에 참여하면서 테슬라의 이사가 되었다. 전기차 사업에 대한 대중의 불신과 모델 개발의 어려움 등으로 사업 초기에는 실패와 좌절을 겪었다.

캘리포니아의 실리콘밸리를 걷다 보면 테슬라 전기차가 유난히 눈에 띈다. 테슬라는 2023년 캘리포니아 전기차 시장에서 64.6%의 점유율을 기록했고, 2024년 1분기에는 53.4%로 다소 감소했다. 비록 작년보다 점유율이 하락했지만 여전히 과반수를 넘는 점유율을 유지하고 있다.

30대 초반의 젊은 사업가였던 머스크가 우주산업과 전기차 사업에 뛰어들자 사람들은 그가 아버지의 유산으로 무모하게 사업을 한다며 비난했다. 그러나 사실과 달리 머스크의 아버지는 젊은 시절부터 여러 사업에서 실패를 거듭했고, 자식에게 물려줄 돈이 한 푼도 없었다.

머스크는 자기 힘으로 사업을 이어갔지만, 2008년 세계 금융 위기로 인해 두 회사 모두 자금난을 겪었다. 그는 개인 재산을 투자해 회사를 유지하려고 애썼으나, 테슬라는 파산 위기에 처한다. 이 시기가 그에게 가장 큰 불안과 스트레스를 안겨주었다.

이처럼 머스크는 사업 초기 단계에서 단기적 실패를 거듭했으나, 장기적 목표를 상기하며 자신의 불안을 이겨냈다. 그는 큰 그림을 그리며 투자자들을 설득하고, 기술 혁신에 대한 믿음을 잃지 않았다.

실패를 학습 기회로 받아들이는 태도가 중요하다. 실패한 뒤 좌절하지 않고, 이를 통해 얻은 교훈을 다음 도전에 적용해서 성공을 이끌어내는 것이다. 머스크의 좋은 자질 중 하나는 문제를 분석하고 해결하는 능력이다. 그래서 그는 어려운 시기에 자신과 팀원들의 불안을 잘 관리할 수 있었다. 그의 모습은 마치 전구를 개발하는 과정에서 수백, 수천 번의 실패를 겪으면서도 연구를 지속한 에디슨과 유사하다.

오프라 윈프리의 기적
커리어 시프트

오프라 윈프리Oprah Winfrey는 미국 미시시피주의 가난한 가정에서 태어났다. 그녀는 성장 과정에서 경제적 어려움은 물론 심각한 학대와 트라우마를 경험했다. 이로 인해 자신감이 부족하고 불안에 시달려야 했다.

그녀는 이러한 자신의 문제를 교육과 노력으로 극복하려 했다. 학교를 졸업한 후 지역 라디오에서 뉴스 진행자로 경력을 시작했지만,

전형적인 뉴스 진행자의 모습에 맞지 않는다며 지적을 받았다. 감정이 풍부하고 다양한 표현을 구사하는 그녀의 성격은 객관적이고 절제를 요구하는 앵커의 역할과 맞지 않았다. 결국 뉴스 진행자 자리에서 해고되었고, 이 일을 계기로 그녀의 불안은 더 깊어졌다. 그러나 이후 지역 토크쇼의 진행자가 되면서, 그녀는 자신의 풍부한 감정 표현과 청중과의 공감 능력을 발휘할 수 있는 기회를 얻었다.

이를 통해 오프라 윈프리는 뉴스 업계에서는 단점으로 여겨졌던 자신의 성격이 오히려 장점이 될 수 있다는 것을 깨달았다. 감정 표현이 풍부하고 공감 능력이 뛰어난 자신의 특성을 받아들이면서, 그녀는 더 이상 불안에 휩싸이지 않게 되었다. 이후 그녀는 불안을 극복하기 위해 명상을 하고, 긍정적 마인드셋을 유지하기 위해 노력했다. 독서와 자아 성찰을 통해 자아를 강하게 키워나가며 스트레스와 불안을 관리했다.

그녀는 진행자가 단순한 직업이 아니라 사람들을 격려하고 도와줄 수 있는 플랫폼이라고 생각했다. 그렇게 더 큰 목표에 집중하면서 자신을 향한 의심과 두려움을 떨쳐내고, 위험에 맞서 싸울 용기를 얻게 되었다.

오프라 윈프리가 뉴스 진행자에서 토크쇼 진행자로 전환한 것은 훌륭한 선택이었다. 「오프라 윈프리 쇼」는 1986년부터 2011년까지 전국적으로 방송되며, 문화계의 새로운 장르가 되었다. 진정성 있고 감성적인 접근으로 게스트로 나온 인물들과 관객을 연결하는 그녀의 능력은 독보적이었다. 오늘날 오프라 윈프리는 미디어 제국을 건설한 거물이자 자선 사업가, 기업인으로서 오프라 윈프리 네트워크OWN를 포함한 여러 미디어 매체를 운영하고 있다.

오프라 윈프리가 시도한 시프트는 크게 세 가지다. 첫째, 약점을 강점으로. 뉴스 진행자일 때 그녀의 감성적 성격은 불안을 야기했지만, 토크쇼 진행자일 때는 오히려 그녀의 가장 큰 자산이 되었다. 직업을 위해 자신의 고유한 자질을 포기하지 않고 시프트를 통해 자신의 강점을 이해하고 활용하는 것이 얼마나 중요한지를 알 수 있다. 둘째, 실패를 통한 회복력. 뉴스 진행자 자리에서 해고되었을 때 경력이 끝날 수도 있었지만, 그녀는 오히려 자신의 재능에 잘 맞는 경로를 찾았고, 그것이 또 다른 기회로 이어졌다. 셋째, 목표를 통한 두려움 극복. 자신의 일을 더 큰 목표와 연결함으로써 그녀는 불안과 실패에 대한 두려움을 극복할 수 있었다.[53]

허핑턴 포스트를 탄생시킨
자기 돌봄의 자세[54]

아리아나 허핑턴Arianna Huffington은 미디어 저널 플랫폼인 허핑턴 포스트의 창립자로 잘 알려진 인물이다. 1950년, 그리스의 언론인 집안에서 태어난 그녀는 16세에 런던으로 유학을 떠나 케임브리지 대학교에 입학했다. 졸업 후에 미국으로 건너간 그녀는 작가로서 재능을 인정받기 위해 노력했으나, 반복되는 거절 속에서 자신의 글쓰기 능력에 대해 의문을 품으며 불안감을 느꼈다.

2005년, 그녀는 책 쓰기를 그만두고 온라인 뉴스 플랫폼인 허핑턴 포스트를 창립하는 시프트를 단행한다. 그 당시, 전통적 뉴스 미디어에서 디지털 미디어로의 전환은 미래가 불투명한 사업이었고, 기존 뉴스 매체들과의 경쟁은 큰 도전이었다. 허핑턴 포스트의 성공이 절정에 달했을 때, 그녀는 과도한 업무와 스트레스로 번아웃 상태에 이르게 되었다. 이는 건강과 불안에 대한 경고 신호였다.

이후 아리아나 허핑턴은 자기 관리와 안녕을 삶의 목표로 삼았다. 워라벨을 잘 관리하면서 번아웃을 예방하고, 스트레스 관리를 위해 마음 챙김과 명상에 시간을 할애했다. 자신의 경험을 바탕으로 『Thrive』[55]라는 책을 통해 성공을 재정의하며, 돈과 명예를 추구하는 것 이상의 삶의 의미를 강조했다. 현재 허핑턴 포스트는 세계에서 가장 영향력 있는 미디어 플랫폼 중 하나로 자리 잡았으며, 아리아나는 새로운 웰빙 회사인 트리브 글로벌Thrive Global을 창업했다.

스타벅스의 CEO
하워드 슐츠의 견고한 마음[56]

하워드 슐츠는 1953년, 뉴욕 브루클린의 가난한 동네에서 태어났다. 어릴 때부터 가난과 위험을 감수해야 하는 환경에서 자랐다. 농구와 미식축구에 매진하며 노던미시간대학교에 미식축구 장학생으로 입학하면서 브루클린을 벗어났다. 대학 졸업 후에는 작은 커피 장비 회사에서 영업 사원으로 일했다.

1981년, 그는 당시 창업한 지 10년 정도 된 시애틀의 작은 커피 매장이었던 스타벅스에 합류했다. 이탈리아를 여행하며 영감을 받은 그는 스타벅스를 대규모 커피숍 브랜드로 탈바꿈시키자고 제안했지만, 스타벅스의 초기 창업자들이 그의 제안을 거부했다. 이로 인해 그는 자신의 미래에 대한 의심과 불안을 경험하게 된다.

이후 슐츠는 자신만의 커피 회사 일 조르날레Il Giornale를 설립하기로 결심하지만 벤처사업의 자금을 마련하는 일은 쉽지 않았다. 200명 이상의 투자자들을 대상으로 설명회를 개최하려고 했으나 이마저도 거절당했다.

슐츠는 수많은 실패에도 불구하고 자신의 의지를 꺾지 않고 계속 밀고 나갔다. 그는 재정적 위기에도 자신의 비전을 포기하지 않았고, 결국 스타벅스를 인수해 오늘날 우리가 알고 있는 커피 브랜드로 성장시켰다.

스타벅스는 현재 수천 개의 매장을 가진 글로벌 커피 브랜드로 자리 잡았다. 슐츠는 2018년 말, 스타벅스 CEO에서 물러났으며 당시 스타벅스 점포 수는 77개국, 28,000개에 달했다.

난독증 지진아에서 영화감독이 된
스티븐 스필버그[57]

스티븐 스필버그Steven Spielberg는 역사상 가장 유명한 영화감독 중 한 명으로 꼽히지만, 초기에는 상당한 장애물로 인해 불안을 겪었다. 그는 어릴 때 난독증이 있어 '지진아'로 불렸고, 전통적 교육 방식에 적응하기 어려워했다.

이처럼 어려운 환경에도 불구하고 상상력이 풍부했던 스필버그는 열두 살 때부터 영화를 만들기 시작했다. 서던캘리포니아대학교 영화학과에 지원했으나 학교 성적이 좋지 않아 탈락했다. 이후 롱비치 캘리포니아 주립대학교에 진학했으며, 재학 중 만든 영화가 성공을 거두면서 대학교를 중퇴하고 영화계로 진출했다. 스필버그는 영화계에 입문할 때 자신이 성공할 수 있을지에 대해 불안해했으며, 특히 할리우드 진입과 관련해 실패를 두려워했다.

그럼에도 불구하고 스필버그는 영화를 향한 자신의 열정을 믿고 불안을 극복했다. 어릴 때부터 상상력을 발휘해 대본을 쓰고, 영화를 만들었던 경험이 있어서였다. 그는 작은 영화들을 제작하며 자신의 역량을 키워나갔고, 여러 번의 거절과 좌절에도 포기하지 않았다.

어린 시절 자신의 단점을 장점으로 승화시킨 스필버그는 불안을 관리하는 능력을 통해 창의적으로 위기를 극복하며 경쟁이 심한 영화계에서 성공할 수 있었다. 1975년 최초로 바다에서 촬영한 영화 「죠스」를 포함해 「인디아나 존스」 시리즈, 「ET」, 「쥬라기 공원」, 「쉰들러 리스트」, 「라이언 일병 구하기」 등 수많은 작품을 제작해 성공을 거두었다.

인생의 다음 장을 써야 할 때 은퇴한
페이스북 COO 셰릴 샌드버그의 결단력[58]

셰릴 샌드버그Sheryl Sandberg는 페이스북현 메타의 COOChief Operating Officer였으며, 『린 인Lean In』의 저자이다. 페이스북에 합류하기 전에는 정부 기관과 기업에서 일했다. 하버드대학교 재학 중 멘토였던 로런스 서머스Lawrence Summers 교수가 세계은행에서 근무할 때는 연구원으로 특채되기도 했다.

이후 미 재무부 비서실장으로 근무한 뒤, 샌드버그는 디지털 업계로 진출했다. 페이스북으로 옮기기 전, 구글에서는 글로벌 온라인 판매 및 홍보 운영 부사장으로 일했다. 직원이 4명이었던 홍보 및 판매팀을 1년 사이에 4천 명이 일하는 팀으로 키워냈다. 그리고 2008년 구글보다 더 불안정했던 페이스북 COO로 합류한다.

회사도 안정되지 않은 상황에서 커리어 전환을 하던 샌드버그는 남성 중심의 디지털 업계에서 자신이 적합하지 않을 것이라는 불안을 경험한다. 하지만 그녀는 자신감을 쌓고 멘토십과 지원 네트워크를 통해 불안을 극복했다. 위험을 감수하며 장기적 성장에 초점을 맞추는 전략을 세웠다. 또한 저서 『린 인』을 통해 여성들이 직장 내 불안을 극복하고 리더십 역할을 맡을 수 있도록 돕는 전략을 제시했다.

샌드버그는 페이스북이 세계적인 플랫폼으로 성장하는 데 중요한 역할을 했으며, 그녀의 업적은 많은 여성들이 다양한 산업에서 리더십 역할을 맡도록 영감을 주었다. 2022년, 그녀는 "이제 내 인생의 다음 장을 써야 할 때"라며 페이스북 COO에서 은퇴를 선언했다.

2

우울
....
기분이 가라앉고
울적한 사람들

우울의
2000년 역사

'우울'에 관한 기록을 찾아 거슬러 올라가면, 고대 그리스의 명의로 알려진 갈렌Galen[59]의 기록에서 그 뿌리를 찾을 수 있다. 갈렌은 페르가몬현재의 터키 베르가마에서 태어나 철학과 과학에 관심을 가졌으며, 16세부터 의학에 흥미를 느끼기 시작했다. 당시 가장 큰 의학교육 기관이 있는 이집트의 알렉산드리아에서 오랫동안 의학을 공부했다. 공부를 마친 그는 대형 검투사 군단에서 주치의로 활동하며 실력을 쌓았다. 갈렌은 뛰어난 실력을 인정받아 로마로 가 그곳에서 황제의 주치의로 임명되었다. 이후 해부학에 관심을 갖게 되어,

동물 해부를 통해 의학 발전에 중요한 기여를 했다.

갈렌은 인체를 세 가지 구조, 즉 감각을 담당하는 뇌와 신경, 삶의 에너지를 공급하는 심장과 동맥, 그리고 영양과 성장을 담당하는 간과 정맥으로 나누어 설명했다. 이들 기관은 혈액, 점액, 황담즙, 흑담즙의 네 가지 체액이 순환하며 균형을 맞춘다. 이들 체액은 네 가지 기본 원소인 불뜨거움과 흙차가움, 물습함과 공기건조함의 특징 중 각각 두 가지를 가지며, 각각 성격 특성과 연결 지어진다.

혈액 – 뜨거움과 습함 – 다혈질이며 낙천적

점액 – 차가움과 습함 – 냉정하며 무관심

황담즙 – 뜨거움과 건조함 – 정력적이며 열정적

흑담즙 – 차가움과 건조함 – 우울감, 두려움

갈렌은 이 네 가지 체액의 조화가 흐트러지면 질병이 생길 수 있다고 생각했다. 특히 흑담즙이 과할 경우 오늘날의 우울증 같은 증상이 나타나 소화 기능이 떨어지고 무기력해진다고 했다.

당시 갈렌이 사용한 흑담즙 과다증 치료는 오늘날 우울증 치료와 유사한 부분이 많다. 첫째, 식이와 생활 습관 변화를 위해 채소와 과당이 적은 과일을 섭취한다. 또 육류처럼 흑담즙이 생성되는 음식 피하기, 신체 활동하기, 햇빛과 신선한 공기 쐬기 등이 있다. 둘째,

흑담즙을 배출하고 우울증을 회복시키는 약초를 사용한다. 대황, 로즈메리, 세이지와 같은 흑담즙을 배출시키고 강장 기능이 있는 약초, 신경계를 진정시키고 우울감을 줄이는 카모마일, 쥐오줌풀 등이 있다.

세 번째는 사혈이다. 현재는 사용되지 않지만, 정맥을 절단해 혈액을 배출시킴으로써 혈액 내 흑담즙 농도를 줄이는 원리다. 네 번째는 흑담즙의 찬 기운을 완화하기 위해 따뜻한 물에 목욕하는 것이다. 다섯 번째는 정서 및 영혼의 활력을 위해 음악, 시, 자연과 가까이하고, 긍정성을 회복하기 위해 철학 수업을 듣는 것이다.

안타깝게도 중세에 이르러 우울증은 종종 영적 현상으로 간주되었다. '슬픔의 죄'로 여겨지거나 악마에 의해 유발된 정신적 고통으로 해석되었다. 또한 정신 증상을 종교적, 초자연적 현상으로 보고, 의학으로 치료하기보다는 기도나 금식을 권장했다. 원시 시대에는 종교와 의학이 하나로 통합되어 있었기 때문에 샤먼이 의술과 종교를 모두 담당했지만, 기독교가 확산되면서 사제들의 권력이 강해지고 의학의 역할은 축소되었다.

근대 르네상스 시기에 이르러 우울증에 대한 과학적 연구가 부활했다. 종교적 해석이나 단순한 체액 불균형보다는 환경과 사회적 요인을 포함한 복합 요인을 고려해야 한다는 주장이 강조되었다.

19세기 말, 지그문트 프로이트는 정신분석학을 통해 우울증의 정신의학적 관점을 제시했다. 그는 내면의 갈등이 우울증을 유발한다고 보았다. 20세기 초, 정신분석학자들은 오랜 기간 금기시되어 제대로 규명되지 않았던 자살에 대해 연구하려는 토론회를 개최했다. 그러나 제1차, 2차 세계대전의 발발로 후속 연구는 진행되지 못했다. 이후 1968년 미국자살학협회가 결성되면서 우울과 자살에 대한 연구가 활발히 이루어졌다.

20세기 중반, 생물학과 뇌신경학의 비약적 발전으로 우울증은 신경전달물질과 뇌 기능의 이상으로 설명되기 시작했다. 또한 자살 문제에 대해서도 의학적 관점에서 연구가 이루어졌고, 그에 따른 대책도 공개적으로 논의할 수 있게 되었다.

귀차니즘은
우울과 다른 영역인가

요즘 정신과 외래에서 새로운 유형의 젊은이들을 만난다. 대개 부모가 진료실에 데려오는데, 부모는 자녀가 밥 먹을 때를 빼고는 방에서 나오지 않는다고 걱정한다. 심지어 어떤 부모는 아이가 자기 먹을 것을 챙겨 방 안으로 가서 혼자 먹는다며 불만을 토로한다. 침대에 누워 몇 달째 꼼짝도 하지 않으니 속이 터진단다. 아르바이트라도 하라고 다그치면, 일주일에 배달 일 한두 건을 하고는 번 돈으로 자기 담뱃값이나 하는 정도다. 가끔 편의점에 가기도 하는데 왜 가는지는 모르겠다고 답답해한다.

당사자는 자신이 잘 지내고 있다고 생각하며, 부모님이 괜히 닦달한다고 불만을 말한다. 문제가 무엇인지 물으면 시큰둥하게 반응한다. 자기가 왜 진료를 받아야 하는지 이유를 모르기 때문이다. 그러다 현재 자신의 상태에 대해 설명해보라고 하면, 자신은 귀차니스트일 뿐이고, 귀차니즘이 무슨 큰 병이냐며 반문한다.

'귀차니즘'은 젊은 세대에서 흔히 사용하는 신조어로 '세상 만사가 귀찮아서 게으름 피우는 게 굳어진 상태[60]'를 말한다. 용어의 기원은 불분명하지만 「스노우캣」[61]이라는 웹툰에서 '귀차니즘', '귀차니스트'라는 단어를 사용하면서 사람들 입에 오르내리게 되었다. '귀차니즘'은 공식적인 진단명이 아니다. 미국정신의학회 진단분류 체계에서는 정식 진단 항목으로 포함되지 않았지만, 임상적으로 관심을 가져야 할 기타 상태로 분류한 항목 중 라이프 스타일 관련 문제V69.9, ICD-10 Z72.9로 분류할 수 있다. 귀차니즘의 특징으로는 운동 부족, 부적절한 식사, 수면 위생 불량 등이 있다물론 귀차니스트들이 운동, 식사, 수면에 대해 부족하다든가 부적절성을 인정한다면 말이다.

귀차니스트를 이해하는 사람들은 일반인들이 일상에서 '현실 유지 편향'에 의해 생활 루틴을 반복하는 것처럼 그들도 그렇다고 주장한다. 즉, 누구나 어느 정도 귀차니즘을 가지고 있으며, 심하게 진행된 경우에만 무기력증을 동반한 우울증이 나타나는 것 아니냐는 의견이다.

귀차니즘 때문에 인류가 망할 것이라고 우려하는 사람도 있지만, 반대로 귀차니즘이 신기술 개발과 발명의 원동력이 되었다고 주장하는 사람도 있다. 예를 들면, 멀리 떨어져 있는 사람에게 소식을 전하기 위해 몇 날 며칠을 걸어 가는 대신 전령 비둘기를 훈련시켜 소식을 전했고, 그 후 전보와 전화가 발명되었다는 것이다. 물론 오늘날 스마트폰 앱인 카카오톡으로 소식을 전하는 데는 1초도 안 걸리니 대단한 진화다.

최근에는 온라인 서비스 중 삼성 갤럭시의 '빅스비', 애플의 '시리', 아마존의 '알렉사' 등으로 거실 소파에 누워 오늘 날씨를 물어보거나 로봇청소기를 작동시키는 게 가능해졌다. 실제 이런 발명품이 귀차니스트들의 요구에서 비롯되었을 수도 있지만, 정작 기계나 기능을 실제로 발명하는 사람들은 매우 부지런한 전문가들이었다는 점은 분명하다.

연세대학교 심리학과 이동귀 교수팀은 귀차니즘을 가리켜 '꾸물거림'[62]이라고 표현하며, 게으르거나 일을 잘 미루거나 의지가 박약한 것이 아니라 감정 조절의 문제라고 주장했다. 연구팀은 꾸물거림의 유형을 다섯 가지로 분류했다.

첫째, 낙관주의형은 자기가 마음만 먹으면 무슨 일이든 금세 끝낼 수 있다고 자신한다. 둘째, 자기비난형은 일을 마무리하지 못하는 자기에게 실망하며 자책한다. 셋째, 현실저항형은 지금 해야 하는 일들이 자기 스타일과 안 맞아서 하기 싫다고 주장한다. 넷째, 완벽주의형은 잘 해내고 싶지만, 실패할까 봐 걱정되어 진행을 미룬다. 다섯째, 자극추구형은 새로운 일을 벌이는 데는 적극적이지만 열정이 빨리 식어버려 쉽게 포기한다. 유형은 다르지만, 결과적으로 진행을 미루는 행동은 동일하며, 이러한 행동의 기저에 있는 감정을 찾아내 해결해야 한다는 것이 주요 논리이다.

이처럼 귀차니즘과 우울증은 나타나는 특성이 일부 중복되고 유사한 행동 패턴을 보인다. 그러나 그 근본적인 원인과 영향은 다를 수 있다.

다음 표에서 확인할 수 있듯이 귀차니스트들의 주장에 따르면 귀차니즘은 스스로 조절이 가능하고, 개인의 생활이나 사회적, 경제적 손실이 없다는 것이다. 우울증의 경우 오랜 기간 관련 연구 자료가 축적되어 있고, 국제보건기구가 정한 질환으로 현재도 많은 연구와 치료법이 개발되고 있다. 하지만 귀차니즘은 공식적인 진단이 아니기 때문에 이를 다룰 때 의료계보다는 개인의 입장을 반영하는

항목	귀차니즘	우울증
원인	• 주로 동기 부족이나 게으름 • 정확하게 이유를 찾기 어렵지만, 막연히 일을 미루고 싶어 하거나 당장 실행하기를 피하는 성향 • 날씨와 몸 상태 같은 내·외부 요인이 있음	• 정신 건강 문제 • 뇌의 화학적 불균형, 유전 요인, 환경 요인 등 복합적 원인 • 단순한 동기 부족보다는 깊은 감정 문제를 동반함
감정	• 감정 문제보다는 단순히 하기 싫어하고 미룸 • 즐거움이나 행복 같은 긍정 감정 유지	• 슬픔, 무기력, 절망감이 지속되고 감정적 고통과 좌절감을 경험함 • 즐거움을 느끼기 어려움
기간	• 대체로 일시적으로 상황이 개선되면 자체 소실됨	• 최소 2주일 이상이면 주요우울증, 2년 이상 지속되면 기분부전증으로 진단함
일상생활	• 필수 활동은 유지함 • 필요시 억지로 일 처리가 가능함 • 직업 능률에 일시적 영향을 미침	• 수면, 식사, 직업 기능 등 기본 활동이 어려움 • 직업적, 개인적, 사회적 문제가 발생함
자기 인식	• 일 미루기를 인지 문제로 인식하지 않음 • 스스로 조절하려는 의지를 주장함	• 자신에 대한 통제력 상실을 인식함 • 스스로 변화가 어렵다고 느낌 • 자신의 상태에 죄책감을 느낌
해결	• 자기 동기 부여나 시간 관리로 개선할 수 있음	• 정신 치료, 약물 치료, 생활 습관 교정 등 전문가의 도움이 필요함

경우가 많다. 따라서 귀차니즘이 우울증의 전 단계이거나 유사한 상태일 수 있다는 점에 대해 주의를 기울여야 한다.

히키코모리
vs 은둔형 외톨이

귀차니즘이 등장하기 이전부터 사회문제로 대두된 것 중 하나가 일본의 히키코모리 현상이다. 이와 매우 유사한 현상으로 우리나라는 '은둔형 외톨이'가 있다.

히키코모리나 은둔형 외톨이는 오랜 기간대개 6개월 이상 집에서 나오지 않고, 사회와의 접촉을 극단적으로 기피하는 행위 또는 사람을 가리킨다. 1970년대 일본에서 처음 나타난 현상으로, 1998년 일본의 정신과 의사 사이토 타마키さいとうたまき가 자신의 책[63]에서 '히키코모리'를 언급하면서 대중적으로 알려지기 시작했다. 정확한 숫자를 파악하기는 어렵지만, 15~64세 사이 인구 중 약 140만 명을 넘을 것으로 추산된다. 과거에는 젊은 인구층의 문제라고 여겼으나, 나이가 들어도 사회와 단절된 채 생활하는 이들이 많아지면서 현재는 50대 인구 중에서도 히키코모리가 발견되고 있다.

간혹 오타쿠와 히키코모리를 혼동하는 경우가 있는데, 오타쿠는 사람들과 접촉을 차단하고 지내지만, 자신과 관심사가 같은 사람들과는 교류한다는 점에서 히키코모리와 차이가 있다.

2008년, 우리나라 국립국어원에서는 히키코모리를 '폐쇄 은둔족'으로 표기한다고 발표했다. 2000년 초 우리나라에서는 이시형 박사 등이 히키코모리와 유사한 우리나라 젊은이들을 연구하면서 '은둔형 외톨이'라고 표현했다.[64]

이러한 히키코모리가 일본이나 우리나라에만 있는 것은 아니다. 오래전 발표된 유명 해외 문학 작품 속에도 히키코모리와 유사한 모습을 보이는 인물들이 있었다. 1915년 발표된 프란츠 카프카Franz Kafka의 『변신』 속 주인공 '그레고르'가 대표적이다. 그레고르는 어느 날 잠을 자다가 벌레로 변하고, 결국 가족과 사회로부터 소외된 채 죽음을 맞는다. 1948년 발표된 다자이 오사무だざいおさむ의 『인간 실격』에 나오는 주인공 '나'는 고등학교에서 품행 문제로 퇴학당하고, 이후 향락에 젖어 살다가 동반 자살에 실패한 후 칩거한다.

1960년 출간된 하퍼 리Harper Lee의 『앵무새 죽이기』에 나오는 '부래들리'도 히키코모리와 비슷한 모습을 보인다. 브래들리는 청소년기에 있었던 사건으로 인해 사회와 단절된 채 살아간다. 나무 구멍 속에 선물을 넣어두며 간접적으로 주인공인 젬과 스카웃 남매와 교류할 뿐이다. 하지만 이들 남매가 동네 악인에게 살해 위험에 처하자 브래들리가 나타나 악인을 처단한다. 그는 바깥세상과 소통을 원했지만 실행에 옮기지 못하고 있는 외톨이의 전형적인 유형일 수 있다.

히키코모리나 은둔형 외톨이가 되는 이유는 매우 다양하다. 회피성 성격장애Avoidant Personality Disorder나 PTSD가 동반될 수 있고, 기타 정신장애와의 관련성도 제기된다. 과거 히키코모리는 외부와 완벽히 차단된 상태였으나, 현재는 인터넷과 스마트폰이 대중화되면서 방에만 있다고 해서 외부와 단절된 상태라고 볼 수는 없다. 그러나 등교, 출근, 병·의원에서의 대면 진료 등 오프라인에서 이뤄지는 활동을 극복하지 못한다면 히키코모리나 은둔형 외톨이가 겪는 문제는 현실적으로 시프트를 실천하는 데 장애물이 된다.[65]

우울에 취약한
사람이 있을까

1950년대 심장병 전문 병원에서 근무하던 메이어 프리드만Meyer Friedman은 관상동맥질환의 취약성에 따라 사람의 성격을 A, B 유형으로 나누었다. B 유형은 경쟁적이지 않고 참을성이 있으며 여가를 즐긴다. 반대로 A 유형은 심장질환에 취약한 성격이다. 즉, 직장이나 업무 처리에서 경쟁적이고, 야심이 있으며, 기다리는 것을 참지 못하고 항상 서두르며, 완벽주의를 추구한다. 이들은 일 중독에 빠질 확률이 높고, 참을성이 부족하며 높은 성과를 추구하는 성향으로 우울증에 걸릴 가능성이 크다.

자신에게 비판적인 사람은 작은 실수나 문제를 크게 느끼며, 자기를 비난하고 부정적으로 평가하는 경향이 있다. 이는 자존감 저하로 이어질 수 있고, 자존감 저하는 우울증으로 이어질 가능성이 크다.

이처럼 '우울증에 취약한 성격이나 유형이 있다'는 연구들이 있지만, 모든 사람이 같은 방식으로 우울증에 걸리는 것은 아니다. 성격이나 특정 유형이 우울증의 위험 요인으로 작용할 수 있지만, 그렇다고 해서 모두가 우울증으로 발전하는 것은 아니다.

우울증에 취약하다고 알려진 성격 특성과 유형을 조금 더 알아보자. 완벽주의자는 자신에게 높은 기대와 엄격한 기준을 부여하며, 실수나 실패를 용납하지 않는 경향이 있다. 이것은 지속적인 스트레스와 자기 비난으로 이어질 수 있다.

다른 사람에게 과하게 의존하는 사람은 자신이 원하는 것을 얻지 못하거나 대인관계에서 문제가 생길 때 쉽게 좌절한다. 이들은 다른 사람에게 버림받을까 봐 두려워하며, 이러한 정서적 의존 역시 우울증의 취약한 요인이 될 수 있다.

쉽게 불안을 느끼는 사람은 과도한 걱정이나 두려움을 느낄 수 있고, 그로 인해 스트레스가 누적되고 우울증으로 이어질 수 있다. 불안장애와 우울증은 종종 함께 나타난다.

내향적 성향의 사람은 감정을 외부로 표현하는 것을 부담스러워한다. 그래서 우울감이나 스트레스를 혼자 해결하려고 하다가 상황을 더 악화시키기도 한다. 그러나 내향적 성향이라고 해서 모두 우울증에 걸리는 것은 아니며, 단지 취약 요인일 뿐이다.

자존감이 낮은 사람은 자신을 부정적으로 인식하는 경우가 많고, 다른 사람의 평가에 지나치게 민감하게 반응한다. 이런 상황에서 좌절이나 실패를 경험하면, 스스로 극복하지 못하고 우울에 빠질 가능성이 커진다.

우울과 변화의 악순환에서
나오는 방법

우울증은 시프트 과정에서 큰 장애물이다. 시프트에는 변화가 따르며, 새로운 환경, 상황, 인물 등에 노출될 가능성이 크다. 따라서 스트레스가 많고 우울증을 겪는 사람은 이러한 시프트를 대처하는 데 어려움을 겪을 수 있다.

우울증을 겪는 사람은 새로운 일을 시작하기가 어렵고, 일에 대한 열정도 줄어든다. 이로 인해 시프트에 필요한 결단력과 에너지가 부족해진다. 변화 과정에는 크고 작은 결단이 필요한데, 우울감은 이러한 결정을 내리기 어렵게 만든다. 불확실성에 대한 두려움이나 실패에 대한 걱정이 커지면서 결국, 중요한 결정을 미루거나 주저하게 된다.

또한 우울감은 자존감을 떨어뜨린다. 시프트 과정에서 성공적인 변화를 이끌어내기 위해서는 자신에 대한 믿음이 중요하다. 그런데 우울증은 이러한 믿음을 의심하게 하고, 부정적인 생각을 키워 성공에 대해서도 의심하게 만든다.

시프트 과정에서 어려움을 겪으면, 스트레스가 증가하고 그로 인해 우울 증상이 더 심해질 수 있다. 변화에 어려움을 겪거나 실패해도 마찬가지다. 좌절감을 느끼고 우울증이 심해지는 악순환이 발생한다.

그렇다면 우울에 취약한 사람은 어떻게 해야 시프트에 성공할 수 있을까? 시프트 과정에서는 가족, 친구, 멘토 등 사회적 지원이 중요한 역할을 한다. 지원 시스템을 통해 정서적 지지를 받는 것이 도움이 된다. 우울증이 있다고 느낀다면 심리상담이나 정신과 치료 같은 전문가의 자문을 받는 것이 중요하다. 마지막으로, 목표를 세분화해보자. 한 번에 큰 변화를 갑자기 이루는 것은 누구에게나 어려운 일이다. 작은 목표를 설정하고 하나씩 달성해나가며 자신감을 회복하는 것이 중요하다.

흔히 인간의 감정을 희로애락, 즉 기쁨, 화, 슬픔, 즐거움으로 표현한다. 우울은 그중 슬픔에 속할 것이다. 한마디로 우울은 건강하고 정상적인 기본 감정 중 하나다. 사실 우울에 대한 내용을 쓰면서 가장 많이 고민했다. 정상 우울과 문제가 되는 우울을 구분하기는 전문가에게도 쉽지 않기 때문이다. 귀차니즘이든 외톨이든 우울감이든 깊어지기 전에 정상적이고 건강한 다른 감정으로 시프트 하기를 추천한다.

3

번아웃

스스로를 소진시켜
지쳐버린 사람들

이 팀장은 왜
퇴근만 하면 늘어지는가

대기업 마케팅 3부의 이 팀장은 입사 15년 차 베테랑이다. 약 6개월 전부터 퇴근 후 집에 가면 녹초가 돼 옷도 벗지 못하고 소파에 쓰러진다. 아침에 일어나면 몸이 무겁고, 출근하기가 너무나 힘들다. 예전에는 일하는 게 즐거웠는데, 요즘은 일하는 게 별 의미가 없는 것 같고, 생각만 해도 거부감이 든다.

주말에는 최대한 많이 자려고 노력하지만, 자고 일어나도 피로가 풀리지 않는다. 그리고 다시 출근하면 점심시간 전에 이미 에너지가 바닥난다. 커피나 에너지 음료를 마셔봐도 효과는 잠깐뿐이다.

일하는 시간은 전보다 훨씬 늘어났는데, 예전처럼 집중하지도 못하고 마감을 자꾸 연기하게 된다.

회사는 최근 2년 사이 구조조정을 시작했다. 이 팀장 부서에서도 인원 감축이 있었고, 그로 인해 남은 팀원들의 업무량은 늘어날 수밖에 없었다. 팀장으로서 팀원들에게 부담을 주기 싫어서 이 팀장은 자신이 늘어난 업무를 감당해보려고 노력했다. 야근은 물론 주말에도 집에서 일을 했다. 마감 기한에 대한 압박감으로 힘들고, 해도 해도 끝이 보이지 않는 업무 때문에 일에서 벗어날 수가 없었다. 클라이언트나 팀원들에게 짜증을 내기도 했고, 좌절감도 느꼈다. 전에는 자주 하던 팀 회식이나 커피 타임도 한 지가 오래되었다.

건강보험공단에서 2년마다 실시하는 건강검진에서는 별다른 이상이 없었다. 아내 성화에 못 이겨 대학병원에 가 추가로 정밀검진을 받았다. 복부 지방 수치가 약간 높은 것 외에 별다른 이상은 없었다. 그런데 내과에서는 정신건강의학과 진료를 권유했다. 정신건강의학과에서는 그가 번아웃이라고 판단했다.

번아웃은
언제부터 시작된 걸까

1974년, 미국 심리학자인 허버트 프로이덴버거Herbert Freudenberger

가 처음 '스탭 번아웃'이라는 용어를 사용했다.[66] 프로이덴버거는 '헌신적이고 열정적인 사람들'이 번아웃에 빠지기 쉽다고 했다. 특히 병·의원, 핫라인특히 전화, 위기관리센터, 가출청소년센터 등 감정 노동이 많고 대인관계가 복잡한 기관 종사자에서 번아웃이 주로 발생한다고 지적했다. 이러한 직업군의 사람들은 너무 많이, 너무 오래, 너무 높은 강도로 일하며, 스스로 다른 이를 도와야 한다는 압박을 느낀다. 이들 대부분은 헌신적이기 때문에 외부로부터의 도움 요청을 거절하지 못하고, 직장에서는 관리자로부터 추가로 일을 받아 처리하는 경우가 많다. 그래서 에너지가 소진될 때까지 계속 일을 하게 된다. 이에 대한 대책으로, 프로이덴버거는 가장 먼저 일터에서 벗어나 휴식을 취해야 한다고 강조했다.

1980년대, 버클리 캘리포니아대학교 심리학 교수인 크리스티나 마슬락Christina Maslach은 번아웃 측정 도구 '마슬락 번아웃 척도Maslach Burnout Inventory'를 개발해 번아웃의 개념을 확장했다. 그녀는 번아웃의 핵심 증상을 세 가지, 즉 정서 고갈, 탈인격화일이나 다른 사람에게 무관심, 개인의 성취감 감소로 규정했다. 이후 번아웃은 감정 노동이 많은 돌봄 직종뿐만 아니라 교육, 법률, 사업 등 다양한 직종에서 인식되기 시작했다.

1990년대 들어 번아웃은 직장인의 만성 스트레스를 설명하는 대

명사가 되었다. 경쟁이 치열한 기업 환경에서 과도한 업무와 장시간 근무가 번아웃의 원인으로 지목되었다. 특히 '일 중독 문화'에 초점이 맞춰지면서 일과 삶의 균형워라벨, 정신 건강이 중요한 주제로 대두되었다.

이 시기에는 번아웃이 개인의 문제에 그치지 않고 조직의 구조적 문제와도 관련이 있다는 인식이 많았다. 1990년에 개정된 세계보건기구WHO의 제10차 국제질병분류ICD-10에서는 '고용 및 실업 문제' 범주에 번아웃 관련 내용을 포함시켰으나, 전통적 질병 개념보다는 추가 연구가 필요한 영역으로 분류되었다.

2000년대 들어서면서 번아웃은 직장 영역을 넘어 다양한 분야에서 언급되기 시작했다. 평균 수명의 증가로 노인 돌봄 스트레스가 커졌고, 여성의 번아웃 사례도 늘어났다. 여성의 사회 진출이 확대되었지만, 여전히 자녀 양육의 비중은 여성이 더 높았기 때문이다. 이처럼 번아웃은 직업의 영역을 넘어 과도한 요구로 인한 피로를 묘사하는 개념으로 확장되었다.

2010년대에는 24시간 연결되는 기술의 발전과 변화된 작업 문화로 인해 번아웃의 개념과 범위가 더욱 확장되었다. SNS, 이메일, 스마트폰, 태블릿 등의 사용으로 직장과 개인 생활의 경계가 모호해지면서 디지털 관련 번아웃이 새로운 문제로 떠올랐다. 특히 유튜브, 웹툰, 쇼츠 등 콘텐츠 창작자들처럼 개인과 직업의 정체성이 혼재된 직업군에서는 번아웃이 심각한 문제로 대두되었다.

2019년, 세계보건기구는 제11차 국제질병분류ICD-11[67]에서 번아웃을 의학적 상태나 질병으로 분류하지는 않았으나, 직업 관련 증상의 하나로 채택했다. 이는 '고용 및 실업 문제' 범주 중 건강 상태에 영향을 미칠 수 있는 인자로 간주한 것이다. 번아웃을 겪고 있는 사람은 병원이나 보건소 등 공공의료서비스의 도움을 받을 수 있지만, 번아웃을 질병이나 건강 상태로 분류하지는 않았으며, 불안장애나 우울장애와도 확실하게 구분했다.

또한 번아웃은 업무 환경에서 나타나는 증상으로, 현재 통용되는 것처럼 가정이나 학교 등 삶의 다른 영역에는 적용될 수 없다는 제한점을 명시했다. 번아웃의 분류 코드는 QD85이며, 제대로 관리되지 않은 만성 직장 스트레스로 인해 발생하는 증후군이라고 정의했다. 이는 다음과 같은 세 가지 증상을 포함한다.

첫째, 에너지 고갈 또는 탈진감
둘째, 자신의 직무에 대한 정신적 거리감 증가 또는 직무와 관련된 부정적이거나 냉소적인 감정
셋째, 직업적 효능감 감소

2020년 초부터 3~4년간 전 세계를 강타한 코비드19 사태는 새로운 형태의 번아웃 논의를 불러왔다. 초반에는 코비드19 사태의 최전선에 있는 의료계 종사자들이 심각한 번아웃에 시달렸으나, 원격 근무와 재택근무가 급격히 확산되면서 많은 사람이 집에서 업무와 육아, 가사를 병행하게 되었다. 그러면서 번아웃이 사회 전반의 심각한 문제로 떠올랐다. 특히 자녀가 있는 직장 여성의 부담이 가중되었다.

우리나라의 '국민 정신 건강 실태 조사'를 보면 2020년 9월, 30~40대 여성의 우울 지표가 급격히 늘어난 것을 확인할 수 있다. 이는 번아웃과 관련이 있다. 전 세계가 팬데믹에 휩싸이면서 번아웃은 지구촌 문제로 부상했다. 이에 많은 기업이 직원들의 정신 건강과 웰빙의 중요성을 재조명하고, 이를 위한 대책 마련에 심혈을 기울이게 되었다.

일상이 번아웃의 연속인
ADHD가 있는 오 대리

세계보건기구에서 제정한 ICD-11에서는 번아웃을 '만성 직장 스트레스 증후군'으로 규정했으나, 앞서 말한 것처럼 번아웃은 일상에서도 흔히 나타나는 증상 중 하나이다. 최근 우리 사회에 알려진

ADHD의 증상 중에는 번아웃이 있다. 공식 진단 기준에는 포함되지 않았지만, 성인 ADHD 환자들, 특히 많은 여성 환자가 번아웃을 경험했다고 호소했다. 다음 사례를 살펴보자.

    은행에서 일한 지 5년 차인 오 대리는 얼마 전 출산 휴가를 마치고 복직했다. 그녀는 출산 전 일할 때도 실수가 잦고 업무 처리가 늦어 일머리가 없다는 말을 많이 들었다. 그녀는 아기가 생긴 것을 축복이라 생각하면서도 동시에 엄청난 부담을 느꼈다. 아침에 출근을 준비하면서 아기를 챙겨, 같은 아파트 단지에 살고 있는 친정어머니 집에 맡기는 일이 쉽지 않다. 아기용품과 어젯밤 들고 온 서류도 챙겨야 한다. 게다가 직장이 멀어 오 대리보다 더 일찍 출근해야 하는 남편은 그녀를 도와주기가 어려운 상황이다. 매일 아침 반복되는 루틴이지만, ADHD를 겪고 있는 그녀에게는 이를 지키는 것이 쉽지 않다.

    오늘 아침은 웬일로 아기용품 가방을 쉽게 챙겼고, 가스, 전기, 수도까지 모두 확인했다. 막상 집을 나서려는데, 어젯밤 늦게까지 작업한 후 회사에서 쓰는 노트북을 어디에 두었는지 기억이 나지 않는다. 아침 시간에 5분만 늦어도 연이어 시간이 더 지체된다. 노트북이 없으면 회의에서 프레젠테이션을 할 수 없으니 늦더라도 찾을 수밖에 없다.

한참을 찾다가 결국엔 못 찾고, 시간에 쫓기며 친정으로 가 아이를 맡기고 돌아서는데, 친정엄마가 아기 가방에서 노트북을 꺼내준다. 허겁지겁 출근하고 보니 회의는 이미 시작한 뒤였고, 숨 돌릴 틈도 없이 자기 차례가 되어 발표를 하려는데, 머릿속이 하얗다.

오전 업무 시간이 어떻게 지났는지 생각도 나지 않는다. 점심시간에도 회의 때 지적받은 내용을 정리하느라 밥 먹을 시간이 없다. 수정한 보고서를 지점장에게 보고하는 자리에서 마지막 페이지가 없는 걸 알게 되었다. 어디로 갔지? 동료가 오 대리의 노트북을 뒤져서 다른 파일에 저장된 마지막 페이지를 찾아주었다.

이제 오후 3시인데 오 대리는 이미 탈진 상태가 되었다. 탕비실에 가서 쿠키와 주스 한 잔으로 당을 보충한다. 오 대리의 특성을 잘 아는 동료들이 고맙게도 그녀의 잔무를 처리해주었다. 퇴근 후 친정으로 가는 길에 전화를 하려고 보니 핸드폰이 없다. 다시 은행으로 돌아가는 길, 몸이 천근만근 무겁다. ADHD의 특성 때문에 하루하루가 번아웃된 것처럼 느껴진다.[68]

일상에서 드러나는
번아웃의 다양성

1970년대 초, 번아웃이 처음 등장했을 때는 특정 직업군의 문제로 생각했고, 세계보건기구의 ICD-11에서는 번아웃을 직장 내 문제로 국한해 정의했다. 그러나 현실에서 번아웃은 삶의 다양한 영역에서 발생하는 보편적인 현상으로, 사회문화적 표현의 하나로 사용하고 있다. 번아웃이 주로 나타나는 네 가지 영역을 소개하고, 그에 대한 대책과 해결 방안을 알아본다.[69]

먼저, 가장 흔한 '직장 번아웃'을 살펴보자. ICD-11에서는 번아웃을 직장 관련 문제로 한정하고 있지만, 실제로 번아웃은 스트레스가 많은 직업뿐만 아니라 모든 직장에서 나타날 수 있는 현상이다. 그래서 기업과 조직은 번아웃 예방을 위해 직원들의 정신 및 신체 건강을 지원하며, 업무 환경을 개선하기 위한 방법을 모색한다. 실제 현장에서 활용되고 있는 주요 전략과 사례를 살펴보자.

유연근무제는 직원들이 업무 시간과 장소를 선택할 수 있도록 한 제도이다. 근로자는 사무실 근무, 재택근무, 시간 선택 근무, 단축 근무 등을 필요에 따라 선택할 수 있으며, 이를 통해 워라벨을 조율할 수 있도록 돕는다.

일본 마이크로소프트는 2019년, 주 4일 근무제 시범 사업을 실시했다. 그 결과, 생산성이 40% 향상되었고 직원들의 스트레스 수준도 감소했다. 아이슬란드에서도 2015년부터 2019년까지 약 2,500명의 공공근로자를 대상으로 근무 시간을 주 40시간에서 35~36시간으로 줄이는 주 4일 근무제를 도입했다. 그 결과, 업무 성과 면에서는 차이가 없었으나 근로자들의 스트레스가 줄어들었다. 그 후 법적으로 주 4일 근무제를 강제하지는 않았지만, 아이슬란드 근로자들의 80% 이상이 주 4일제에 준하여 근무를 하고 있다.

다음으로, 정신 건강 지원 프로그램을 활용하는 것이다. 많은 기업이 직원들의 정신 건강 향상을 위한 프로그램을 운영하고 있다. 직원들에게 심리상담을 지원하거나 마음 챙김 훈련 프로그램 등을 제공함으로써 직원들의 정서적 안정을 돕고 있다.

구글은 직원들에게 정신 건강을 지원하기 위해 상담과 마음 챙김 수업을 제공하고 있다. 그중 하나인 명상 프로그램 'Google's Pause'를 통해 직원들의 스트레스가 60% 감소했으며, 이로 인해 생산성 향상, 직무 만족도 증가, 그리고 마음 건강 개선에 긍정적인 효과를 가져왔다. 삼성은 2013년, 강북삼성병원에 '기업정신건강연구소'를 설치해 직원들의 정신 건강을 체계적으로 관리하고 있다.

이 외에도 근로 조건과 복지 정책의 개선이 필요하다. 정책적으로 기업은 직원들이 업무량을 적절히 유지할 수 있도록 지원하고, 동시에 충분히 휴식을 취할 수 있도록 권장해야 한다. 또한 직무 순환을 실시해 직원들이 다른 부서나 직무를 경험하게 함으로써, 새로운 시각을 얻고 창의력을 발휘할 수 있는 기회를 제공해야 한다. 예를 들면, 미국의 애플과 영국의 생활용품 제조사 유니레버에서는 직원들이 원하는 부서에서 일정 기간 근무할 수 있도록 했는데, 그 결과 업무에 대한 지루함이 줄어들었고 타 부서와의 소통 능력도 향상되는 효과를 얻었다.

또한 운동, 마사지, 영양 상담 등 직원들에게 웰빙 프로그램을 제공함으로써 직원들의 건강을 증진시키고 번아웃을 예방할 수 있다. 실례로, 업무용 애플리케이션 소프트웨어 분야 세계 1위 기업인 독일의 SAP는 '글로벌 헬스 프로그램'을 통해 직원들의 삶의 질을 향상시키고 번아웃 예방에 크게 기여하고 있다. 이러한 복지 제도를 비롯해 직원들의 동기 부여를 위한 적절한 보상과 인센티브는 번아웃을 줄이는 데 도움이 될 것이다.

다음은 '부모 번아웃'으로 육아, 가사, 일 등 다양한 책임을 동시에 짊어진 부모들이 겪는 정신적, 육체적 피로를 의미한다. 이는 장기간 지속된 과도한 스트레스와 휴식 부족으로 인해 발생하며, 부모에게 정서적 소진, 무기력감, 좌절감을 초래한다. 이런 번아웃을 예방하고 극복하기 위한 해결 방안을 살펴보면 다음과 같다.

먼저, 자기 돌봄 시간을 확보하고 시간을 유연하게 관리해야 한다. 부모 역시 자신을 돌볼 시간이 필요하다. 감정적 재충전을 위해서도 이는 필수적이다. 매일 짧더라도 혼자만의 시간을 갖고, 산책, 독서, 카페에 가기 등 활동을 해야 한다.

육아와 일의 균형을 맞추는 것은 번아웃을 예방하는 데 매우 중요하다. 유연한 스케줄과 현실적 시간 관리를 통해 스트레스를 줄이고 휴식할 기회를 만들어야 한다. 특히 재택근무의 증가로 여성들에게 불리한 육아 환경이 조성되기도 한다. 따라서 작업 공간과 육아 공간을 명확히 분리하고, 시간적으로도 업무와 육아를 적절히 구분해야 한다.

번아웃은 모든 책임을 혼자 감당하려고 할 때 나타난다. 주변의 도움을 받는 것은 약점이 아니며, 건강한 육아를 하기 위한 필수 과정일 뿐이다. 필요한 경우 배우자, 가족, 친척에게 지원을 요청할 수 있고, 주민센터나 부모 지원 모임 등에 참여해 감정적 지지와 실질적 도움을 받을 수도 있다. 다른 부모들과 네트워킹을 하거나 지원 모임에 참여해 경험을 공유하고, 실질적 조언을 듣는 것도 도움이 된다.

심각한 번아웃 상태에 이르렀다면 전문가의 도움을 받아야 한다. 번아웃은 불안이나 우울증으로 이어질 수 있으므로, 정신 건강 전문가의 진료가 필요할 수 있다. 특히 분만 후 4주에서 6개월 사이에 나타나는 산후우울증Postpartum depression은 산모는 물론 아기에게도 영향을 미칠 수 있으므로 번아웃과 구분해 진단하는 것이 중요하다.

또한 완벽한 부모가 되려고 하는 마음이 부담으로 작용해 번아웃을 일으킬 수 있다. 현실적 목표를 설정하고 한계를 인정하는 것이 중요하다. 육아에 정답이 없다는 사실을 받아들이고, 상황에 따라 일의 우선순위를 조절한다. 작은 성취에도 스스로 만족하고 자기를 칭찬하는 것도 도움이 된다.

가정에서의 의사소통은 부모 번아웃 예방에 매우 중요하다. 부부가 서로 육아에 대한 부담을 나누고, 감정적 지원을 주고받는 게 필요하다. 서로의 요구를 조율하면서 정기적으로 가정 내 역할을 조정하는 것도 도움이 된다. 우리나라의 경우 대가족에서 핵가족으로 가족 형태가 바뀌면서, 조부모로부터 육아에 대한 지혜를 얻기 어려워졌다. 이로 인해 육아가 가정의 즐거움이 아니라 부담으로 느껴지는 문제가 생겼다.

육아는 현실적으로 해결하기 가장 어려운 과제일 수 있다. 정기적으로 짧은 휴식이나 휴가, 여행을 계획하는 것도 부모 번아웃을 예방하는 좋은 방법이다. 일상에서 벗어나 새로운 환경에서 재충전할 기회를 만드는 것이다.

다음으로, '기술 번아웃'은 이메일, 스마트폰, SNS 등으로 인해 시공간에 제약이 없는 디지털 작업 환경에서 발생하는 새로운 형태의 번아웃이다.

2015년 3월, 영국의 「이코노미스트」지는 우리 지구가 포노 사피엔스가 살고 있는 '스마트폰의 행성'이라는 내용의 기사를 실었다.[70]

스마트폰은 개인의 삶을 풍요롭게 할 뿐만 아니라 사회와 산업의 구조를 빠르게 변화시키고 있다. '포노 사피엔스'는 '스마트폰'과 '호모 사피엔스'의 합성어로, 스마트폰 없이는 생활이 힘들어지는 사람들을 말한다. 이와 함께 스마트폰이 없을 때 느끼는 '노모포비아Nomophobia'라는 용어도 소개했다.

최근에는 '노모포비아'와 포모'Fear Of Missing Out'의 약자가 번아웃의 원인이 되기도 한다. '포모'란 다른 사람들이 즐기거나 보람 있는 경험을 하는 동안 자신만 그 기회를 놓치는 것에 대한 불안감으로, 이로 인해 SNS에서 벗어나지 못하는 심리적 현상이다.[71]

2024년 현재, 전 세계 기업 시가총액 순위를 살펴보면 애플을 선두로 마이크로소프트, 엔비디아, 구글, 아마존, 아람코, 메타전 페이스북 등이 뒤를 잇는다. 이 중 사우디 석유 기업인 아람코를 제외하면 모두 디지털 관련 기업으로, 사회문화와 경제를 이끄는 산업 역시 디지털 환경에서 만들어진 것이다.

이러한 디지털 기술 관련 번아웃을 예방하기 위해서는 개인은 물론 조직 차원의 접근이 필요하다. '디지털 균형'을 유지하는 것은 이제 현대인의 필수 과제가 되었다. 이를 위한 작은 변화들이 장기적으로는 정신 건강과 삶의 행복에 긍정적 영향을 미칠 수 있다.

첫 번째 해결책은 '디지털 디톡스'다. 디톡스는 일반적으로 중독 상태를 벗어나게 만드는 기법이다. 디지털 기술로 인한 번아웃을 예방하기 위해서는 주기적으로 스마트폰, 태블릿 등 전자기기를 끄고 휴식을 취해야 한다. 디지털 디톡스를 통해 정신적, 감정적 스트레스를 줄이고, 디지털기기에 대한 의존을 낮추는 것이다.

『도둑맞은 집중력』[72]의 저자 요한 하리Johann Hari는 자신의 집중력을 되찾기 위한 방법으로 '케이 세이프'를 소개했다. 케이 세이프는 뚜껑이 달린 플라스틱 금고로, 그 안에 스마트폰을 넣고 뚜껑을 닫은 뒤 금고에 달린 다이얼을 돌려 시간을 설정하면, 그 시간 동안 스마트폰을 사용할 수 없게 하는 것이다.

두 번째 해결책은 업무와 개인 시간의 경계를 명확하게 설정하는 것이다. 코비드19 사태 이후 늘어난 재택근무 체계에서는 업무 시간과 일상을 구분하기가 어려워졌고, 그로 인해 피로가 가중되었다. 따라서 특정 시간을 정해 업무 종료 후에는 이메일 확인이나 업무 관련 메시지에 응답하지 않는 습관을 실천해야 한다. 휴식 시간을 미리 정하거나 업무 시간이라도 알림을 제한하는 게 필요하다.

SNS 사용 시간도 조절해야 한다. SNS는 사람들과의 연결과 정보 교류에 매우 유용한 도구이지만, 과도하게 사용하면 정서적 압박과 피로를 유발할 수 있다. 또한 디지털 디톡스 외에도 디지털 세계와 단절하지 않으면서 사용 시간을 관리할 방법을 찾아야 한다. 가령, 스마트폰의 사용 시간 제한 기능을 활용해 하루 사용 시간을 설정하거나, 특정 시간에만 접속하는 습관을 들이는 것이다.

요한 하리는 1년 중 6개월은 아예 SNS를 닫아둔다고 한다. 물론 미리 일정 기간 떠날 것임을 공지한다. 재미있는 점은, 친구에게 자신의 SNS 비밀번호를 바꾸도록 부탁해 중간에 자기가 접속하고 싶어도 할 수 없도록 만든다는 것이다.

디지털 환경에서 일하면서 번아웃을 예방하는 가장 좋은 방법은 규칙적으로 휴식을 취하는 것이다. 정해진 휴식 시간을 갖는다면 집중력을 높이고 피로를 예방할 수 있다. 이때 프란체스코 시릴로Francesco Cirillo가 학창 시절 경험한 시간 관리 방법인 '포모도로 기법Pomodoro technique'을 적용해볼 수 있다. 토마토 모양으로 생긴 요리용 타이머를 이용해 25분간 집중하고 5분간 휴식하는 방식이다. 각자의 상황에 맞춰 일하는 시간과 휴식 시간을 안배하면 된다.

세 번째 해결책은 마음 챙김과 신체 활동을 하는 것이다. 명상이나 간단한 운동은 디지털 환경으로 인한 산만해진 마음을 진정시키고, 스트레스를 관리하는 데 도움을 준다. 다만, 스마트폰의 명상 앱을 사용하거나 마음 챙김 관련 유튜브 영상을 보지 않는다.

햇빛을 받으며 야외에서 활동하는 것이 가장 바람직하지만, 실내에서도 운동이나 요가, 스트레칭과 같은 신체 활동을 할 수 있다. 규칙적으로 하되, 잠깐씩 쉬면서 움직이는 것이 필요하다. 간혹 달리기를 할 때 이어폰이나 헤드폰으로 음악을 듣거나 통화를 하는 사람이 있는데, 운동 중에는 디지털기기로부터 벗어나는 것을 권장한다. 상황이 허락한다면 일대일로 진행하는 필라테스나 퍼스널 트레이닝이 더욱 효과적일 수 있다.

다음으로, 기업이나 조직에서 기술 번아웃을 예방하기 위해서는 건강한 근무 환경과 문화 조성이 필수적이다. 직원들의 워라밸을 보장하고, 지나친 업무 부담에서 벗어날 수 있도록 돕는다. 회사 차원에서 퇴근 후 이메일 금지 정책, 유연근무제 등을 도입해 직원들이 디지털 환경으로부터 휴식을 취할 수 있도록 한다.

근로자는 디지털기기의 포화로 산만해진 환경에서 집중해 일하기가 어려운 경우가 많다. 따라서 집중 시간을 최대화해 업무 효율성을 높이는 '딥 워크Deep work' 전략을 고려할 수 있다.

디지털 기술의 사용을 강하게 제어할 수도 있다. 스마트폰 사용은 일상에서 신체의 일부처럼 되어 분리하기 어려운 만큼 의식적으로 관리할 필요가 있다. 아이들이 등교하면 휴대폰을 반납하고 하교할 때 찾아가는 것처럼 할 수는 없겠으나, 업무 중에는 모든 앱의 알림을 수동 설정으로 바꾸고, 업무에 필요한 부분만 선택적으로 사용하면서 디지털 환경의 노출을 최소화한다.

다음으로, 사회 연결망과 지원이 필요하다. 디지털 작업 환경에서는 홀로 격리된 느낌을 받을 수 있으므로, 대면 상호작용과 네트워크 구축이 매우 중요하다. 직장 동료들과의 오프라인 만남, 친구나 가족과 정기적 또는 비정기적으로 대면할 시간을 갖는다.

백세인들의 건강 유지 비결 중 하나는 사람들과 만나 즐거운 시간을 보내는 것이었다. 특히 그들은 가족과 함께하는 시간을 소중히 여겼다.

마지막은 '창작 번아웃'이다. 해마다 교육부는 초·중·고생들의 미래 희망 직업에 대한 설문조사를 하고 있다. 2000년대 들어 교사와 공무원이 1, 2위를 다투었으나, 최근 새롭게 10위 안에 등장한 직업이 있다. 바로 유튜버, 웹툰 작가, 게임 개발자 등을 포함한 콘텐츠 크리에이터이다. 인기 직종이 되었다는 것은 치열한 경쟁을 동반한다는 의미이기도 하다.

창작 번아웃은 콘텐츠 크리에이터들이 과도한 작업량과 지속적 창작 압박으로 인해 영감을 잃고 소진되는 현상을 의미한다. 주로 웹툰이나 웹소설 작가, 디자이너, 영상 제작자, 음악가 등 문화예술계 종사자들에게 발생한다. 이는 경제적 압박, 성과에 대한 끊임없는 기대, 소셜 미디어에서의 즉각적 피드백, 그리고 과도한 경쟁으로 인해 더욱 심화된다.

그렇다면 창작 번아웃은 어떻게 예방할 수 있을까? 그 해결책을 유튜브 콘텐츠 제작자인 케이시 나이스탯Casey Neistat의 사례를 통

해 알아보자.[73]

케이시 나이스탯은 1981년 미국 코네티컷에서 태어났다. 많은 이에게 사랑받는 그의 대표적 콘텐츠는 매일 업데이트되는 '브이로 그Vlog'이다. 나이스탯은 뉴욕을 배경으로 자신의 일, 가족, 여행 등 다양한 활동을 기록했다. 콘텐츠 소재는 평범하지만 독특한 편집 스타일과 에너지 넘치는 촬영 기법으로 유명하다. 2015년부터 2년 간 거의 매일 영상을 올려 브이로그의 새로운 지평을 열었다.

그가 제작한 영상들은 단순한 브이로그 형식을 넘어, 단편 영화 처럼 이야기를 전개한다. 일상에서 벌어지는 소소한 에피소드를 영 화적 방식으로 풀어내며, 기술 발전이나 사회적 이슈에 대한 자신 의 생각을 영상으로 표현했다. 드론, 카메라, 전기 스케이트보드 등 다양한 기술 장비를 시험하고, 솔직한 의견을 공유하는 콘텐츠도 인기를 끌었다. 이러한 리뷰 영상은 정보 전달은 물론 유머를 더해 구독자들에게 큰 사랑을 받았다.

또한 그는 세계 여러 나라를 여행하며 그 기록을 브이로그로 남 겼고, 특히 터키 항공이 그에게 비즈니스 클래스를 제공한 일을 담 은 영상이 높은 조회 수를 기록했다. 그 외에도 도전적이고 독창적 인 프로젝트를 영상으로 제작했는데, 2015년에는 폭설 내린 뉴욕 거리를 스노보드로 누비는 장면을 담기도 했다.

나이스탯은 2015~2016년 동안 거의 매일 브이로그를 제작하며 촬영, 편집, 업로드 등 모든 과정을 혼자 관리하느라 정신적, 육체적으로 소진되었다. 게다가 끊임없는 창작 압박으로 인해 번아웃 상태를 겪었다. 그는 이를 극복하기 위해 일일 브이로그를 접고, 장기 프로젝트를 설계하기 시작했다. 또한 창작과 휴식 사이에 확실한 선을 긋고 작업량을 조율함으로써 창의력을 회복할 수 있었다.

긍정적인 변화를 막는
번아웃의 위력

삶을 시프트 하는 것과 번아웃은 밀접한 관계가 있다. 이를 이해하기 위해 몇 가지 요인을 살펴보면 다음과 같다.

첫째, 삶의 변화에 따른 책임감이 문제를 유발할 수 있다. 결혼 후 자녀가 태어난다든가 직업을 바꾼다든가 가족 중 만성 질환자가 생긴다든가 하면, 책임감이 커지고 그에 따른 번아웃이 나타날 가능성도 높아진다. 따라서 물리적, 정서적 소진을 예방할 수 있는 적절한 지지 체계가 필요하다.

둘째, 일상의 루틴이 사라지는 것이 문제가 될 수 있다. 이직, 이사, 은퇴 등은 생활의 루틴을 바꿔놓아 불안을 증폭시키고 안정감을 떨어뜨린다. 일상생활에서 루틴은 매우 중요한 구심점 역할을 하는데, 혼란을 겪게 되면 당황하고 쉽게 번아웃에 빠질 수 있다.

셋째, 환경 변화로 고립되는 상황을 주의해야 한다. 대도시로의 이주, 이혼, 직장 업무 변경 등으로 인한 환경 변화는 정서적 번아웃이 생길 가능성을 높인다. 인간은 사회적 동물이라 사회적 지지 체계의 붕괴나 변화는 스트레스 완충막을 약화시킨다. 이러한 변화로 사회적 상호작용이 줄어들면, 생활의 변화로 인한 정서적 부담을 감당하기 어려워지기 때문이다.

넷째, 생활의 큰 변화는 운동, 수면, 식단 등 건강과 웰빙 루틴을 방해할 수 있다. 새로운 변화를 시도하는 과정에서 신체 활동이 갑자기 감소하거나 수면 패턴이 바뀌면 스트레스와 피로가 증가해 번아웃에 더 취약해질 수 있다.

다섯째, 워라밸의 불균형을 조심해야 한다. 근무 시간이 늘어나는 직책을 맡거나 벤처사업을 시작하는 등 워라밸의 균형을 무너뜨리는 시프트 상황은 번아웃의 위험을 높일 수 있다. 이는 업무량이 늘어나거나 업무와 개인 시간의 경계가 모호해지는 원격 근무 또는 재택근무 환경에서 흔히 발생한다.

변화는 항상 스트레스를 유발하며, 일상에 변화를 가져올 뿐만 아니라 흔히 더 강한 책임감을 요구한다. 시프트를 성공적으로 수행하기 위해서는 이런 번아웃의 위험성을 철저히 관리해야 한다.

4.

자존감 저하

자신이 한심하고 부족해 보이는 사람들

나를 소중하게 대해야 행복해진다

시프트를 작동시키는 데 방해가 되는 요소로 '낮은 자존감'을 들 수 있다. 자존감은 하루아침에 생기거나 사라지는 게 아니다. 대신, 오랜 시간 동안 한 방향으로 형성되면, 미래의 노선을 결정하는 데 큰 영향을 미칠 수 있다.

진료실에 초등학교 3학년 남자아이 B가 왔다. 외모와는 달리, 잔뜩 경계심을 보였다. 자기는 올 생각이 없었는데, 엄마가 상담을 받아야 한다고 해서 끌려왔단다. 그래서인지 눈에는 적개심이 가득하고, '나 좀 건드리지 마세요' 하는 얼굴로 경계하는 모습이다.

나이 든 의사에게 가장 어려운 일이 아이들의 경계심을 누그러뜨리는 일이다. 자기 의지와 상관없이 엄마에게 붙들려온 아이는 의사가 뭐든 문제를 캐낼까 봐 아예 눈도 맞추지 않고 창밖만 본다. 성인 편집증 환자들이 보이는 불만과 의심의 눈초리 수준이다.

그래서 병원에 처음 온 아이들을 진료할 때는 초등학생만 돼도 진료실에 혼자 들어오도록 한다. 엄마들은 대개 진료실에 들어오자마자 아이의 문제를 쏟아내는데, 그 내용의 대부분이 아이 흉을 보는 것이기 때문에 아이는 의사도 엄마와 한편이라고 판단한다. 그러면 의사와 아이의 관계는 가까이하기엔 너무 먼 당신이 된다. 그래서 중립을 지키는 게 중요하다.

아이는 또래보다 키가 조금 커 보였다. 반 남자애들 중에 너보다 큰 애가 몇 명 없지 않냐고 물어본다. 아이는 2명이 있다고 대답한다. 이때는 내 얼굴을 쳐다본다. 의사가 약점을 캐지 않고 다른 질문을 하면 약간 경계를 낮춘다. 내친김에 아이에게 키랑 몸무게를 재서 알려주겠다고 말하고, 진료실에 있는 신장 체중계에 올라가도록 권한다.

키를 재려면 신발을 벗고 몸무게 계량기에 올라서서 신장 체중계 기둥에 뒷머리를 대고 서야 한다. 아이는 제법 말귀를 잘 알아듣고는 스스로 머리를 기둥에 댄다. "B가 아주 잘하는구나"라고 슬쩍 말

해준다. 그러자 아이는 자기가 줄넘기를 아주 잘한다고 말한다. 그 뒤로 우리는 학교생활에 대해 이야기를 나눴다. 아이는 학교 급식이 맛있다는 이야기도 한다. 가리는 음식이 별로 없는 것 같아 아이에게 넌지시 말했다. "편식 안 하고 골고루 먹는 게 참 어려운데, B는 대단하다."

어머니에게 학교, 집, 학원에서의 아이 생활이 어떤지 물어보니, 항상 하고 싶은 말이 많은 편인데 상대에 대한 배려 없이 눈에 보이는 대로, 머릿속에 생각이 떠오르는 대로 바로 말하는 게 문제란다. 수업 시간에는 담임보다 말을 더 많이 하려고 하고, 친구 사이에서는 이쪽에서 들은 말을 돌아서서 곧바로 상대방한테 알려주는 박쥐처럼 취급받고 있었다. 또 어머니는 아이의 행동이 굼떠서 아침 등교 준비부터 전쟁 같다고 했다. 아이의 장점에 대해 묻자 어머니는 "그런 게 있으면 좋게요"라고 답했다. 아들한테 쌓인 게 참 많아 보인다고 하자 눈물까지 글썽거렸다.

외래 진료 후 시행한 지능 검사, 주의력 검사, 정서 및 행동 특성 검사 등을 종합해보면 B는 불필요한 실수로 많은 것을 잃고 있는 아이였다. 그중에서도 자존감에 상처가 많았다. 두 번째 진료 시간에 아이에게 머릿속 생각들이 밖으로 튀어 나가기 전에 한 번 더 생각할 수 있는 거름망이 있으면 어떻겠냐고 물어보았다. 그러자 "당근 그러고 싶어요"라며 자기도 그렇게 하고 싶은데 안 돼서 답답하다고 했다.

잠정적으로 ADHD 진단을 내렸다. 아이와 어머니의 동의를 구한 뒤 첫 진료 후 약 5주 만에 약물치료를 시작했다. 약 처방은 메틸페니데이트 계열 약을 소량으로 일주일간 처방했다.

일주일 후 진료실에 들어오는 아이를 못 알아볼 뻔했다. 이전의 B와는 너무나 다르게 편안해 보였다. 면담 내내 경직되어 있던 표정은 사라졌고, 면담 내용에 따라 가끔 웃기도 하며 나이에 걸맞은 천진난만한 아이 얼굴이 되었다. 투약 사실을 알지 못하는 학교나 학원 선생님들이 어머니에게 전화해 "B가 달라졌어요. 너무 착실해졌어요"라고 알려주었다고 했다. 아이는 주변에서 칭찬을 많이 듣게 되자 더 잘하고 싶은 생각이 든다고 했다.

자존감, 자존심, 자신감은 모두 비슷한 말이지만, 영어로는 각각 Self-esteem, Pride, Self-confidence로 다르다. 국립국어원의 표준국어대사전에는 '자존감'이 '자기 자신을 소중히 대하며 품위를 지키려는 감정'이라고 되어 있다. 자존감은 자아존중감의 줄인 말로, 스스로 자신을 존중하고 사랑하는 감정을 의미한다. 자존감이 높은 사람은 자신은 사랑받을 만한 가치가 있는 소중한 존재이며 유능하다고 믿는다. 개인의 정체성 형성에 중요한 인자이다.

자존심은 '남에게 굽히지 않고 자신의 품위를 스스로 지키는 마음'이다. 자존감과 달리 자존심은 내부에서 비롯되는 것이 아니라 외부의 영향을 받으며, 주로 주변과의 비교를 바탕으로 형성된다. B의 경우 주변의 긍정적인 피드백 덕분에 바뀌었고, 변화된 자기 모습으로 인해 자신감이 생겼다. 더욱 중요한 것은 더 잘하고 싶다는 의욕이 생긴 점이다. 자존감은 결국 행복을 가져온다.

자존감이 낮은 사람은
쉽게 용서하지 못한다

C는 무기력과 자살 충동으로 외래에 온 고등학생이다. 아버지의 직업 때문에 어릴 때부터 여러 나라에서 살았고 전학도 많이 다녔다. 사촌들은 런던, 파리, 카이로, 방콕 등에 살았던 C를 부러워했다. 서울로 돌아와 고등학교 3학년으로 편입한 C는 해외 생활에 대한 이야기를 하기 싫어한다. 그곳에서의 안 좋은 기억들이 떠오르기 때문이다.

C는 외동아들이었지만, 어머니는 항상 내조에만 신경 썼다. 아버지는 직장 일로 바빠 어머니에게 육아와 집안일을 일임했는데, C의 학업 문제에 있어서만은 아니었다. 어머니는 아버지의 요구를 수용하는 정도였다.

C는 해외에서 국제학교에 다녀 영어가 익숙하지만, 내성적인 성격 탓에 새로운 환경에 적응하는 데 늘 어려움을 겪었다. 자존심이 강한 아버지는 아들이 당연히 우수 학생이기를 바랐다. 하지만 아들의 이야기를 들어줄 시간은 별로 없었다. 교사가 의견서에 써준 것 중에 부족한 부분이 있으면 당장 고치라고 재촉했다. 평소에는 확인하지 못하다가 어느 날 자신의 요구대로 바뀌지 않았거나 성적이 오르지 않았으면 화를 냈다. "너는 왜 정신을 차리지 않는 거냐? 이렇게 살다가는 직장도 구할 수 없을 거다." 남편에게 순종적이던 어머니는 아들을 나무라는 아버지를 말리지 못했다.

서울에서의 학교생활은 더 힘들었다. 더구나 입시 준비에 한창인 아이들과 친해지는 게 쉽지 않았다. 점점 더 위축되는 아들을 아버지는 답답해했다. 다행히 영어특기자로 대학에 입학했다. 이후 병역 신체검사에서 신체 문제로 공익 판정을 받자 아버지는 "네가 진짜 사나이가 될 수 있는 기회를 놓쳤다"며 아들이 군대에 가지 못하는 것을 아쉬워했다.

지역 청소년 센터에서 불우한 가정의 학생들에게 영어를 가르치는 자원봉사에 참여하며, 그는 좋은 형이자 오빠로서의 역할을 다했다. 대학을 졸업한 뒤 아버지의 반대를 무릅쓰고 전공을 살려 대기업 대신 중소기업에 취직했다. 직장에서 일하며 능력을 인정받아

1년 후 대리로 승진하고 연봉도 올랐다. 아버지는 여전히 대기업도 아닌데 그게 뭐 대수냐고 무시했다.

C는 직장 출퇴근 시간을 빌미로 직장 근처 오피스텔로 분가했다. 아버지와 물리적으로 거리를 두면서 아버지의 독선적 태도에 대해 다시 생각하게 되었다. 아버지의 태도는 여전히 마음에 들지 않았지만, 직장생활을 하며 부모의 마음이 그럴 수도 있다는 것을 이해하게 되었다. 예전에는 마음속에 아버지에 대한 적개심이 가득했지만, 어느 순간 아버지에게 잘해드려야겠다는 생각이 들었다. 그런 마음이 생기는 게 익숙하지 않아서 당황스러웠지만, 이상하게도 마음이 편해졌다.

2023년 넷플릭스에서 방송된 배우 송혜교 주연의 드라마 「더 글로리」는 고교 시절 학폭 피해자였던 주인공이 성인이 돼 가해자들에게 복수하는 내용이다. 이 드라마가 많은 사람에게 인기가 있었던 이유는 바로 '대리만족' 때문일 것이다.[74] 자신을 괴롭힌 상대를 용서하는 게 얼마나 어려운지 경험해본 사람은 알 것이다. 내가 당한 만큼 상대도 괴롭게 만들고 싶고, 내가 얼마나 괴로웠는지 상대가 모르고 있으면 더 화가 난다.

C는 아버지 때문에 자신이 무능하고 쓸모없는 사람이라고 여기며 살았다. 자신이 괜찮은 사람이라는 걸 깨닫는 데 20여 년이 걸렸

다. 옆에서 자기를 일깨워주지 않았던 어머니에게도 분노가 치밀어 오른다. 계속 화를 감추고 산다면 그만큼 열등해질 수밖에 없다.

부모는 아들이 자기를 용서한다고 하면 무엇을 용서한다는 것인지조차 모를 수 있다. 분노를 느끼는 것도 나고, 용서해주는 것도 나다. 모두 나의 결정이다. 그렇다면 분노를 품고 있는 것이 나에게 유익할까? 아니면 용서해주는 것이 유익할까?

어린 시절에 품은 분노를 어른이 되어 안고 가는 게 유익한지, 용서하고 털고 가는 게 좋을지에 대한 판단과 실천은 본인의 몫이다. 자존감이 높아지면 나를 힘들게 했던 상대를 용서할 수 있다.

자존감 높이는 학원
어디 없나요?

갓 태어난 아기는 아직 뇌 발달이 미숙하다. 그러나 12개월 동안 끊임없이 뒤집고 기고 엎어지며 노력한 끝에, 어느 날 드디어 두 발로 걷게 된다. 그 순간 아기는 전지전능감을 느낀다. 세상을 누워서 올려다볼 때와 두 다리로 서서 세상을 내려다볼 때는 전혀 다른 느낌일 것이다.

시간이 지나며 손짓이나 언어를 사용할 수 있게 되면 아기의 전능감은 더 강력해진다. 정확한 단어를 발음하지 않고도 원하는 것을 쳐다보며 '어브브'만 해도 어른들이 알아서 원하는 것을 손에 쥐여준다. 아기는 자존감이 뭔지 모르지만 '인생은 살 만한 것'이라고 느낄 것이다. 이후 확실한 단어를 말할 수 있게 되면 아기에게 세상은 더없이 살기 좋은 곳이 된다.

자존감 형성은 어린 시절 양육자와 환경에 영향을 받는다. 잘 먹고 입히는 것뿐만 아니라 정서적 지원이 필요하다. 흔히 아이를 기를 때 주 양육자가 아이 눈을 보며 소통하기를 강조한다. 특히 어릴수록 아기는 엄마의 눈과 표정을 보면서 자신의 생각과 감정을 결정하기 때문이다.

예를 들어, 엄마 젖을 먹는 아기가 배가 불러 기분이 좋아지면 자기도 모르게 엄마 젖을 깨물기도 한다. 앞니가 난 아기라면 엄마는 아파서 얼굴을 찡그릴 수 있다. 이때 엄마가 얼굴을 찌푸리다가 웃으며 "우리 아기, 잘 먹어서 기분이 좋구나? 엄마도 좋단다. 근데 깨물어서 아파"라고 하면 아기는 말귀를 다 알아듣지는 못하지만, 엄마의 표정을 보며 자기가 기분 좋은 게 괜찮은 상태임을 기억한다.

반대로, 엄마가 다시는 아기가 젖을 먹다 깨물지 못하게 하려고 과장해서 아픈 표정을 지으며 무서운 얼굴을 하면 아기는 당황할 수 있다. 앞니 때문에 엄마가 아프다는 것을 깨닫기보다는 엄마의 무서운 얼굴을 보면서, 자기의 행복한 기분이 나쁜 것이라고 저장할 수도 있다. 이런 일이 반복되면, 아기는 행복한 자신의 기분을 느끼지 않으려고 할 수 있다.

영유아기의 아기는 자기감정과 생각의 판단을 엄마의 얼굴을 통해 결정한다. 엄마가 아기에게 공감하고 지지할수록 아기의 자존감은 높아질 것이다. 다만, 모든 것을 허용하고 원하는 대로 들어주는 것은 자존감을 향상시키기보다는 오히려 자기중심적인 사람으로 자라게 만들 수 있다.

이처럼 가정은 아기의 자존감을 만들어가는 데 중요한 장소이다. 실제 가정의 기능은 첫째, 자녀들이 애정을 경험하는 곳, 둘째, 인간관계를 경험하는 곳, 셋째, 공동체에서 자기의 역할을 깨닫는 곳, 넷째, 성인의 삶을 준비하는 곳이다. 그런 점에서 자녀가 많고 화목한 가정이라면 가정에서 형제자매 간 협동심과 경쟁심을 키우고, 자기 역할에 대한 자존감을 형성하는 데 유익할 것이다.

안타깝게도 우리나라는 2009년 외동 자녀 가정이 51.2%를 기록한 이후 그 비율이 점차 증가하고 있다. 한 집안에 적어도 어른은 부모와 양가 조부모를 포함해 6명인데, 아이가 하나라면 그 아이는 너무나 소중한 존재로 귀여움을 독차지하게 된다. 적절한 경쟁 상대가 없고 경쟁의 필요성도 알지 못한다. 아이는 어린이집, 유치원, 초등학교라는 사회로 나가기 전에 가정에서 경쟁을 통해 노력의 필요성과 자존감 보전 훈련을 받는 것이 유리하다. 왜냐하면 외동의 경우 가정 밖에서는 집안에서 받았던 지지를 기대하기 어렵기 때문이다.

학생이나 취준생에게 가장 필요한 것은 더 나은 내가 되려는 건강한 욕심이다. 그러려면 자존감 저장고가 가득 차 있어야 한다. 요즘처럼 어릴 때부터 모든 것을 학원에서 배우는 아이들은 가끔 자존감을 키워주는 학원을 알려달라고 한다. 학원 대신 자존감을 키워주는 가정 환경을 만들어야 한다.

나의 자존감은
몇 점인가

그렇다면 나의 자존감은 어느 정도일까? 현재 가장 널리 사용되는 자기존중감 평가 도구인 모리스 로젠버그Morris Rosenberg의 '자기존중감척도Rosenberg self-esteem scale'[75]를 통해 알아보자. 채점 방식과 문항 배열 방식이 조금씩 변형되고 있는데, 다음은 채점을 쉽게 하기 위해 원래 척도에서 10개 문항의 배열을 변형한 것이다. 아래 5개는 역채점 문항이다. 만점은 30점이며, 점수가 높을수록 자존감이 높다.

항목/채점기준(점수)	매우 그렇다(3)	그렇다 (2)	그렇지 않다(1)	절대 아니다(0)
나는 장점이 많다				
나는 가치가 있는 사람이다				
대체로 내 자신에 만족한다				
내 자신을 긍정적으로 바라본다				
대부분의 다른 사람들만큼 일을 잘할 수 있다				
합계			( )점	
항목/채점기준(점수)	매우 그렇다(3)	그렇다 (2)	그렇지 않다(1)	절대 아니다(0)
내세울 게 별로 없다				
종종 잘하는 게 없다고 생각한다				
때때로 정말 쓸모없는 사람이라고 느낀다				
내 자신을 더 존중해야 할 것 같은 느낌이다				
전반적으로 자신을 실패자로 보는 경향이 있다				
합계			( )점	
총점			( )점	

이 검사는 자가 평가 도구로 사용할 수 있으며, 문항을 잘 보면 주체가 자기다. 즉, 결정권이 자기에게 있으며, 이는 자기 통제 능력과 밀접한 관련이 있다. 자기 통제 능력에 문제가 있으면 주변으로부터 부정적인 피드백이 늘게 되고, 이것이 반복되면 자기 결정권을

포기할 수도 있다. 이는 자기존중감의 저하나 상실을 의미한다.

  자존감이 높은 사람은 몇 가지 특징을 갖는다. 먼저, 판단의 기준이 자신에게 있으므로 남과 비교하지 않는다. 언제나 그렇듯이 비교는 열등감으로 가는 지름길이다. 둘째, 항상 새로운 목표를 달성하려고 노력하지만, 너무 멋지고 대단한 목표보다는 달성 가능한 구체적인 목표를 설정한다. 셋째, 난관이나 변수가 생겨도 해낼 수 있다는 자신감이 있다. 넷째, 하나의 목표를 달성하고 나면 그를 통해 교훈을 얻고, 성과에 대해 만족한다. 다섯째, 도전하려는 의지와 의욕이 넘친다.

  반대로, 자존감이 낮으면 삶에 대한 만족도가 떨어지고 정신적 건강이 저하된다. 또한 자신을 부정적으로 바라보고, 실패나 거절에 예민하며, 대인관계에서도 어려움을 겪는다.

  사회문화적 차이가 있지만, 일반적으로 남성이 여성보다 다소 높은 자존감을 보였다. 연령 면에서는 청소년기부터 초기 성인기에 자존감이 상승하며 중년기에는 큰 변화가 없다가 나이가 들면서 점차 낮아진다. 그리고 생활 사건, 예를 들면 무직 상태, 이혼, 건강 문제 등이 생기면 자존감이 낮아지지만, 개인적인 목표 달성은 자존감에 날개를 달아준다.

  미국과 같은 개인주의 문화권 사람들은 겸손과 조직문화를 중요시하는 동북아시아와 같은 집단 문화권에 비해 자존감이 다소 높다. 또한 여성의 사회 진출이 활발해진 현대 사회에서는 성별 간 자존감의 차이가 줄어들고 있으며, 특히 노년기에는 그 차이가 더 작게 나타났다.

어릴 때부터 낮았던 자존감
성인이 되어 회복할 수 있을까

살면서 우리는 흔히 '투사Projection'나 '합리화Rationalization' 같은 방어기제를 많이 사용한다. 스스로 극복할 수 없는 문제에 짓눌리다 보면 세상 탓, 상사 탓, 부모나 조상 탓을 하게 된다. 또 내가 이 정도 해내는 게 어디냐며 자신을 다독이고 합리화한다. 그러면 임시방편으로 그 상황을 모면하고 넘어갈 수는 있지만, 궁극적인 변화는 이끌어내지 못한다. 오히려 정체되거나 무기력에 빠질 수 있다. 대개 자존감이 낮고 패배감에 젖어 있기 때문이다. 이런 상태에서는 문제를 극복하기보다 원망에 빠지기 쉽고, 자칫 자기를 망치는 길로 빠질 수 있다.

자존감 향상을 위해서는 여러 가지 노력이 필요하지만, 구체적으로 갈피를 못 잡는 사람에게 추천할 만한 영화들이 있다. 대표적인 영화 몇 편을 소개한다.

여성의 외모가 자존감의 기준이 되는 사회문화적 편견을 다룬 영화가 있다. 바로, 우리나라의 「미녀는 괴로워」2006와 미국의 「아이 필 프리티」2018이다. 「미녀는 괴로워」에서 외모콤플렉스가 있는 주인공 한나는 전신 성형수술을 받고 아름다운 외모로 변신한다. 사람들의 관심을 끌며 자신감을 되찾지만, 사람과 사람 사이는 외모보다 마음이 중요하다는 것을 알게 된다.

「아이 필 프리티」에서는 대형 화장품 회사의 지점에서 사무직으로 일하는 과체중 여성이 머리 부상을 입은 후 뇌의 이상으로 자신감 넘치는 여성으로 변하게 되는 이야기를 그린다. 주인공 르네의 롤모델인 회사의 젊은 CEO 여사장은 모든 것을 가진 것처럼 보이지만, 목소리 콤플렉스가 있다. 우연히 둘이 친구가 되면서 자존감은 외모보다 내면의 아름다움에서 나온다는 것을 알게 된다.

실제로 내면의 아름다움이 중요하다는 사실을 알고 있는 사람도 있지만, 많은 사람이 성형수술과 다이어트 약물에 매달리는 것을 보면, 자존감 수련이 생각보다 쉽지 않다는 것을 알 수 있다.

또 다른 영화로는 「원더」2017와 「포레스트 검프」1994를 예로 들 수 있다. 「원더」는 안면기형 장애를 가진 어거스트가 스무 번 넘게 성형수술을 받으며 홈스쿨링만 하다가 5학년 때 처음으로 학교에 가면서 벌어지는 일을 그린다.

어거스트는 여러 번 수술을 받았으나 여전히 외모 때문에 친구들과의 관계에서 어려움을 겪는다. 그러던 어느 날, 그의 뛰어난 과학적 재능 덕분에 친구를 사귈 수 있게 된다. 그런데 사실 그 친구는 교장 선생님의 부탁으로 친구 노릇을 해준 것뿐이었다. 뒤에서 자신의 외모를 혐오한다는 것을 안 어거스트는 배신감을 느끼며 더 외톨이로 지낸다. 이후 진심으로 다가온 같은 반 여학생 덕분에 그는 다시 마음의 문을 열고 자존감을 키워간다.

「포레스트 검프」는 경계선 지능Borderline Intellectual Functioning이 있지만, 어머니의 지극한 보살핌으로 올바르게 성장한 포레스트의 이야기를 담고 있다. 그는 관심사가 좁고 사회성이 부족해 평생 좋아하던 여자친구를 바라보기만 한다. 낮은 지능에도 불구하고 성실함과 서번트 증후군Savant syndrome 수준의 뛰어난 운동신경, 끈기 덕분에 그는 다양한 방면으로 성공을 거둔다. 마침내 그가 좋아하던 여자친구와 결혼하고 아들이 태어난다. 이후 병으로 세상을 떠난 아내를 기념하기 위해 병원을 세우고, 사업에서 얻은 이윤을 사회에 환원한다.

이 영화들의 공통점은 모두 사회에서 콤플렉스라고 여겨지는 문제를 가진, 자존감이 아주 낮은 주인공이 결국 콤플렉스가 문제의 핵심이 아니라는 것을 깨닫고 마음의 소리에 귀 기울이며 자존감을 회복한다는 것이다. 또 다른 공통점은 영화 주인공들이 콤플렉스 때문에 자신들의 강점을 제대로 발휘하지 못한다는 것이다. 만약 약점을 보완하려는 노력의 일부라도 강점을 실현하는 데 썼다면 좀 더 빨리 자존감을 되찾았을 것이다.

인생을 한 방에 역전시킬 수도 있지만, 확률이 너무 낮다면 작은 성공을 쌓아 자존감을 높이고, 실력을 키우는 게 성공 확률을 높이는 방법이다. 따라서 영화의 주인공들처럼 극적이진 않더라도, 우리 모두 자존감 시프트에 시동을 걸어볼 만하다.

자존감을 키우는
쉽지만 강력한 방법

계획을 세우고 목표를 달성하면 누구나 마음이 뿌듯할 것이다. 그 과정에서 자신감이 생기고 새로운 것에 도전하고 싶은 마음도 든다. 스스로 해낸 자신이 존경스럽게 느껴지고, 자기를 존중하게 된다. 자존감은 성공할 때마다 늘어난다. 미국의 심리학자 윌리엄 제임스William James[76]는 이미 130년 전, 자존감을 '자기 가치 평가'로 정의하며 자존감 공식을 소개했다.

자존감 = 성공/계획

새해 아침 해돋이를 보며 사람들은 뭔가 결심하곤 한다. 흡연자는 '올해는 금연'을 결심한다. 기간이 오늘부터 365일이다. 금연 결심에 성공하는 사람이 과연 몇이나 될까? 차라리 '오늘부터 일주일 금연'이라고 계획하는 낫지 않을까? 일주일 금연에 성공하면 '100% 달성'이다. 그러면 다음 일주일을 노려보고 싶은 생각이 든다.

다이어트를 해서 체중 10kg 감량을 목표로 세우는 사람도 있다. 구체적으로 식단을 짜 조절하고, '하루 만 보 걷기'를 하는 것으로 정해본다. 그런데 직장인으로 살다 보면 출장, 야근 등 다른 일에 치여 하루에 만 보 걷기가 쉽지 않다. 한 시간 정도는 걸어야 만 보가 되는데, 그걸 실천하기가 어렵다. 그럴 땐 오히려 달성할 수 있는 목표를 정하는 게 성공률을 높이는 데 효과적이다. 가령, '하루 10분 걷기'나 '계단 10개 오르기' 같은 것이다. 일주일간 하루 10분 걷기에 성공하면, 그다음 '하루 20분 걷기'로 목표를 수정한다. 칭찬은 고래도 춤추게 하는 것처럼, 작은 성공이 열정을 키우고 자신감을 북돋아준다.

5장

더 나은 당신을

만들어줄 도구들

유머

당신이 느끼지 못했던
놀라운 유머의 힘

성숙한 마음을 가지고 있을 때
유머도 가능하다

살다가 어느 순간 마음의 평정을 깨뜨리는 사건을 만나면 불안해진다. 사회적 또는 도덕적으로 용납될 수 없는 성적 충동, 잔인한 공격성, 강렬한 분노 등은 본능적인 욕구에 뿌리를 두고 있어 더 큰 불안을 느끼게 한다. 이때 자아는 마음의 평정을 회복하려고 노력하는데, 이것이 방어기제이다. 사람마다, 그리고 상황에 따라 무의식적으로 작동하는 방어기제는 미숙한 것부터 매우 성숙한 것까지 다양하다.

성숙한 방어기제 중 하나로, 자신이나 타인에게 불편한 감정을 유발하지 않으면서, 자기 감정을 즐겁고 공개적으로 표현하는 것을 '유머'라고 한다.

헬스장에서 만나 친해진 젊은 커플이 있다. 이들은 모두 전문 직종에서 일한다. 둘은 같은 고등학교에 다닐 때부터 사귀기 시작해 긴 연애 기간을 거쳐 20대 후반에 결혼했다. 아내는 자녀를 원했지만, 남편은 자녀 양육으로 인한 부담을 피하고 싶어 했다. 직장생활에도 충실하면서 다양한 취미를 즐기다 보니 육아가 꽤 부담스럽게 느껴졌다. 부부 사이는 좋았지만 이 문제로 별거에 이르렀고, 결국 결혼 7년 만에 이혼하게 되었다. 두 사람 모두 싹싹하고 활발한 성격이었기에 이들의 이혼은 안타까운 일이었다. 남자는 직장을 그만두고 아마추어 스탠딩 코미디언으로 무대에 서기 시작했다고 한다. 여자도 이혼 후 가정에 대한 부담을 내려놓고, 그동안 배우고 싶었던 분야를 전공하기 위해 대학원에 등록했다고 한다.

이혼 소식을 들은 지 얼마 되지 않아 헬스장에서 남편을 만났다. 나는 어떻게 말을 꺼내야 할지 고민이 됐다. 체육관 로비에서 그가 웃으며 인사를 건넸다. 나도 "안녕" 하고 인사한 후 무슨 말을 덧붙일까 고민하고 있는데, 그가 말했다. "안녕하시지요? 저 이혼한 거 아시죠? 홀가분합니다. 그동안 돈도 좀 모았고 해서 전부터 해보고 싶던 일을 시작했습니다." 그러고는 같이 살던 부부 공동 명의의 집은 아내에게 주었다며 덧붙여 말했다.

"왜 그랬냐고요? 아내가 개 기르는 걸 좋아하잖아요. 그래서 마당이 있는 집에 살았는데요. 저더러 맨날 마당에서 잡초 뽑고 강아지 똥도 치우라고 하더군요. 저는 그게 너무 싫어서 이혼했어요. 사실 강아지도 싫어했거든요. 그래서 이혼할 때 아내에게 강아지를 줄 테니 집도 가지라고 했습니다. 그랬더니 아내도 위자료라며 저한테 연예인들 입는 반짝이 달린 옷을 선물해주더라고요."

두 사람의 이혼 소식은 섭섭했지만, 이혼이라는 불편할 수도 있는 사건을 유머로 풀어줘서 고맙기도 했다.

유머는 선천적인가
후천적인가

약 10년 전, 미국의 자폐 관련 학회에서 템플 그랜딘Temple Grandin[77] 교수의 강연을 들은 적이 있다. 학회가 열린 그랜드볼룸은 700~800명의 청중으로 가득 찼다. 강연이 진행되는 한 시간 동안 그랜딘 교수에게서 눈을 뗄 수 없었다. 그녀는 적절한 속도로 흥미롭고 유익한 내용을 청중들에게 전달했다. 대다수 청중은 자폐스펙트럼장애Autism Spectrum Disorder 환자와 환자의 가족이었다. 강의 시간 내내 증상에 대해 정확하게 짚어주고 대처 방법까지 세밀하게 제시한 그랜딘 교수에게 감탄과 박수가 쏟아졌다.

특히 자기 경험에서 우러나 자폐인의 어려움을 공감해주는 대목에서는 많은 사람들이 눈물을 훔쳤다. 다소 무거운 강의 내용에도 불구하고 그녀는 두세 차례 적절한 타이밍에 유머를 던지며 분위기를 환기시켰다. 강연이 끝난 후 학회장에 그랜딘 교수의 책을 구매한 사람들을 위한 사인회 자리가 마련되었다. 나는 평소 읽고 있던 그랜딘 교수의 책을 들고 가 사인을 받을 수 있었다. 내 차례가 되어 악수를 하고 간단히 대화를 나누었는데, 자폐스펙트럼장애를 가진 사람의 공통점인 눈 맞춤 없이 말을 하고 있다는 것을 알 수 있었다.

그랜딘 교수는 자폐스펙트럼장애 환자와 환자 가족들에게는 살아 있는 신화 같은 존재이다. 1947년 보스턴의 부유한 가정에서 첫째로 태어났지만, 발달이 늦었다. 당시 그녀를 진찰한 의사는 '뇌 손상' 진단을 내리며 회복 가능성이 희박하니 수용소로 보내라고 한다. 그러나 그녀의 어머니는 아기의 발달을 촉진할 수 있는 모든 방법과 인원을 동원해 템플의 발달을 도왔다. 그 덕분에 템플은 정상 발달 아이들이 다니는 초·중·고등학교를 졸업할 수 있었고, 이후 대학원에서 박사학위까지 받았다.

훗날 그랜딘 교수는 서번트 증후군이 있는 자폐스펙트럼장애로 진단되었다. 현재 콜로라도주립대학교의 교수로 재직 중이며, 자폐인을 위한 강연과 봉사를 이어가고 있다. 16권 이상의 책을 출간했고, 우리나라에서도 대부분 번역본으로 출간되었다. 그녀는 항상 카우보이 복장을 입는 것으로 유명하다. 사실 자폐스펙트럼장애를 가진 사람들은 감각 자극에 예민해서 깃이 없는 옷을 선호하기 때문이다.

이렇게 그랜딘 교수에 관해 이야기하는 이유는 유머가 후천적 연습과 노력으로 충분히 발전될 수 있는 기술임을 강조하고 싶기 때문이다.

그랜딘 교수는 선천적으로 유머를 타고나지 않은 것이 확실하다. 그녀가 중·고등학교에 다닐 때, 친구들은 자폐증 특유의 독특한 말투를 가지고 있는 그녀를 놀리거나 장난의 대상으로 삼곤 했다. 그럴 때마다 그녀는 분노 발작을 일으켜 큰 어려움을 겪었다. 그런 자신을 위해 스스로 허그 박스를 설계하고 만들어 자기 기숙사 방에 두었으며, 화가 치밀 때면 그 안에 들어가 감정을 달랬다. 어른이 되고 나서도 한동안 허그 박스를 사용했다.

그녀는 학회에서뿐만 아니라 다른 강연에서도 적절하게 유머를 구사했다. 유튜브에 공개된 여러 강연 영상을 통해 그 모습을 확인할 수 있다. 성인이 된 후 그랜딘 교수는 사람들과 소통하기 위해 노력했고, 자연스럽게 이야기를 나누는 데 있어 유머가 얼마나 중요한 요소인지를 알게 되었다. 그녀는 유머를 사용하기 위해 엄청난 노력을 했을 것으로 보인다.

　그랜딘 교수와 함께 책『자폐인의 세상 이해하기』[78]를 쓴 숀 배런Sean Barron 역시 자폐스펙트럼장애를 가지고 있다. 이 책에서 숀은 자폐인이 터득하기 어려운 유머에 대한 몇 가지 불문율을 소개했다.

　숀은 텔레비전 프로그램에서 사람들이 웃음을 터뜨리는 대목이나 상황을 기록해 그 부분을 혼자 연습하고, 집이나 학교에서 재연하면서 사람들의 반응을 관찰했다. 숀은 두 가지 사실을 알게 되었다. 하나는 가족들 사이에 웃음보다는 싸움이 늘었다는 것이고, 다른 하나는 자기를 좋아했던 아이들이 점점 줄어들었다는 사실이다. 나중에 알게 된 것은, 유머란 맥락에 맞아야 한다는 불문율을 간과했다는 것이었다. 이를테면, 건설 현장 인부들에게 재미있는 유머가 간호사들에게는 혐오감을 줄 수 있다는 것이다.

　숀이 터득한 또 다른 유머에 관한 불문율은 일반 사람들에게도 적용될 수 있다. 다른 사람에게 상처가 될 만한 풍자나 유머는 절대로 사용하지 말라는 것이다. 실제로 텔레비전 개그 프로그램에는 상대의 외모를 소재로 한 유머가 많이 등장하는데, 선을 넘지 않는 것이 중요하다.

　자폐인에게 어려운 불문율 중 하나는 자신의 실수나 단점에 대해 웃을 수 있다는 것이다. 이는 사회적 관계를 유지하는 데 도움이 되며, 때로는 손상된 관계를 회복하는 데에도 도움이 된다.

자폐인의 시각에서 본 유머에 대해 알아보았다. 사회적으로나 정서적으로나 유머의 불문율은 일반인에게도 쉽지 않은 부분이다. 사회적 네트워크를 형성하고 사람들과 소통하는 데 유머만큼 효과적인 방법도 없지만, 훌륭한 유머를 구사하기 위해서는 엄청난 노력과 연습이 필요함을 잊지 말아야 한다.

유머는 어떻게
우리를 나은 사람으로 만드는가

시프트 과정에서 단계별 맥락에 맞게 적절한 유머를 활용하면 긴장과 어려움을 이겨내고, 성공적으로 시프트를 이뤄낼 수 있다. 유머가 미치는 긍정적 영향에 대해 구체적으로 알아보자.

먼저 유머는 스트레스를 줄이고 긴장을 완화시키는 데 효과가 있다. 유머와 웃음은 한 몸이다. 웃음은 엔도르핀Endorphin을 분비시켜 기분이 좋아지게 하고, 스트레스 호르몬인 코르티솔의 분비를 낮춘다. 웃음은 건강한 정신 상태를 유지하는 데 도움이 된다.

즐거운 웃음과 반대인 흥분과 분노를 떠올려보면, 유머와 웃음의 장점을 더 잘 이해할 수 있다. 웃음은 대개 부교감신경계를 활성화시키고, 분노는 교감신경계를 활성화시킨다. 우리 몸은 분노를 느끼면 위기를 의식하고 교감신경계를 통해 전투 준비에 돌입한다. 마치 전쟁 영화에서 보는 비상 사이렌이 울린 상황과 같다. 군인들이 이리저리 뛰며 포탄을 장전하고, 철모를 쓴 채 참호에서 적의 공격에 대비하듯 우리 몸도 긴장을 늦추지 않는다. 흥분 상태가 되면 아드레날린Adrenaline과 코르티솔이 분비되며 맥박이 빨라지고, 혈액순환이 활성화되며, 주의력이 높아지고 시청각 감각이 예민해진다. 생명을 위협하는 천적이 나타났을 때 맞서 싸우거나 온 힘을 다해 도망칠 준비를 하는 것이다.

문제는 평소 화를 잘 내고 사소한 일에도 분노를 느끼면 불필요한 교감신경계의 활성화가 반복되면서 고혈압, 심근경색, 뇌출혈 같은 건강에 이상이 생길 가능성이 높아진다는 점이다.

유머와 웃음으로 부교감신경계가 활성화되면 교감신경계와는 반대로 작동한다. 이 과정에서 에너지가 축적되며, 혈압, 맥박, 호흡이 안정되고 주의력과 긴장도가 떨어진다. 혈액은 소화기관과 피부로 이동해 분포하며, 면역 물질 분비로 면역 상태가 좋아진다. 결국 부교감신경계의 활성화는 몸을 튼튼하게 하고, 심리적으로 삶에 대한 만족감을 높여준다. 피부가 좋아지는 것은 덤이다.

다음으로, 유머는 긍정적인 분위기를 조성해 직장 내 사기를 높이고, 변화를 보다 쉽게 받아들이도록 돕는다. 긍정성은 생산성과 창의성을 높이는 데 유용하다. 이러한 분위기가 조성되면 대인관계의 친밀감도 높아진다.

특히 조직의 리더가 유머를 잘 활용하면 조직원 사이에 친근감과 접근 가능을 높여 신뢰가 강화되고, 직원들이 리더에게 의견을 제시하거나 문제를 해결할 때 편안함을 느낄 수 있다. 결과적으로 조직의 생산성과 직무 만족도가 높아지며, 직원들의 자발성과 창의성에도 긍정적인 영향을 미친다.

반대로, 남에게 독설을 퍼붓고 매사 부정적인 사람 주변에는 사람이 모이지 않는다. 그런 사람과 같이 일하고 싶은 사람은 없을 것이며, 결국 조직의 생산성이나 창의력을 막는 요인이 된다.

또한 유머와 웃음은 네트워크 구성원들 간 거리감을 줄이고 결속력을 높이는 데 도움을 준다. 함께 웃고 즐기는 경험은 구성원들 사이의 유대감 증진에 기여한다. 유대감과 결속력이 강화되면 소통이 원활해지고, 문제 해결이 빨라진다. 또 창의적 아이디어를 도출하면서 생산성을 크게 향상시킨다.

유머는 복잡한 주제나 민감한 이슈를 공유할 때도 유익하다. 유머를 통해 의사소통의 장벽을 낮추고 사람들 간 거리를 좁힐 수 있으며, 네트워크 내 갈등도 완화시켜 원활한 협업이 가능해진다.

사람이 모이면 크든 작든 갈등이 생기기 마련이다. 사소한 오해나 불화가 해결되지 못하고 반복되면 개인은 물론 조직 전체가 피해를 볼 수 있다. 이러한 갈등이 나쁘기만 한 것은 아니다. 다만, 이를 덮어두지 않고 해결책을 찾는 것이 중요하다.

제2차 세계대전에서 연합군의 주역으로 활약한 윈스턴 처칠 수상은 이러한 유머 감각이 뛰어났다.[79] 윈스턴 처칠과 영국 의회 사상 최초의 여성 의원이었던 레이디 에스터Lady Esther는 정치적 라이벌로, 그들 사이에는 크고 작은 불화가 많았다. 그중 두 가지 일화를 소개한다.

어느 날 레이디 에스터가 "당신이 내 남편이라면 당신이 마시는 차에 독을 타겠어요"라고 말하자, 처칠은 "부인, 내가 당신 남편이라면 그걸 마실 겁니다"라고 응수했다. 한번은 처칠이 레이디 에스터에게 "여성이 의회에 있는 것은 마치 내가 화장실에 있을 때 여성이 따라 들어오는 것과 같다"라고 말했다. 그러자 그녀는 "당신이 그렇게 잘생기지 않았으니 그럴 걱정은 없겠네요"라고 받아쳤다. 두 사람 간의 이러한 재치와 유머는 갈등 상황에서 긴장을 줄여주었고, 대화를 이어갈 수 있게 해주었다.

그의 유머가 항상 웃음으로 이어지는 것은 아니다. 제2차 세계대전 당시, 영국 전시 내각을 이끌던 처칠은 독일 공군의 무차별 폭격으로 인한 피해 지역을 방문해 사람들의 사기를 북돋아주곤 했다.

어느 날, 무너진 건물들 사이에서 그는 "이 정도 폭탄으로는 날 없애지 못할걸!"이라는 유머를 던졌고, 그의 말은 전쟁 공포와 재난 상태에 놓인 국민들에게 큰 힘이 되었다.

제2차 세계대전이 끝난 후 열린 총선에서 처칠이 속한 보수당은 노동당에 패했다. 노동당을 이끌었던 클레멘트 애틀리Clement Attlee가 총리에 임명되었을 때 처칠은 "빈 택시가수상관저인 다우닝가 10번지에 도착했길래타려고 문을 열었더니 애틀리가 나왔네"라고 농담을 던졌다. 이러한 처칠의 유머는 정치적 비판을 담고 있으면서도 가벼운 웃음을 자아내 갈등 상황을 누그러뜨렸고, 토론과 협력을 이어갈 수 있도록 만들었다.

그리고 유머는 저항을 감소시켜준다. 시프트가 진행되면 기존 체제를 고수하려는 저항에 부딪칠 수 있다. 그럴 때 유머를 통해 변화를 두려워하는 사람들의 긴장을 풀어주고 변화를 긍정적으로 인식하게끔 만드는 것이다. 저항이 줄어들면 시프트 과정이 원활해지고 가속이 붙는다.

1962년부터 1990년까지 반역죄로 수감된 넬슨 만델라Nelson Mandela는 출소 이후 1994년, 남아프리카공화국의 첫 흑인 대통령으로 당선되었다. 그는 이전 백인 정권의 유색인종 차별 정책인 '아파르트헤이트Apartheid'를 종식시켰다.

그는 27년간 감옥에 있을 때뿐만 아니라 유색인종 차별 정책 폐지를 위한 협상 과정에서도 유머를 자주 활용했다. 교도소 간수들과 유머를 섞어 대화하며 관계를 개선하려고 노력했다. 한 간수가 그에게 "당신은 어떻게 그렇게 평정심을 유지할 수가 있나요?"라고 묻자, 만델라는 "어쩌면 더 좋은 감옥이 어디 없나 찾고 있는 중인지도 모르죠"라고 했다.

출소 후 만델라는 1990년대 초부터 남아공의 마지막 백인 대통령인 프레데리크 빌렘 데클레르크Frederik Willem de Klerk와 협상에 나섰다. 첫 회담이라 긴장이 감돌았지만, 만델라는 "우리는 이 대화에서 친구로 남을 수도 있고, 아니면 끝까지 적으로 남을 수 있습니다. 그런데 싸움으로만 해서는 내가 이길 것 같지는 않네요"라고 유머를 던지며 분위기를 부드럽게 만들었다. 만델라의 유머는 긴장을 완화시키고 사람들을 변화의 장에 동참할 수 있도록 이끈 중요한 도구였다.[80]

유머 감각도
키울 수 있을까

유머 감각은 타고난 것이라고 주장하는 사람도 있지만, 약간의 노력만 있다면 유머로 마음의 부담을 줄이고 상황을 새로운 시각으로 바라볼 수 있다. 유머는 나를 한 단계 발전시키는 중요한 도구가 될 수 있다.

대부분의 사람들은 상황이 잘 풀리고 마음이 여유로운 상태에서 농담이나 재미있는 이야기를 꺼낸다. 그러나 불안과 두려움이 가득한 상황에서도 유머를 구사할 수 있게 될 때, 비로소 더 크게 성장할 수 있다.

가령 내가 처한 상황이 너무 막막하고 두려울 때, 오히려 자신의 상황을 바탕으로 한 유머를 사용하면 심각성을 덜어낼 수 있다. 자신감이 부족할 때도 마찬가지다. "내가 지금 어디 있는지 아는 사람 있나요? 나 좀 알려주세요!" 하는 식으로 내 상태를 자연스럽게 표출할 수 있다. 이런 유머는 상대방의 긴장감을 완화시킬 뿐만 아니라 나 자신이 느끼는 불안, 두려움, 스트레스도 덜어준다.

다음은 실수를 했을 때다. 우리는 살면서 반드시 실수나 예상치 못한 장애물을 만난다. 이때 그 실수로 자신을 자책하고 비난하기보다 유머를 통해 실수를 가볍게 넘길 수 있다. 이는 나뿐만 아니라 상대방에게도 마찬가지다. 서로가 예민하고 긴장된 상태에서의 실수는 부정적인 자극이 될 수 있다.

"내가 길눈이 안 좋은 편이지만 요즘 새로운 길을 많이 찾아내고 있어요"라든가 "'실수'는 바로 내가 전문가지!"와 같은 유머로 긴장을 풀 수 있다. 단, 모든 상황에서 이 법칙이 통하는 것은 아니다. 비교적 가볍고 되돌릴 수 있는 실수를 했을 때에 유머를 사용해야 한다.

불편하고 어려운 상황에서 어떻게 농담을 하고 장난을 칠 수 있는지 이해하기 어려울 수도 있다. 하지만 이런 상황에서의 유머야말로 나의 격을 높이고, 상대방과 내 내면을 편안하게 해준다. 백세인 19명을 인터뷰하고 그 내용을 책으로 펴낸 니나 앨리스Neenah Ellis에 따르면 백세인들은 유머를 즐겼다고 한다. 110세까지 호숫가의 오두막에서 건강하게 살았던 안나 윌멋Anna Wilmot은 백 살이 되던 해 자신을 인터뷰한 앨리스와 헤어질 때 이렇게 말했다. "나는 죽는 게 싫거든. 여기 계속 머물고 싶어. 그래서 죽으면 화장해서 호수에 뿌려달라고 부탁할 거야. 그리고 이웃들한테 이렇게 말할 거야. '호수에서 잡은 물고기는 먹지 마세요. 물고기들이 나를 먹었을 거예요!'"

2

공감
....

너와 내가 함께
성장하는 방법

당신은 공감하는 능력을
잃지 않았는가

공감은 타인의 감정을 이해하고 상대방의 입장에서 생각하는 능력이다. 많은 사람이 공감에 대한 필요성과 가치를 이야기한다. 다음은 '공감'과 관련된 몇몇 작가의 글이다.

김연수 작가의 소설 『네가 누구든 얼마나 외롭든』[81]에는 이런 문장이 있다. "진정한 공감이란 상대방이 느끼는 그대로를 같이 느끼는 것이다. 그 사람의 마음속으로 들어가 그 마음과 하나가 되는 것, 그것이 바로 공감이다."

스위스 출생의 작가이자 철학자인 알랭 드 보통Alain de Botton이 현대인의 불안 심리와 그 원인 및 해결책을 다룬 『불안』[82]에서 공감에 대해 언급했다. "우리는 서로의 불안을 이해하고 공감할 때 비로소 인간다운 연대감을 느낄 수 있다."

단어만 놓고 보면 공감하는 게 그다지 어려운 일이 아닌 것처럼 보인다. 다음 사례들에 대한 사람들의 반응을 살펴보자. 당신은 보기 내용 중 어떤 내용에 공감하는가?

[사례 1]

해외 유학 중인 남매를 돌보기 위해 아내가 3개월간 집을 비웠다가 내일이면 귀국한다. 남편은 전날 밤 어떤 생각을 할까?

① 그동안 혼자 지내면서 놀기는 좋았는데 먹는 게 부실했지. 내일 저녁은 아내의 특기인 된장 두부 찌개를 끓여달라고 해야지. 둘이 같이 반주도 한잔하고.

② 그동안 애들 보느라고 고생 많이 했겠네. 내일 저녁은 근사한 곳에서 외식을 해야겠다. 역시 나는 좋은 남편이야.

③ 그동안 외기러기로 너무 외로웠어. 아내도 같은 생각 아닐까? 내일은 주말이니까 호캉스라도 떠날까?

④ 집 안이 너무 엉망인데, 내일 일찍 일어나서 출근하기 전에

대강이라도 치워야지. 오늘은 일찍 자야겠다.

⑤ 아까 카톡 할 때 내일 귀국하는 게 별로 즐겁지 않은 말투던데, 혹시 거기에서 누구 생긴 게 아닐까? 내일 오면 눈을 쳐다보면서 확인해봐야지.

⑥ 석 달 만인데 어떻게 환영을 해줘야 하나? 퇴근할 때 꽃다발이랑 케이크라도 사 올까? 에이, 마누라는 그런 데 돈 쓰는 거 싫어하니까 그냥 말로 하자.

⑦ 하필이면 내일 동창들과 월례 모임이 있네. 마누라 오니까 못 간다고 하면 팔불출이라고 하겠지? 갔다가 좀 일찍 나오지 뭐.

[사례 2]

성적이 항상 상위 10위권이던 고등학생 A는 중간고사에서 전교 2등을 했고, 담임에게 칭찬을 받았다. 신이 나서 집에 온 A는 퇴근하고 온 엄마 팔을 붙들고 반기면서 "나, 전교 2등 했거든"이라며 자랑했다. 엄마는 그게 뭐 대수냐는 식으로 슬그머니 팔을 빼며 "기왕이면 1등을 하지 그랬니, 아무튼 축하해"라고 말한 뒤 쿨하게 저녁 준비를 한다. 식사 준비가 끝나고, 엄마는 밥 먹으라며 A를 부른다. A는 "됐어" 하고 방에서 나오지 않는다. 엄마도 "그래"라고 답하고 아빠와 둘이 밥을 먹는다. A는 왜 저녁을 안 먹겠다고 했을까?

① 피곤하고 식욕이 없어서

② 기말고사 때 전교 1등을 하기 위해 미리 공부를 시작하려고

③ 축하 대신 1등 못한 걸 탓하는 엄마에게 섭섭해서

④ 사춘기 딸들은 몸매 관리를 위해서 저녁을 안 먹는 경우가
   흔히 있으니까

[사례 3]

정신과 레지던트가 환자 진료에 대해 상의하려고 담당 교수를
찾아왔다. 레지던트는 환자들이 왜 자기 말을 안 듣는지 모르겠
다고 불만이다. 진료 예약 시간 직전에 전화해서 다음으로 미루
기, 약 처방은 한 달 치 했는데 두 달 만에 외래에 오기, 하루 두 번
먹는 약을 처방받고도 아침에만 약을 먹고 밤마다 안 좋아진다
며 불평하기, 다른 환자들이 진료실 밖에서 기다리는데 왜 이렇
게 낫지 않느냐며 진료실에서 울며 나가지 않고 버티기 등 도대
체 병을 치료하겠다는 건지 아닌지 답답하다고 토로한다. 담당
교수는 레지던트에게 뭐라고 해줬을까?

① 그러니까 환자 아닌가

② 왜 환자들이 그렇게 하는지 물어봤나?

③ 지지해주면서 라포Rapport를 잘 형성해보게나

④ 아마 자네가 레지던트라서 젊다고 좀 얕보고 그러는 거니 이해해야지

위 보기 모두 틀린 답도, 정답도 없다. 실제로 모두 있을 수 있는 반응이다. 아마 독자 중에는 보기 말고도 다른 생각이나 느낌이 떠오른 사람도 있을 것이다. 집안마다 상황이 다르고, 개인의 특성이 다르기 때문에 반응이나 대처 방식에는 차이가 있을 수 있다.

세 사례에 대한 모범답안이나 이상적인 반응을 골라낼 수는 있겠으나, '나라면 이렇게 할 것'이라고 하는 사람도 있을 것이다. 위 사례에서 남편의 말에 대한 아내의 반응, 엄마의 반응에 대한 A의 느낌, 레지던트가 환자들이 그렇게 행동하는 까닭을 정확하게 이해할 수 있다면, 공감 능력이 뛰어나다고 할 수 있다.

공감의
뿌리

공감 능력은 어디서 오는 걸까? 위 사례들을 통해 알 수 있듯 공감이란 사람과 사람 사이의 상호작용에서 발생한다. 사람 간 상호작

용은 흔히 엄마와 아기 사이에서 가장 먼저 일어난다. 이를 '거울 반응Mirror Response' 또는 '반향'이라고 한다. 갓 태어난 아기는 자신에게 일어나는 상황을 판단할 능력이 없다. 그래서 엄마의 반응을 보며 판단 능력을 키워나간다.

먹고 자고 싸는 기능만 할 줄 아는 갓난아기는 자기 상태를 알리는 방법이 우는 것밖에 없다. 그래서 배고프면 울고, 똥오줌을 싸서 불편하면 울고, 자고 싶을 때도 운다. 아기가 왜 우는지를 알고 적절히 해결해주는 엄마의 반응에서 아기는 세상은 살 만한 곳이라고 인식하게 된다.

그런데 갓난쟁이가 울 때 엄마가 시끄럽다고 짜증을 낸다면 아기는 어떨까? 자기는 배고파서 죽을 것 같은 불안이나 공포 때문에 우는데, 눈앞에 있는 엄마가 화를 내고 투덜거리면서 젖을 물린다면 아무것도 모르는 아기지만 자기가 뭔가 잘못했다고 느낄 수 있다.

아기들은 대개 젖을 빨면서 엄마와 눈을 맞춘다. 그러면 엄마도 사랑스러운 눈으로 아기를 내려다본다. 엄마의 눈과 표정을 보면서 아기는 자기를 사랑스러운 존재로 인식한다. 아기가 크면서 기어 다니고 걸어 다니게 되면 부모는 비상이다. 아기의 행동반경에 있는 모든 위험 요소를 치워야 한다. 전기 콘센트를 막고, 탁자 모서리와 의자 다리에 모두 스펀지를 덧댄다.

어쩌다 아이가 예상치 못한 곳에 부딪혀 다치는 사고가 일어날 수 있다. 그럴 때 아빠가 엄마한테 애를 어떻게 보는 거냐며 큰소리로 화를 내고, 엄마는 당황해서 발만 동동 구르고 있다면, 아이는 엄마의 얼굴에서는 공포를, 아빠의 얼굴에서는 분노를 느끼게 될 것이다. 그러면 아이는 자기가 공포와 분노의 대상이라고 받아들이게 된다. 부모의 반향이 아기를 두려움에 떨게 만들 수 있다.

아이는 자라면서 부모 외 여러 어른을 만난다. 그 과정에서 수많은 반향을 경험하며 자기 정체성을 만들어간다. 그래서 초등학교는 매우 중요하다. 같은 선생님이 1년간 담임을 맡아 그 기간 아이에게 어떤 반향을 해주느냐에 따라 공감 형성에 큰 차이가 생기기 때문이다. 혹시 초등학교 때의 담임 선생님을 기억하는가? 그 선생님에 대한 기억은 어떤 것인가?

공감에 있어 가정에서 부모나 형제자매, 친척들의 영향은 더할 나위 없이 중요하다. 정신과 진료 특성상 문제가 없는 사람들보다 풀리지 않는 갈등이나 상처가 있는 사람들을 만나게 된다. 어릴 때 또는 크는 동안 겪은 부적절한 공감들이 우울이나 불안, 사회 부적응 같은 정신 증상을 만들어낸 경우가 많다.

외래에서 만난 한 젊은 여성 환자는 자존감이 낮고 우울감에 시달리고 있었다. 그녀는 좋은 대학교를 졸업하고 전문직에 종사하고 있었다. 남들한테는 '일등 신붓감'이라는 소리를 듣는데 자신은 결혼할 자신이 없다고 했다. 면담이 진행되면서 그녀는 어머니에 대한 기억을 털어놓았다.

어릴 때 아버지의 사업 실패로 몇 년간 식구가 모두 큰아버지 집에 얹혀살았는데, 초등학교 4학년이던 어느 날, 고등학생이던 큰집 오빠에게 성추행을 당했다고 했다. 울면서 어머니한테 말했을 때의 엄마 눈이 지금도 떠오른다고 했다. 엄마는 오히려 네가 왜 오빠한테 못 할 짓을 했냐고 야단치며 어디 가서 그런 얘기는 입도 뻥긋하지 말라고 했다. 울면서 대드는 딸에게 엄마는 네가 행실이 안 좋아서 오빠가 그런 거지 오빠 탓이 아니라고 나무랐다. 현재 아무리 잘 나가는 전문직이라고 해도 그녀의 머릿속에는 엄마의 '못된 년' 소리가 맴돌고 있다.

부적절한 공감은 흔히 말하는 '편애'에서도 나타난다. 학교에서는 선생님이 유독 귀여워하는 학생이 있다. 드라마의 단골 소재인 부모의 유산 때문에 생기는 형제자매 간 싸움도 이에 해당한다. 여자 형제들이 말한다. "우리는 대학도 안 보내주고 오빠는 공부도 못하는데 아들이라고 대학까지 보냈잖아. 근데 왜 유산을 오빠가 더 많이 가져가려고 하는 거야? 이미 받을 만큼 받았잖아!"

의사에게도
공감 능력이 필요하다

오래전 개업한 정신과 선배를 만나러 간 적이 있다. 나는 당시 이직 문제로 한참 고민하다가 선배에게 조언을 구했다. 그 선배는 다른 개원 의사보다 7~8배 많은 환자를 매일 진료하는 것으로 유명했다. 똑같이 하루 여덟 시간을 일하는데, 선배는 어떻게 그렇게 많은 환자를 보는지 궁금했다. 점심시간이 다 된 시간에 맞춰 갔을 때 대기실에 10명 정도의 환자가 진료를 기다리고 있었다. 진료 시간은 환자마다 달랐지만, 진료를 모두 마치는 데 채 20분이 걸리지 않았다. 신기한 것은 진료 후 밖으로 나오는 환자들의 얼굴이 매우 편안해 보였다는 것이다. 불과 1~2분 진료를 받았을 뿐인데, 어떻게 소풍 가는 어린아이처럼 해맑은 표정이 되었을까?

선배와는 나이 차이가 있어서 개인적으로 아주 가까운 사이는 아니었다. 하지만 이전에 두세 번 뵐 때마다 이상하게 마음이 차분해지고 기분 좋은 느낌을 받았기 때문에 찾아간 것이었다. 같이 점심을 먹으면서 옮겨야 하는 직장에 관해 설명하고 조언을 부탁드렸다.

선배는 명확하게 결정을 내려주지는 않았다. 그저 맛있게 식사를 하면서 전후 사정을 말씀드린 게 전부였다. 그 과정에서 선배는 몇 마디 거들고 추임새를 넣기도 했다. 그동안 아무런 결정도 하지 못해 머릿속이 뿌연 안갯속 같았는데, 식사를 마치고 돌아설 때는 안개가 걷히고 눈앞이 환해진 느낌이었다. 어떤 결정을 내리든지 최선이라는 마음이 들었다.

선배와 헤어진 뒤 나는 두 곳에 전화를 했다. 하나는 떠날 직장에 한 달 뒤 사직하겠다고 말했고, 다른 하나는 옮겨갈 직장 상사에게 몇 날 몇 시에 만나자는 약속을 했다.

"마음의 소리를 들어보세요." 선배가 해주신 말이다. '똑같은 정신과 의사인데, 어떻게 이분은 이렇게 마음을 편하게 해주시나' 하고 생각했다. 나는 왜 이런 능력이 없을까를 고민하면서 선배처럼 사람 마음을 차분하게 해주려면 내공을 열심히 닦아야겠다고 다짐했다. 시간이 흘러 생각해보면, 선배는 사람의 마음을 공감해주는 재능을 어느 정도는 타고난 분인 것 같다.

선배와의 만남에서 얻은 교훈이다. 공감은 중요한 순간, 어려운 순간, 부담이 큰 순간에 사람의 마음을 안정시켜 자신에게 가장 유익하고 현명한 판단을 할 수 있는 힘을 실어준다.

미래를 결정하는
공감 능력

정신과 의사로 살면서 자주 듣는 질문이 "왜 정신과 의사가 되셨어요?"이다. 많이 고민해봤지만 답을 찾기 어려웠다. 운명인가? 그래서 질문을 바꿔서 답을 구해보려고 노력했다. "정신과 의사가 된 게 나에게 좋은 결정이었을까?" 40년간 정신과 의사로 생활한 게 나에게 최상의 선택이었는지도 함께 고민했다.

그러다 근무하던 대학병원에서 전공의 200여 명을 관리하는 보직을 맡으면서 궁금증이 커졌다. 전공의들이 중간에 그만두는 일이 늘어나고 있었기 때문이다. 과거에는 일단 전공의 과정을 시작하면, 과가 마음에 안 들어서 그만두는 일이 거의 없었다. 전공의들이 수련을 포기하는 이유가 혹시 자신에게 적합한 과목을 선택하지 못했기 때문이 아닐까 하는 의구심이 들었다. 그렇지 않다면 요즘 젊은 세대에서 '평생 직장'이라는 개념이 사라진 현상과 비슷한 맥락일 수도 있다.

그래서 시작한 연구가 '의과대학생의 성향과 전공과목 결정 사이의 상관관계'에 관한 것이다. 이 연구 내용 중 하나가 바로 '공감 능력'이다. 의과대학생들이 훗날 의사가 되었을 때 환자의 마음에 공감해줄 수 있는 능력을 갖추도록 수업 커리큘럼에 반영하고 있다. 공감은 대인관계 형성은 물론 의사와 환자의 관계 형성에 있어 결정적인 역할을 하기 때문이다. 또한 공감은 인지 및 정서 요인을 통합하는 데 필요한 도구이기도 하다. 공감 능력이 뛰어난 의사일수록 환자에게 필요한 도움을 더 잘 찾아내며, 치료 순응도는 물론 치료 성과 역시 더 좋은 것으로 알려져 있다.

연구 결과 의과대학 학생들은 학년이 올라갈수록, 특히 1년 이상 임상 과목 실습을 마치고 나면 공감 점수가 높아졌다. 의과대학을 졸업하고 의사가 되면 인턴 과정 1년을 마친 뒤 26개 전문 과목 중 하나를 선택해 수련을 받는다. 이때 공감 성향이 관련이 있는지를 조사했다. 전문 과목에 대한 비교는 크게 두 가지로 분류했다. 정신 건강의학과를 비롯한 환자 대면을 위주로 하는 13개 과목POS[83]이 한 축을 구성한다. 다른 축은 MRI나 X-ray 같은 의료기기를 많이 사용하는 과목과 수술 위주로 치료하는 외과TOS[84] 등이 포함된다.

이 연구를 통해 흥미로운 결과를 얻었다. 우선 여성 전공의와 자녀가 있는 전공의의 공감 점수가 미혼이나 자녀가 없는 기혼자보다 높았다. 또 4년 차 전공의가 1년 차 전공의보다 공감 점수가 높았다. 전공 과목별로는 POS 계열 전공의들이 TOS 계열 전공의들보다 공감 점수가 높게 나타났다.

공감 능력에 영향을 미치는 부정적 요인으로는 정서적 소진이나 번아웃을 들 수 있다. 물론 이러한 요인만을 고려해 평생 전공할 과목을 정할 수는 없겠으나 참고하면 도움이 될 것이다. 분명한 사실은 의과대학생이나 전공의들의 경우 학년이나 연차가 높아질수록 공감 점수가 높아진다는 것이었다.[85]

하지만 이런 결과를 적용할 때는 몇 가지 제한점을 고려해야 한다. 그중 하나는 사회문화적 차이가 변수로 작용할 수 있다는 것이다. 예를 들면, 미국의 의과대학생이나 전공의를 대상으로 한 자료에서는 남녀 차이가 두드러지지 않았다.

결론적으로, 의사에게 있어 공감 능력은 본인의 적성에 맞는 전공을 선택할 때 중요한 참고 요소가 될 수 있다. 적절한 전공 선택은 의사 본인은 물론 환자 진단과 치료에도 긍정적 영향을 미칠 수 있다. 이러한 요인은 의료계뿐만 아니라 다른 직업에서도 중요하며, 직업 선택 시 이러한 요인들을 충분히 고려해 결정해야 할 것이다.

일상에서 찾은
공감의 기술

공감을 뜻하는 대표적인 영어 단어는 엠파시Empathy와 심파시Sympathy다. 두 단어를 영어 사전에서 찾아보면, 첫 번째 뜻이 모두 '공감'이라고 나온다. 두 번째, 세 번째 의미는 조금씩 다르다. 'Empathy'는 감정이입, 'Sympathy'는 동감, 동정, 연민 등이다. 이 책에서 말하고자 하는 공감은 '엠파시'이다. '심파시'는 상대의 감정을 동조하고 이해하며, 비슷한 정도로 느끼는 것이다. 그래서 동정이나 연민의 감정이 동반되며 주관적 상태에 머물게 된다. '엠파시'는 '심파시'의 상태를 경험하면서, 동시에 그 감정에서 한 걸음 물러나 객관적인 입장에서 감정을 평가하고 이해하는 과정을 포함한다.

이를테면, 오래 기르던 반려동물이 무지개 나라로 떠난 뒤 식사도 못 하고 눈물로 세월을 보내는 젊은 여성의 이야기를 들어주면서 함께 눈물을 흘리고 등을 두드려주는 게 '심파시'라면, '엠파시'는 그러한 감정을 느끼는 것을 넘어, 다음 단계를 어떻게 설계해야 할지 판단하는 것이다. 즉, 감정을 공유하면서 그 상황을 어떻게 대처할 것인지 이성적으로 생각하는 것이다.

앞서 말한 것처럼 정신과 의사로서 나는 환자의 마음에 공감하려고 부단히 노력해왔으나 쉽지 않았다. 환자의 감정 상태를 깊이 이해하기 어려웠고, 그런 감정에서 객관적 입장을 찾아내는 것은 더욱 어려웠다.

그러던 어느 날, 우연한 기회에 그간 알지 못했던 또 다른 차원의 '엠파시'를 경험하게 되었다.[86] 코비드19 때문에 몸과 마음이 지쳐 있던 2021년 말, 개인 운동 트레이닝PT을 접하게 되었다. 직업상 대부분의 시간을 의자에 앉아서 일하고, 운동을 멀리한 지 10년이 넘었다. 코치와 상담한 후 몸 상태에 맞게 주 1~2회 일대일로 PT를 진행하기로 했다.

시간이 흐르며 나는 PT와 정신과 의사의 진료 형태가 유사하다는 것을 알게 되었다. 어느 날 '아, 나를 찾아온 환자들이 나에게 갖는 감정이나 기대가 이런 게 아니었을까' 하는 생각이 들었다. 그동안 내가 만났던 환자든, 친구든, 심지어 내 가족이라도 제대로 공감해주었던 경우가 생각보다 많지 않았음을 깨달았다.

예를 들어, 주 2회, 50분씩 3년 넘게 정신 치료를 열심히 했는데, 기대만큼 좋아지지 않았던 환자가 있었다. 그럼에도 불구하고 그 환자는 크게 불평하지 않고 열심히 치료 시간에 맞춰 진료실에 왔다. 그리고 4년째 접어들면서 변화하기 시작했고, 이후 빠르게 호전되었다.

PT를 하면서 비슷한 경험을 했다. 2년 넘게 PT를 하고 있는데, 초콜릿 복근은커녕 동그랗게 나온 배는 그대로였고, 늘 여기저기 관절 부위가 뻐근하고 불편했다. 일 때문에 불규칙하게 일정을 바꾸거나 때로는 결석도 자주 했다. 하지만 코치는 성실하게 내 몸을 만드는 데 주력했다. 2년 반이 지났을 무렵, 코치는 기존 방식과는 다른 방법으로 트레이닝을 하기 시작했다. 점차 몸이 가벼워지는 느낌이었고, 일시적이 아니라 꾸준히 좋은 컨디션을 유지할 수 있었다.

그동안 내가 왜 멋진 몸이 만들어지지 않는지 조바심을 내면 코치가 했던 말이 있다. "회원님은 지금 상태로 부상당하지 않는 게 1순위고, 조금씩 근육을 키워나갈 겁니다." 그 말이 정확히 무슨 뜻인지 이해하지 못했었는데, 코치는 엉망이었던 내 몸 상태를 운동할 수 있는 상태로 만드는 데 주력하고 있었고, 그 과정이 오래 걸렸던 것이다. 내 몸이 왜 빨리 멋진 몸매로 변하지 않는지 속으로 불만을 품고 코치의 실력을 의심했던 내가 부끄러워졌다. 그러면서 과거 몇 년을 치료하면서 나아지지 않는데도 불평 하나 없이 따라주었던 환자가 생각나 얼굴이 화끈거렸다.

진정한 공감은 나를 도와주는 사람에 대한 신뢰를 바탕으로 하며, 내가 성장하는 데 매우 중요한 요소임을 깨달았다. 공감은 시프트를 진행하는 데 필수적이며, 보이지 않는 주춧돌과 같다.

공감은 어떻게
우리를 변화시키는가

그렇다면 공감은 시프트와 무슨 관련이 있을까? 시프트는 변화나 전환을 의미한다. 그 과정에서 익숙하지 않고 불편한 상대를 대할 때, 미래가 불확실한 상황이나 열악한 환경에 처할 때 스트레스를 겪게 된다. 이때 공감을 통해 적절한 대처 능력을 갖출 수 있다.

먼저, 변화로 인한 새로운 환경에 놓일 때 우리는 두려움이나 불안을 경험한다. 가족이나 동료들이 그런 감정을 공감해줄 수 있다면 심리적으로 안정감을 얻을 수 있다. 둘째, 전환 단계에서는 뭔가 크고 작은 결정이 필요하다. 확신이 필요한 순간, 공감하는 사람들과 대화하면 정확한 판단이 가능해진다. 입장을 공유하고, 피드백을 통해 더 현명한 결정을 내릴 수 있다. 셋째, 변화 과정에서 입장의 차이와 이해관계에 따라 갈등이 생길 수 있지만, 공감하는 부분이 많을수록 관계가 단단해진다. 넷째, 자신을 성찰하고 자신에게 관대해지는 자기 공감을 통해 실패나 손해를 수용할 수 있다면 자책을 덜 할 수 있다.

이처럼 공감은 시프트 과정에서 발생할 수 있는 불가피한 갈등을 최소화하고, 변화가 더 나은 방향으로 나아갈 수 있도록 돕는다.

3

회복력

어떠한 상황에서도
다시 튀어오르는 힘

회복력의 뿌리
하와이 군도 카우아이 섬의 아이들

영화 「쥬라기공원」, 「아바타」, 「킹콩」의 촬영지 중에 하와이 군도 북쪽에 위치한 '키우아이'라는 섬이 있다. 천혜의 관광 자원으로 알려져 있는 이곳은 메타 설립자인 마크 저커버그가 섬의 부동산을 계속 매입하면서 유명해졌다. 하와이 군도는 1959년 미국의 오십 번째 주로 편입되면서 지금처럼 살기 좋은 곳으로 바뀌었지만, 그 이전에는 오랫동안 해외 열강들의 식민지 다툼으로 황폐한 곳이었다.

1954년, 심리학자, 사회복지사, 정신과 및 소아과 전문의 등 다양한 직업을 가진 미국의 연구자들이 카우아이 섬을 방문했다. 이곳 주민들은 대대로 가난과 질병에 시달려왔고, 상당수가 범죄, 알코올 중독, 정신장애 등으로 고통받고 있었다. 또한 교육 수준이 낮고, 청소년 비행 문제도 매우 심각했다. 이 섬에서 태어난 사람들은 다른 곳으로 이주할 여력이 없어서 인구 이동이 거의 없었다는 점도 연구 대상으로 선정된 이유 중 하나였다.

연구의 목적은 환경이 인간 발달에 미치는 영향을 확인하려는 것이었다. 1955년에 섬에서 태어난 신생아 833명을 대상으로 시작된 종단 연구는 이들이 30세가 될 때까지 진행되었다. 연구 자료 분석은 미국의 심리학자 에미 워너Emmy Werner가 맡았다. 워너는 전체 대상자 중 빈곤의 정도, 가정의 파탄 수준, 부모의 정신장애 등 세 가지 조건이 심각한 201명을 고위험군으로 분류했다.

이들은 18세가 되었을 때 이미 범죄 기록이 있거나, 정신장애가 생기거나, 미혼모가 되어 있었다. 아이들이 10세가 될 때까지의 기록은 1971년 '카우아이의 아이들 종단 연구'[87]라는 제목으로 출간했고, 18세가 되는 해까지의 자료를 정리해 1977년 '성인이 된 카우아이 아이들'[88]이라는 표제로 출간했다.

특이한 점은 고위험군 201명 중 약 30%에 해당하는 72명은 큰 문제 없이 성장했다는 것이었다. 심지어 일부는 미국대학입학 자격

시험인 SAT에서 상위 10%에 드는 고득점을 기록하기도 했다. 워너는 연구 초기의 예상과 다른 발달 과정을 보인 아이들의 자료를 역추적하면서, 어떤 요인이 영향을 끼친 것인가 분석하기 시작했다.

이후 오랫동안 계속된 연구에서 워너는 고위험군임에도 불구하고 건강한 발달과 성장을 이뤄낸 아이들이 가진 힘, 즉, 어려운 환경에도 불구하고 스스로 건강한 발달을 이뤄나가는 특성을 '회복력Resilience'[89]이라고 명명했다. 그녀는 이러한 회복력이 개인의 특성에 그치지 않고, 개인을 둘러싼 사회문화적 환경과 상호작용에 따라 형성된다고 강조했다. 특히 건강하게 성장한 아이들에게는 성장 과정에서 아이를 이해하고 인정해준 인물이 한 명이라도 있었다는 사실을 알아냈다. 그 인물은 부모일 수도 있고, 친척 혹은 주변 인물 중 한 사람일 수도 있다.

워너의 연구는 어려운 환경 속에서도 건강하게 성장할 수 있는 가능성을 제시하며, 많은 사람에게 희망의 씨앗을 심어주었다. 이후 회복력에 대한 연구가 확산되면서 아동 발달, 심리, 교육, 사회복지, 기업 등 여러 분야에 적용되고 있다.

회복력이란
무엇인가

'회복력'은 물리학에서 유래한 개념이다. 스프링을 바닥에 대고 손으로 눌렀다가 떼면 튀어 오르면서 원래 형태로 돌아가는 성질이라고 생각하면 이해하기 쉽다. 최근 심리학계나 교육학계에서는 회복력을 '개인이나 집단이 어려운 상황에 처했을 때 해결하고 원래 상태로 돌아가는 능력'이라고 말한다. 학자에 따라 표현에는 차이가 있으나 본질은 크게 다르지 않다. 소아정신분석가인 피터 포나기Peter Fonagy는 회복력이란 어려운 환경에서 정상 발달을 이뤄내는 것이라고 정의했다. 회복력이 강한 사람은 역경 속에서도 긍정적 태도를 유지하며, 문제 해결에 필요한 자원과 사회적 지원을 활용하는 경향이 있다.

회복력 연구는 카우아이 섬의 아이들을 대상으로 한 연구 외에도 아동 발달 심리학자들에 의해 오래전부터 진행되고 있다. 대표적인 인물로 예일아동발달연구소의 아널드 게젤Arnold Gesell을 들 수 있다. 그는 1911년부터 약 30년간 아동 발달을 관찰하고 이론을 정립했다.

게젤은 스트레스나 역경을 경험한 아동의 행동을 관찰하고 분석하면서 아이들이 어떻게 적응하고 회복하는지를 중점적으로 다루었다. 그는 아동의 회복력이 정서 안정성 및 사회적 관계와 밀접하게 연결되어 있다고 주장했다. 게젤은 아동 발달이 일정한 순서로 진행된다고 보았으며, 이는 건강한 발달을 경험한 아이일수록 어려운 상황에서도 더 잘 적응할 수 있음을 의미한다.

회복력에 관한 수많은 이론과 연구가 있겠으나, 이 책에서는 크게 네 가지 형태의 회복력을 소개하고자 한다. 나는 회복력을 전문으로 연구한 사람이 아니기 때문에, 책에 보기로 제시된 사례들이 기존 회복력 문헌이나 자료에서 인용한 내용들과 다소 차이가 있을 수 있다. 또한 회복력 연구자들이 보기에 이 사례들이 기존 회복력 개념과 차이가 있을 수 있음을 미리 밝힌다.

'신체적 회복력'은 질병이나 부상 등으로 신체적 스트레스를 이겨내고 회복하는 능력이다. 식습관 조절, 규칙적 운동, 충분한 수면 등의 방법을 활용할 수 있고, 유명 운동 선수들의 사례에서 흔히 볼 수 있다. 예를 들면, 골프 황제라 불리는 타이거 우즈가 심한 교통사고를 당한 후 걷기도 힘들 것이라는 예상을 뒤엎고 마스터스 대회에서 우승한 것이 좋은 보기가 될 수 있다.

한편, 유명세는 없지만 묵묵히 신체 장애에 구애받지 않고 회복력을 달성한 사례를 소개한다.

2024년, 파리 하계올림픽에서 우리나라 양궁팀이 10연속, 36년간 금메달을 획득했다. 신기에 가까운 강인한 정신력을 가진 선수들의 경기를 보며 사람들은 열광했다. 올림픽이 끝나고 열린 패럴림픽은 그만큼 사람들의 눈길을 끌지는 못했다. 하지만 이번 파리 하계패럴림픽에서 양궁만큼이나 관심을 끈 종목이 있다. 바로, '보치아'이다.

보치아는 양쪽 선수또는 단체전가 각각 6개의 공빨강 및 파랑을 1개의 흰색 목표 공 가까이 붙이는 경기이다. 얼음판에서 하는 컬링과 비슷하다. 처음에는 뇌성마비 선수가 참가하는 경기였으나, 차츰 뇌성마비 외의 장애가 있는 선수도 참가할 수 있게 되었다. 장애 정도에 따라 BC1~4로 나뉘는데, BC1과 BC2는 스스로 공을 투척할 수 있는 선수들이며, 보조자의 도움이 필요한지에 따라 나뉜다. BC3는 보조자와 보조 장치가 필요한 선수가 참가하며, 공을 굴려 보내는 홈통과 마우스 스틱을 사용한다. BC4는 근육에 문제가 있거나 왜소증이거나 팔의 기형이 있는 선수가 참가한다.

우리나라 보치아팀은 우리나라에 이 운동이 도입된 지 불과 1년 만에 참가한 1988년 서울 하계패럴림픽에서 금메달을 획득하는 놀라운 성과를 거뒀다. 그리고 이번 파리 하계올림픽의 양궁 종목에서처럼 10연속, 36년간 금메달을 획득했다.

현재 우리나라 보치아팀의 간판선수는 강원도 장애인체육회 소속의 정호원이다.[90] 어릴 때 뇌 손상을 입고 뇌성마비 장애인이 되었지만, 중학교 때 보치아에 입문하면서 그의 삶은 달라졌다. 정호원 선수는 2008년 베이징 BC3 페어, 2016년 리우데자네이루 BC3 개인, 2021년 도쿄 BC3 페어, 2024년 파리 BC3 개인 종목에서 총 4개의 금메달을 땄다. 그 외에도 은메달 3개, 동메달 1개가 더 있다. 정호원 선수뿐만 아니라 패럴림픽에 참가하는 장애 선수들 모두 훌륭한 신체 회복력을 보여주는 사례가 아닐 수 없다.

'정신적 회복력'은 사고방식이나 문제 해결 능력과 밀접한 관련이 있다. 스트레스 상황이나 역경에 직면했을 때 긍정적으로 사고하거나 논리적으로 문제를 해결하는 능력을 바탕으로 한다. 정신적 회복력이 높은 사람은 어려운 상황에 효과적으로 대처하며, 창의적으로 해결책을 찾는 경향이 있다.

미국 최초의 심리학 박사인 스탠리 홀은 1904년에 『청소년기』라는 책을 발간했다. 10년 넘게 준비한 대작답게 심리, 생리, 성, 범죄, 종교, 교육 등 청소년기 전반을 다룬 작품이었다. 이전에 청소년기에 대한 자료가 전혀 없었고, 그 후에도 스탠리 홀의 저서를 능가할 만한 책은 없었다.

이 책에서 홀은 청소년기는 질풍노도의 시기로, 감정 기복이 심하고 위험한 행동에 쉽게 노출된다고 했다. 이러한 극적인 변화는 청소년기의 특성으로 사람들에게 각인되었다. 소아청소년 정신분석을 주도한 안나 프로이트도 이런 특성이 나타나지 않는 청소년이 있다면 그게 더 문제라고 지적했다. 이는 20세기 중반까지도 당연한 것으로 받아들여졌다.

그러나 많은 연구자들은 모든 청소년기 아이들이 심각한 질풍노도를 경험하는 것은 아니라는 사실을 밝혀냈다. 약 3분의 1 정도는 스트레스가 심해지면 일시적으로 흔들리지만 대개 정상 발달로 돌아가며, 4분의 1 정도는 심한 스트레스 상황에서도 지속적으로 발달을 이어가고, 5분의 1 정도가 격동기를 경험한다고 했다. 이처럼 생물학적, 사회문화적, 심리적 격변 속에서 건강한 발달 경과를 유지하는 힘도 일종의 회복력으로 볼 수 있다.[91]

회복력을 광범위하게 본다면, 심각한 행동 문제의 이면에 있는 긍정적 측면을 강화해 현실에 적응하도록 돕는 과정도 포함할 수 있다. 또한 정신장애 분류 중 인격장애가 좋은 예가 될 수 있다. 인격장애는 그 특성상 사회적, 가정적, 직업적 영역에서 장애를 초래할 수 있다.

흥미로운 점은 각 인격장애의 특성을 잘 활용할 수 있는 직업을 선택한다면, 오히려 그들의 정신병리가 도움이 될 수 있다는 것이다. 물론, 이러한 정신병리적 특성이 긍정적인 방향으로 발휘되려면 부정적인 면을 조율해나갈 힘이 필요하다.

편집성 인격장애는 거절과 좌절에 대해 지나치게 과민하며 의심하는 경향이 있다. 그래서 확증도 없이 자신이나 세상에 대해 음모가 있다고 해석한다. 실제 상황에 맞지 않게 자신의 권리에 집착하고, 무시당한다고 느끼면 강하게 반발한다. 이런 특성에 맞는 직업, 예를 들어 경찰이나 사설탐정과 같은 직종에 종사할 경우 그들의 병리적 특성이 직업적 기능에 부합할 가능성이 있다.

분열성 인격장애의 특징은 즐거움을 추구하는 활동에 거의 흥미를 느끼지 않고, 감정 표현이 적어 냉정해 보이기도 하며, 다른 사람과의 교류나 이성에 대한 관심이 거의 없고, 혼자 하는 활동을 선호한다. 그래서 가까운 인간관계를 맺는 경우가 드물고, 사회적 규범이나 관습에 둔감하다. 만약 다른 정신병리가 없다면, 깊은 산속의 산장지기나 외딴 섬의 등대지기와 같은 고독한 환경에서 일하는 직업이 적합할 수 있다.

'정서 회복력'은 자신의 감정을 적절히 조절하고 표현하는 능력이다. 문제나 스트레스 상황에서 감정의 균형을 유지하며 부정적 감정을 극복하고 타인으로부터 감정적 지원을 받을 수 있다. 정서 회복력이 높은 사람은 난관에 부딪혔을 때 감정 반응을 다스리며, 자신의 감정을 이해하고 타인의 감정에 공감할 수 있다.

해리포터와 볼트모트는 어릴 때 고아로 자랐고, 불행한 성장 과정을 보냈다. 그런데 두 인물이 서로 반대되는 가치관을 가지게 된 이유는 무엇일까?

성인 중에 정신적으로나 신체적으로 문제가 많은 사람은 성장 과정에서 험한 일을 많이 겪었기 때문이라는 연구 결과가 있다. 어린 시절의 힘든 경험인 'ACE Adverse Childhood Experiences'가 미치는 영향에 대한 연구이다.[92] 실제로 어릴 때 가정 파탄, 경제적 빈곤, 가정 폭력 등을 경험한 사람은 유전자를 보호하는 장치인 텔로미어Telomere가 손상되면서 성인기에 여러 종류의 암, 성인병, 우울증 등에 취약해진다. 볼드모트 역시 ACE가 많았기 때문에 파괴적, 공격적, 독선적 성향의 사람이 되었을 가능성이 높다.

이러한 ACE 연구에 반론을 제기하는 학자들은 ACE에 노출되었다고 해서 모두가 성인병에 걸리거나 정신장애가 생기는 것은 아니라며, 보호 인자의 가능성을 제기했다. 최근에는 어린 시절의 긍정 경험인 'PCE Positive Childhood Experiences' 연구들이 주목받고 있다. 해리포터를 PCE 측면에서 생각해보자.

태어난 후 약 1년간 해리의 부모는 해리를 사랑으로 키웠다. 이후 이모 집에서 학대받았지만 해리 주변에는 보이지 않는 돌봄이 있었다. 해리가 부모를 잃고 이모 집에 맡겨질 때 호그와트 마법학교의 미네르바 맥고나걸 교수는 고양이로 변신해서 해리가 이모 집에 안전하게 들어갈 수 있도록 지켜주었다. 또 해리 이모네 이웃에는 호그와트 마법학교의 교장이자 선한 마법사를 대표하는 덤블도어의 부탁을 받은 아라벨라 피그 여사가 살고 있었다. 그녀는 스큅마법사 집안에서 태어났지만 마법 능력이 없는 경우으로 티 나지 않게 해리를 사랑으로 보살피며 보호해주고 있었다. 입학한 후에는 동물을 사랑하는 거인 마법사 루베우스 해그리드가 애정어린 손길로 해리를 돌보았다. 이처럼 ACE와 PCE를 함께 경험한 해리는 선한 세계로 발을 디딜 수 있었다.

해리포터 시리즈에서는 악을 따르는 무리의 가정에서 자란 아이들과 선을 따르는 무리의 가정에서 성장한 아이들의 가치관과 발달 과정을 엿볼 수 있다. 극단적인 예일 수 있지만, 성선설과 성악설을 대표하는 두 세계의 발달 과정에서 선천적 요인을 배제하고 후천적 요인의 영향을 고려할 때, 사랑, 선함, 이타주의와 같은 긍정적인 요소들이 ACE의 영향력을 극복하는 원동력이 되었음을 알 수 있다. 즉, 건강한 애착이 건설적인 정서 회복력을 구축하고 발휘하게 만드는 것이다.

'사회 회복력'은 주변 사람들과의 관계와 지지 체계에서 오는 힘이다. 신뢰할 수 있는 사람들과의 네트워크, 사회적 지지 체계, 지역사회나 기관에 대한 소속감이 여기에 포함된다. 사회 회복력이 높은 사람은 사회적 지지를 통해 어려움을 이겨나가고, 대인관계를 통해 정신 및 정서 지원을 받을 수 있다.

코비드19가 한창이던 시절, 내가 근무하던 대학병원에서는 직원들의 사기 진작을 위해 정신 건강 증진 프로그램을 진행했다. 당시 의사는 물론 모든 직원이 코비드19 사태에 맞서 총력전을 벌이던 시기였다. 한 번에 모든 직원이 프로그램에 참여할 수 없었기 때문에 근무 시간대에 맞춰 여러 차례 나누어 진행했다. 미리 간단한 설문을 통해 직원들의 우울감과 회복력을 조사하고, 이를 강의 내용에 포함시켰다.

1회 차 프로그램 참여자들을 대상으로 한 설문에서 흥미로운 결과가 나왔다. 설문 전에는 관리직급 직원들이 병원 경영의 어려움으로 부담이 크고 스트레스가 더 많을 것으로 예상했었다. 그런데 조사 결과, 관리직 직원의 회복력 점수가 일반 직원보다 더 높게 나타났다. 이후 진행한 설문에서도 관리직과 일반직 사이의 차이는 분명했다. 참여자들과 대화를 나누고 자료를 분석하면서 알게 된 사실은, 관리직이 일반직에 비해 자율적 조율과 자기 관리가 더 수월하다는 점이었다. 이는 직무에서의 자율성이 회복력과 중요한 상관관계가 있음을 보여준다.

이러한 결과에 대해 관련 자료들을 검색해보았다. 직급이 높아질

수록 책임감과 직원 관리에 대한 부담이 커지는 것은 사실이지만, 높은 직급에 올라올 때까지 많은 도전 과제에 부딪히면서 업무 처리 능력과 리더십 경험이 쌓인다. 그 과정에서 회복력이 강화되었다는 연구 결과가 있다.

고위직 직원들은 스트레스 상황에서 대처하는 능력이 뛰어나며, 이는 회복력과 밀접한 관계가 있다. 직급이 높아질수록 활용할 수 있는 자원과 지원이 늘어나기 때문에, 문제에 직면했을 때 회복력을 발휘하는 데 유리한 점이 많다. 개인의 능력이나 조직의 특성에 따라 변수가 생길 수 있으나, 조직에서 높은 위치에 있을수록 전문적 자율성과 자기 통제 능력이 향상되어 오히려 사회 회복력이 강화된다고 볼 수 있다.

최초의 자폐증 장애 진단을 받은 아동인 도널드 트리플렛Donald Triplet을 기억하는 사람은 많지 않을 것이다. 도날드는 자폐증이라는 개념 자체가 없었던 1933년, 미국 미시시피주 포레스트라는 시골 마을에서 태어났다. 그는 마을 은행가 집안의 어머니와 변호사 아버지 사이에서 첫째 아이로 태어났지만, 눈 맞춤이 없고 발달이 지연되는 아이를 부모는 견딜 수 없었다. 당시 의료 수준은 그런 아이들을 수용소에 맡기라고 권유하는 게 전부였다. 치료가 불가능한 뇌 손상이 있다고 생각했기 때문이다. 도널드의 부모는 그가 네 실이 되던 해, 그를 주립 수용소로 보냈고 1년 동안 돌보지 못했다. 하지만 아이를 포기할 수 없었던 부모는 그 후 아이를 데리고 미국 전역을 다니며 의사들에게 진료를 부탁했다.

마침내 1938년, 볼티모어의 존스 홉킨스 대학병원에서 정신과 전문의 레오 카너Leo Kanner를 만난다. 카너 박사는 아이의 증상이 조현병과 비슷하다고 진단했지만, 정확하게 판단하기 어려웠다. 그런 증상을 가진 아이를 본 적이 없었기 때문이다. 그 후 몇 차례 아이를 불러서 만났다. 그러는 동안 카너 박사는 도널드와 비슷한 아이들을 더 만날 수 있었는데, 그런 아이들의 사례를 모아 1943년 '정서적 접촉에 문제가 있는 자폐적 장애'라고 명명했다. 도널드는 카너 박사의 '자폐적 장애' 진단을 받은 첫 번째 환자였지만, 진단이 불분명하고 치료법도 없어 경과를 예측할 수 없었다. 카너 박사는 수용소 대신 가족들이 집에서 도널드를 돌보기를 권했다.

고향으로 돌아간 도널드는 고등학교 과정을 마쳤고, 집 근처 대학교조부모가 설립한 대학교에서 불어 전공으로 학위를 마쳤다. 졸업 후 그는 가족이 운영하는 은행에서 일했으며, 나이가 들면서는 운전도 배우고 해외여행도 다녔다. 또한 친구들과 골프와 음악을 즐겼고, 스마트폰 작동법을 배워서 문자 메시지도 보낼 수 있었다.

소아정신과 진료를 하면서 수많은 자폐아와 가족을 만났던 나는 20여 년 전 자폐 관련 학회에서 도널드 트리플렛의 존재를 알게 되었다. 자폐 가족들에게 희망을 준 그를 만나기를 희망했으나, 2023년 6월 15일 89세의 나이로 세상을 떠났다. 도널드의 이야기는 2017년 퓰리처상 논픽션 부문 수상작인 'In a different key: the story of autism'[93]에 소개되면서 대중에게도 널리 알려졌다.

가족의 사랑, 존스 홉킨스 대학병원이라는 기관 및 레오 카너 박사와의 신뢰할 수 있는 네트워크, 지역 주민들의 지지 체계가 맞물리면서 자폐스펙트럼장애라는 진단이 없던 시절의 도널드가 사회 회복력의 혜택을 누릴 수 있었다.

사회 회복력은 자신의 발전과 성장을 위한 것이기도 하지만, 지역사회나 중대 자연재해와 관련한 피해를 복구하는 데 발휘될 수도 있다. 2017년 푸에르토리코를 강타한 허리케인 마리아에 맞선 한 소년의 이야기가 그 예이다.

허리케인 마리아는 2017년 9월 20일, 단 하룻밤 사이에 미국 자치령인 푸에르토리코를 폐허로 만들었다. 평소에도 태풍 피해가 잦은 섬나라였지만 허리케인 마리아는 지난 90년 동안 발생한 태풍 중 가장 강력한 것이었다. 이 태풍으로 인해 약 3천 명이 사망하고, 110만 가구가 피해를 입었다. 푸에르토리코 인구가 4백만 명이 채 되지 않는 것을 생각하면 이는 엄청난 손실이었다.

갓 만 15세 생일이 지난 고등학생 살바도르 고메즈 콜론Salvador

Gomez-Colon[94]은 허리케인 마리아가 지나간 후 주변을 돌아보며 자신이 무엇을 할 수 있을지 고민했다. 전기와 수도가 끊겨 생활이 어려운 가정이 많았다. 살바도르는 사람들에게 당장 필요한 생활 용품으로 수동식 세탁기와 태양광 램프를 떠올렸다. 물품을 구하려면 돈이 필요했기에 그는 어머니의 도움으로 미국 워싱턴 D.C.에 있는 비영리 사회봉사 단체에 연락을 했다. 그곳의 담당자는 빠르게 도움을 받을 수 있는 방법으로 크라우드 펀딩을 제안했다.

그런데 살바도르가 사는 푸에르토리코는 태풍 피해로 인터넷과 스마트폰 기능이 제한적이어서 그는 미국에 있는 단체의 도움을 받아 크라우드 펀딩을 진행했다. 펀딩의 제목은 '푸에르토리코를 위한 빛과 희망'이었고, 펀딩 첫날에만 14,000불이 모금되었으며, 이후 목표였던 10만 불을 초과하는 성과를 거두었다. 시간이 걸리긴 했지만, 모은 돈으로 태양광 램프와 수동식 세탁기를 구입할 수 있었다. 살바도르는 어머니와 함께 차를 운전하며 3,500여 가구를 방문해 태양광 램프 4,100여 개를 직접 전달했다. 푸에르토리코 전역에 전기가 복구된 것은 2018년 8월 14일이었다.

이 일로 살바도르는 자연재해에 맞서는 일에 적극적으로 나서게 되었다. 2018년 바하마 허리케인 도리안 사태, 2020년 푸에르토리코 대지진, 2022년 푸에르토리코와 주변 섬나라를 덮친 허리케인 피오나 사태 때도 피해 복구에 힘을 보태며 기상 재해 회복을 위한 대변인 역할을 했다. 그는 현재 예일대학교 에즈라 스타일스 칼리지Ezra Stiles College에서 역사를 전공하는 3학년생이다.

메타인지

지금의 상태를
아는 것이 시작이다

메타버스는 어디로
가는 버스인가

'메타인지Metacognition'의 개념을 정확히 이해하고 있는 사람들도 있지만, 여전히 생소하게 느끼는 사람도 많다. 이 책에서는 메타인지를 '자기 생각을 인식해 다시 생각하고, 필요하면 조절하는 능력'이라고 정의하고 시작하자. 최근 디지털 영역에서 '메타'로 시작하는 용어가 늘어나면서 그 개념을 명확히 하는 데 혼란을 겪을 수 있다.

'메타'의 뜻을 혼란스럽게 만든 사건이 있다. 2021년 10월, 페이스북 대표인 마크 저커버그는 회사명을 '메타'로 변경한다고 선포했다. SNS를 넘어 가상현실 분야로 영역을 확장하기 위해 더 넓은 의미의 메타를 선택했다고 했다. 페이스북의 이름이 바뀌는 것은 아니며, '메타'라는 모기업 안에 페이스북, 왓츠앱, 인스타그램 같은 플랫폼이 속하는 것이다.

저커버그가 회사명을 '메타'로 개명한 이유는 다음과 같다. 먼저, 페이스북은 수년간 개인 정보 보호 문제, 허위 정보 유포, 정치적 스캔들에 휘말리며 부정적인 이미지를 쌓아왔다. 따라서 개명을 통해 브랜드 이미지를 개선하려는 의도일 수 있다. 둘째, 2004년 페이스북으로 출발한 이후 세계 최대 SNS 플랫폼을 구축했으나 디지털 환경의 변화로 소셜 미디어를 넘어서는 역할이 필요하게 되었기 때문이다. 셋째, '메타버스Metaverse'는 가상 공간에서 게임과 오락을 넘어 교육, 상거래 등 새로운 행성으로 발전하고 있다. '메타'로 개명함으로써 메타버스 생태계의 선구자 역할을 하려는 전략으로 볼 수 있다.

메타버스는 코비드19 사태 때 새롭게 등장한 단어로, 당시에는 모두가 그 의미를 혼란스러워했다. 심지어 젊은 친구들조차 어디로 가는 버스 노선이냐고 농담할 정도였다. 그러다가 내가 근무하는 대학병원에서 메타버스를 활용해 병원 소개를 구축한다고 하길래 관심이 갔고, 그제야 타는 버스가 아니라는 걸 알게 되었다. 전산팀에서 메타버스에 들어가 활동하려면 직원들이 각자 자기 '아바타Avatar'를 만들어야 입장할 수 있다고 했다. 열심히 노력했지만, 나의 아바타는 메타버스에 들어가지 못했다.

'메타버스'의 '메타'는 '초월'을 의미하며, '버스'는 '우주Universe'를 의미한다. 즉, 우주를 초월하는 공간을 뜻한다. 1992년, 닐 스티븐슨Neal Stephenson이 출간한 공상과학 소설 『스노 크래시』[95]에 메타버스가 처음 등장했다.

소설은 21세기를 무대로 한다. 전 세계 경제 붕괴로 새로운 경제 질서가 탄생한다. 이 과정에서 미국 연방 정부는 권력과 영토를 사기업이나 기업인에게 넘기고, 전 세계 영토 역시 대기업 프랜차이즈에게 넘어간다. 예를 들어, 홍콩은 '이 선생의 위대한 홍콩'이라는 이름으로 변한다. 거대한 변화 속에 신흥 미디어 재벌인 밥 라이프는 메타버스라는 새로운 도시 환경을 개발해낸다. 사람들은 라이프가 소유한 글로벌 광섬유 네트워크를 통해 단말기로 메타버스에 접속한다. 메타버스에서 사람들은 각자 자신의 아바타로 상호작용하면서 현실에서 할 수 없는 다양한 활동을 한다. 소설 속 '스노 크래시'는 두 가지 의미로 등장하는데, 하나는 데이터 파일의 이름이며, 다른 하나는 일종의 중독성 마약 성분이다.

오늘날 메타버스는 가상 현실, 증강 현실, 인터넷이 결합된 가상의 디지털 공간을 말한다. 스노 크래시에서처럼 사람들은 자신의 아바타를 만들어 상호작용하며 일하고, 놀고, 다양한 활동을 할 수 있다. 메타버스는 이제 가상과 현실 세계의 경계를 넘나드는 차세대 디지털 생태계인 것이다.

메타버스에 등장한 아바타는 1985년, 오리진 시스템즈의 리처드 개리엇Richard Garriott이 개발한 비디오 게임 '울티마 IV: 아바타의 길'[96]에서 처음 사용되었다. 아바타는 플레이어의 대리인 역할을 하는 화신을 의미한다. 흥미로운 것은 '울티마 IV'의 출시 전후 대부분의 게임이 선악의 대결이나 전투를 중심으로 구성된 반면, 이 게임은 아바타가 게임의 무대인 브리타니아 백성들을 위한 덕목의 화신 역할을 수행한다는 점이다. 게임에서 아바타는 정직, 동정, 희생, 영성, 용맹, 정의, 영예, 겸손 같은 여덟 가지 미덕의 정신적 리더로 사람들이 따라야 할 본보기가 된다.

아바타는 인도 고전어인 산스크리트어에서 유래했으며, 힌두교 신이 인간의 형태로 세상에 나타나는 것을 의미한다. 이 게임에서 아바타라는 용어를 사용한 것도 게임의 주제가 덕목의 화신을 찾아가는 것이기 때문일 수 있다. 이후 아바타는 컴퓨터 게임, 가상 현실, 메타버스와 같은 디지털 세상에서 디지털 대리인을 지칭하는 용어로 자리 잡았다.

메타인지의
기원

고대 그리스어에서 유래한 '메타'는 '초월한', '넘어서는' 등의 의미를 담고 있다. 원래 뭔가를 '넘어서는' 또는 '변화하는' 공간적 의미로 사용되었으나, 점차 범위를 넓혀 '무엇인가를 초월하는' 추상적 개념으로도 사용되었다. 예를 들면, 아리스토텔레스의 저작 중 『형이상학Metaphysics』은 물리학을 넘어, 보다 본질과 존재에 대해 탐구하는 학문을 말한다.

이후 '메타'는 다양한 분야에서 활용되면서 맥락에 따라 다른 의미를 갖게 되었다. 이번 절에서 다루는 메타인지 역시 생각을 넘어 이를 인식하고 조율하는 생각을 의미한다. 디지털 영역에서 '메타버스'는 메타의 의미를 한층 확장시킨 개념이기도 하다.

일상에서 '메타'는 자신의 생각을 뛰어넘어 더 높은 차원의 무언가를 설명할 때 사용되기도 한다. 예를 들어 '메타유머'는 유머 자체를 주제로 삼거나, 유머를 분석하며 웃음을 유발하는 독특한 형태의 유머이다. 한편, '메타픽션'은 이야기 속에서 이야기 자체를 다루는 소설이다. 그 예로, 미하엘 엔데Michael Ende 작가의 『끝없는 이야기』[97]를 들 수 있다. 주인공 바스티안은 자기를 놀리는 친구들을 피해 창고에 숨어 책을 읽다가 위기에 처한 이야기 속 환상의 세계를 구하기 위해 이야기 속으로 빠져든다. 책을 읽으면서 이야기 내용에 직접 참여하게 되고, 소설 속 등장인물들도 바스티안의 존재를 인식하게 된다.

또 다른 예를 들어보자. 이탈로 칼비노Italo Calvino의 소설『어느 겨울밤 한 여행자가』[98]에는 열 편의 이야기가 전개되는데, 이야기 속 독자와 실제 책을 읽고 있는 독자 사이의 경계를 허물어 독자들이 소설과 현실을 넘나드는 여행을 경험하게 만든다.

나의 생각을 생각하는
메타인지

'인지'는 뇌에서 정보를 생각하고 처리하는 능력을 말하며, 이를 위해 뇌에서 진행되는 복잡한 작업 과정과 기술을 총칭한다. '메타인지'는 이러한 인지 과정을 인식하고 조절하는 능력을 의미한다. 즉, 자신의 생각을 생각하는 능력으로, 학습 및 사고 과정을 점검해서 더 나은 전략을 세운다.

1960~1970년대에 인지 심리학이 주목받으며 인간의 사고, 학습, 기억, 문제 해결 과정을 뇌과학 차원에서 분석하려는 시도가 활발해졌다. '메타인지'라는 용어는 1970년대 미국의 발달심리학자 존 플래벌John Flavel이 처음 제안했다.

플래벌은 아이들이 자기 기억이나 학습 과정을 인지하고 조절하는 능력을 연구하면서, 이러한 능력이 나이가 들수록 점점 발달한다고 보았다. 이러한 연구를 바탕으로 그는 메타인지를 개인이 자신의 인지 상태를 이해하고, 문제 해결 과정에서 이를 어떻게 사용할지 계획하고 평가하는 능력이라고 정의했다.

메타인지의 하위 개념인 '메타메모리'는 기억에 대한 지식과 기억을 조절하는 능력이다. 예를 들면, 사람이 어떤 형태의 내용을 기억하는 것이 어려울 것임을 인식하고 그에 대한 대책을 세우는 것이다. 즉, 시간을 더 많이 투자한다든가, 자신만의 기억법을 개발해 활용하는 등의 전략을 말한다.

메타인지는 크게 두 가지 요소로 구성된다. 첫 번째는 '메타인지적 지식'으로, 자신의 인지 과정을 이해하고 있는 것이다. 예를 들면, 새로운 정보를 기억하기 위해 한 번 읽어서 안 되는 사람은 여러 번 반복해 정독해야 한다는 것을 인지하는 것이다. 두 번째는 '메타인지적 조절'로, 자신의 인지 과정을 모니터링하고 조정하는 것이다. 예를 들면, 새로운 내용을 공부하면서 어느 부분은 완벽히 이해했고, 어느 부분은 미흡한지를 찾아내 반복 학습하는 행동을 말한다.[99]

메타인지를 이해하는 게 다소 어렵게 느껴진다면, 우리가 잘 알고 있는 우화 '토끼와 거북이'와 '여우와 포도'를 통해 접근해보자. 먼저 '토끼와 거북이'의 경주에서 메타인지 개념을 확인해보자.

토끼는 자신의 빠른 달리기 능력을 자만해 시합에 대해 잘못된 인식을 한다. 다른 동물들 역시 토끼의 우위를 확신한 것은 이상할 게 없지만, 토끼는 자신의 집중력과 끈기 있는 노력의 중요성에 대한 인식 부족으로 시합에서 패배한다. 자기 행동이 전체 목표에 미칠 영향을 고려하지 못한 것이다.

메타인지 관점에서 보면, 토끼는 자기 행동을 반성하거나 현재 상황을 직시하는 능력이 부족했다. 시합 중간에 멈춰 쉬는 것이 경주에서 패배로 이어질 수 있음을 인식하지 못했다.

거북이는 자신의 짧은 다리와 무거운 몸통이 약점인 것을 정확히 인지하고 약점을 극복하기 위한 전략을 세웠다. 자기가 토끼보다 느리다는 것을 알고 있었지만, 자신의 장점인 인내심과 꾸준함을 무기로 쉬지 않고 기어서 완주한다.

메타인지 관점에서 볼 때 거북이는 자신의 한계를 인식하고 어떻게 하면 경주에서 이길 수 있을지를 파악해 전략적으로 실천했다. 자신의 체력과 경주 진행 상황을 지속적으로 점검하며, 계획을 수정하지 않고 끝까지 성실하게 시합에 임했다.

이 우화는 단순한 교훈 이상의 메타적 의미를 담고 있다. 토끼와 거북이는 각자의 메타인지적 사고 수준을 바탕으로 성공과 실패를 경험한다. 독자는 이 이야기를 통해 자신이 어떻게 학습하고, 반성하며, 조절하고 있는지를 돌아볼 수 있다.

메타인지 관점에서 이 우화를 정리하면, 단순한 속도나 능력보다는 자신에 대한 정확한 인식과 그에 맞는 전략적 사고가 더 중요하다는 교훈을 얻을 수 있다.

다음은 메타인지 관점으로 '여우와 포도' 이야기를 들여다본 것이다. 처음부터 여우는 자신의 점프 능력과 목표치포도송이가 달린 나뭇가지 높이에 대해 메타인지적으로 판단하지 못했다. 포도송이에 도달하려면 신체적 한계와 환경디딤돌이 될 만한 바위와 같은을 고려해야 하지만, 여우는 그런 것을 깊이 생각하지 않았다. 메타인지적 지식의 부족이라 보여진다.

단순히 자신의 점프 능력만 믿고 포도를 따 먹으려 했을 뿐, 다른 전략을 고려하지 않았다. 여우가 이 상황을 메타인지적으로 성찰했다면 다른 동물들에게 도움을 청하거나 대안을 찾기 위해 노력했을 것이다. 이는 문제 해결을 위한 계획과 메타인지적 조절이 부족했음을 의미한다. 여우는 포도를 따 먹는데 실패했을 때 자신의 실패를 인정하는 대신 포도가 시기 때문에 어차피 먹지 못했을 것이라고 합리화하면서 좌절을 회피한다. 실패에 대한 성찰이 부족해 보인다.

여우가 메타인지적으로 성찰했다면, 자신의 실패 원인을 분석한 후 다음에 성공하기 위해 더 효과적인 계획을 세웠을 것이다. 하지만 여우는 자기 한계와 메타인지적 조절 부족을 부인함으로써 성공발전할 기회를 놓쳤다.

'여우와 포도' 우화에 메타인지 개념을 적용하면 다음과 같은 교훈을 얻을 수 있다. 첫째, 자신의 한계를 정확하게 인식하는 능력이 중요하다. 여우는 실패 이후에도 원인을 제대로 분석하지 않았다. 둘째, 전략적 사고와 자기 조절이 필요하다. 여우는 계속 뛰어오르는 단순한 방법을 고집했고 다른 해결책을 찾으려 하지 않았다. 셋째, 실패에 대한 성찰은 학습과 성장에 필수적이다. 자신의 실패를 합리화하면서 여우는 더 나은 결과를 얻을 수 있는 기회를 잃었다. 이처럼 '여우와 포도' 우화는 메타인지적 개념을 적용해 성찰과 계획, 조절 능력의 중요성을 제시한다.

메타인지는
왜 유명해졌을까

첫째, 교육심리학자들이 학습과 관련해 메타인지 개념을 도입했기 때문이다. 기존의 행동주의 학습이론은 학습이 보상, 처벌과 같은 외부 환경의 영향을 받는다고 보았다. 반면, 메타인지에서는 학습자가 스스로 학습 과정을 통제하고 조절하는 능력을 강조한다. 최근 주목받고 있는 자기주도 학습은 메타인지와 밀접하게 연결되어 있다는 점도 고려해야 한다.

일부에서는 자기주도 학습을 단순히 학습자가 학원이나 과외 같은 외부 요인의 조력 없이 스스로 공부하는 것으로 오해하기도 한다. 이것은 학교, 과외, 학습지, 학원, 인터넷 강의, 스터디 그룹 등 기존의 정해진 학습 방법에만 의존하지 않고, 스스로 학습을 설계하고 조정하며, 반성하고 수정해나가는 학습 방식을 의미한다. 독서실이나 스터디 카페에서 혼자 학습을 해나갈 수도 있고, 학원이나 기타 매체의 도움을 받을 수도 있다. 자신의 학습에 가장 유익한 방식을 선택하는 것이지, 나 홀로 고립된 장소에서 학습을 하는 것이 아니다. 즉, 학습자 스스로 자신의 학습과 인지 과정을 모니터링해서 이를 토대로 학습 과정을 조율하는 것이다.

기존 학습이론에서 덜 중요하게 여겨졌던 요소 중 하나는 바로 '감정과 동기'의 역할이다. 그러나 메타인지에서는 감정과 동기의 중요성을 강조한다. 학습 과정에서 느끼는 지루함, 좌절감, 흥미, 동기 부여 정도를 인식하고 이를 조절해나가는 것이 메타인지의 핵심 요소이다. 예를 들면, 학습자가 학습 과정에서 스트레스가 늘어나는 것을 인식하면, 이를 극복하기 위한 대책을 마련하는 것이 바로 메타인지적 조절의 한 형태이다.

둘째, 메타인지가 문제 해결과 의사 결정 능력을 향상시키는 데 도움을 주기 때문이다. 메타인지적 기술은 문제를 명확하게 찾아내고 다양한 해결 방법을 시도하며, 상황에 맞는 전략을 세우는 능력을 키우는 데 유익하다. 이러한 기술이 발달하면 새로운 상황에 직면하거나 복잡한 문제에 부딪힐 때, 문제 해결 단계에서 생길 수 있는 오류를 최소화하고 최선의 결정을 내릴 수 있다. 이러한 문제 해결 능력은 학습 영역뿐만 아니라 사회생활과 개인의 일상생활에서도 매우 중요한 역할을 한다.

메타인지는 자신의 사고방식을 점검하고 그에 따른 의사 결정을 조정한다. 이를 통해 결정의 근거를 검토하고, 감정이나 인지적 편향이 결정을 방해하지 않도록 조절할 수 있다. 따라서 중요한 결정을 내릴 때 좀 더 합리적이고 실질적인 결정을 내릴 수 있다. 이러한 과정에서 자기 성찰과 자기반성을 통해 더 나은 방향으로 성장할 수 있는 기회를 발견한다. 특히 감정 조절 능력을 통해 스트레스 상황에서의 대처 능력도 향상된다.

셋째, 교육과 직장의 훈련 과정에 메타인지적 기술을 활용할 수 있기 때문이다. 메타인지 능력이 뛰어난 사람일수록 학업 성취도가 높고, 직장에서의 성과도 우수하다. 기업체 훈련 프로그램으로 메타인지적 기법이 환영받는 이유다.

메타인지는 곧
변화의 출발점이다

메타인지를 통해 새로운 전략을 세우고 사고방식을 전환하면 변화를 일으킬 수 있다. 즉, 현재의 사고, 행동, 학습 방식을 성찰함으로써 이것이 시프트의 출발점이 될 수 있다.

첫째, 자기 인식과 반성으로 시프트를 추진할 수 있다. 메타인지는 현재 자신의 생각이나 행동 패턴을 인식하고 점검한다. 그 과정에서 자기에게 부족한 것을 알고 무엇을 개선할지 자각한다. 이 자각은 시프트로 이어질 수 있다.

과거 삼성그룹 고 이건희 회장은 취임 전 삼성의 현재와 미래에 대해 고민하는 과정에서 기존의 경영 방식이 글로벌 경쟁에서 밀리는 요인이 될 수 있음을 메타인지적으로 인식하고, 이에 대한 메타인지적 조절 방안을 구상했다.

회장 취임 후 과거의 성공에 안주하지 않고 '신新경영' 체제로의 전환을 선포했다. 기존의 '국내용 가전 회사'라는 이미지를 탈피하기 위해 품질 경쟁력을 높이고 기술 개발과 혁신에 집중하면서, 글로벌 전자제품 및 반도체 선두 주자로 시프트 하는 데 성공했다. 개인의 메타인지가 기업 경영에 어떻게 영향을 미칠 수 있는지 보여

주는 결정적 사례이다.[100]

2011년 스티브 잡스가 세상을 떠난 뒤 팀 쿡이 애플의 CEO 자리에 오른다. 스티브 잡스가 없는 애플은 위기설이 나돌았고, 팀 쿡의 역량에 대한 평가도 회의적이었다. 잡스가 아이폰, 아이패드, 맥북 같은 혁신적 제품을 개발해 애플의 발전을 주도했다면, 팀 쿡은 전략적이고 효율적인 경영 방식을 통해 능력을 발휘했다. 잡스처럼 새로운 제품 개발에 직접 아이디어를 낸다든가 디자인 부서를 드나들며 제품 개발 과정을 점검하지 않았다. 대신 새벽 4시부터 일을 시작하고 일벌레처럼 회사 일에 몰입했다.

그는 메타인지적 인식과 반성을 통해 애플 워치, 에어팟 같은 웨어러블 시장을 겨냥한 새로운 성장 동력을 확보하고, 앱스토어, 애플 뮤직, 애플 TV 등 서비스 부문의 매출을 키워나갔다. 더불어 환경친화적 경영을 개선해 탄소 중립을 위한 목표 달성을 실천하고 있다.

또한 애플은 경쟁 업체들이 사용자의 데이터를 수집해 기술적 우위를 선점하려는 전략에 반대하며, 사용자 정보가 유출되지 않도록 철저히 차단하고 있다. 이러한 애플의 자기반성을 통한 시프트는 팀 쿡과 함께 현재도 계속 진행 중이다.[101]

둘째, 메타인지를 통해 새로운 환경이나 요구에 맞춰 전략을 조정할 수 있다. 시프트는 변화에 적응하고 발전하기 위해 기존의 사고, 행동, 체계를 바꾸는 과정이다. 메타인지는 이러한 변화를 촉진하는 중요한 도구가 될 수 있다. 메타인지를 통해 현재 정책과 체계가 미래에 적합하지 않다고 인식했다면, 세상에 맞는 새로운 전략으로 시프트가 이루어져야 한다. 메타인지 기술은 변화하는 환경에 맞서 더 나은 선택을 하기 위해 필요하다.

메타인지를 통해 세계 굴지의 기업으로 재탄생한 기업들이 있다. 아마존은 초기에 온라인 서점으로 주목받았지만, 아마존의 창립자 제프 베이조스Jeff Bezos는 고객의 요구와 시장 변화를 메타인지적으로 인식해 빠르게 대응-시프트함으로써 아마존을 현재 세계 최대의 전자상거래 및 클라우드 컴퓨팅 회사로 성장시켰다.

넷플릭스 역시 1997년 DVD 대여 서비스 회사로 출발했지만, 2007년, 온라인 스트리밍 서비스를 도입하면서 기존 DVD 렌탈사업을 디지털 세계로 연결시켰다. 이는 넷플릭스의 대표이사 리드 헤이스팅스Reed Hastings와 운영진이 비지니스 환경의 변화를 메타인지적으로 인식하고 시프트를 시도한 결과이다.

국내 기업 중 네이버는 검색 엔진 사업이 주력 상품이었다. 사용자들의 요구와 디지털 시장의 변화를 메타인지적으로 인식해 쇼핑, 웹툰, 핀테크 등 다방면으로 사업 영역을 확장했다. 특히 웹툰과 콘텐츠 분야의 정립은 네이버가 글로벌 콘텐츠 플랫폼으로 성장하는

데 발판이 되었다.

카카오는 모바일 메신저 '카카오톡'으로 시작한 이후, 메타인지적으로 사용자의 데이터와 트렌드를 분석해 메신저 기능을 넘어 종합 플랫폼 사업으로 시프트 했다. 카카오뱅크, 카카오택시, 카카오페이 등 O2O Online to Offline 서비스의 정착에도 성공했다. 이는 사용자의 요구와 눈부시게 발전하는 디지털 기술 환경을 메타인지적 조절을 통해 대응하면서 시프트 한 결과이다.

셋째, 메타인지와 시프트를 통해 지속적 개선과 성장이 가능하다. 메타인지와 시프트는 단기간의 변화에 그치지 않고 계속해서 발전해나가는 데 중요한 역할을 한다. 메타인지적 반성을 통해 더 좋은 방법을 찾아내 실천하며, 그 과정과 결과에 대해 반성하고 다시 실천하는 과정을 반복한다. 이 과정이야말로 지속적으로 개선하고 성장하는 시프트의 핵심이다.

1981년부터 20년간 제너럴 일렉트릭의 CEO를 지낸 잭 웰치Jack Welch는 메타인지적 인지와 조절을 통해 회사의 관료주의를 없애고, 재고와 비효율성을 낮추기 위해 노력했다. 예를 들면, '순위 매기기와 해고' 정책을 시행해 매년 매년 성과가 하위 10%에 속하는 관리자를 해고하고, 상위 20%의 직원에게는 보너스와 주식 옵션을 지급했다.

또, 모토로라의 식스 시그마Six sigma 전략을 도입해 제품 생산 과정에서 발생할 수 있는 변동성이나 결함을 백만 개당 3.4개 이하로 낮췄다. 이로 인해 경영 절차의 효율을 높이고 낭비를 최소화하며, 고객 만족도를 향상시켰다. 그의 재임 기간 동안 회사의 시장 가치는 120억 불에서 4,100억 불로 상승했다. 잭 웰치의 리더십은 직원들에게 메타인지적 사고를 심어주었고, 기업의 지속적 개선과 성장 모델로 자리 잡게 되었다.[102]

윈도우와 마이크로소프트 오피스로 잘 알려진 마이크로소프트는 1975년 빌 게이츠Bill Gates와 폴 앨런Paul Allen이 설립한 회사이다. IBM 컴퓨터의 운영 체계인 MS-DOS를 개발해 급성장했으며, 1985년 윈도우 프로그램을 출시하면서 컴퓨터 시장의 표준 운영 체계로 자리 잡았다.

2000년대 들어 성장이 정체되었으나, 2014년 CEO로 취임한 사티아 나델라Satya Nadella는 메타인지적 사고와 반성을 통해 시프트의 필요성을 절감한다. 회사의 폐쇄적 제품 개발 방식과 방향성 개선 등 메타인지적 조절을 통해 직원들이 스스로 사고와 업무 방식을 통찰하도록 격려하며, 보다 개방적이고 협력적인 사내 문화를 구축했다.[103]

제품 개발 방식을 바꾸고, OS에 주력하던 사업 모델도 모바일 클라우드 기업으로 체질을 개선했다. 클라우드 컴퓨팅 플랫폼인 마이크로소프트 애저Azure와 윈도우 365는 마이크로소프트의 성장을 견인하고 있다. 그 결과, 2023년 전 세계 기업 평가에서 브랜드 가치 5대 기업Apple, Microsoft, Google, Amazon, Samsung의 하나로 선정되었다.

메타인지는 자신의 생각과 행동을 인식하고 검토하는 과정에서 변화의 필요성과 방향을 찾아내 시프트를 이끌어내는 원동력이 된다. 또한, 문제를 인식하고 해결책을 모색하며, 더 나은 방법으로 발전하고 지속적인 성장을 할 수 있게 돕는다. 메타인지는 개인의 학문적, 직업적 성장은 물론 기업과 사회의 미래를 밝히는 데 중요한 역할을 하며, 시프트의 핵심 요인이라 할 수 있다.

긍정심리학

행복을 향해
다가가는 연습

긍정심리학은
어떻게 태어났는가

기존의 심리학은 주로 정신장애와 부정적 감정에 초점을 맞추고 이를 완화시키고 해결하는 역할을 맡았다. 반면, 긍정심리학은 개인과 사회에서 일어날 수 있는 행복하고 기쁜 일을 지속시키는 방법과 힘들고 어려운 상황을 극복하고 해결할 수 있는 과학적 방법을 제시하는 학문이다. 긍정심리학은 개인의 잠재력과 가능성을 극대화하는 데 집중하며, 개인뿐만 아니라 기업, 교육, 지역사회에서 긍정적 변화를 일으키는 수단으로 활용되고 있다.

그렇다면 긍정심리학은 어떻게 시작되었을까? 1979년, 하버드 대학교 심리학과 교수 엘렌 랭어Ellen Langer[104] 연구팀은 사고방식이 노화에 미치는 영향에 대한 실험을 했다. 70~80대 노인 남성 8명을 뉴햄프셔의 한 수도원에서 일주일간 지내게 했다. 수도원 내부는 1959년처럼 느껴지도록 옛날 잡지와 당시 유행한 소품들로 꾸몄다. 참가자들에게는 현재가 마치 1959년인 것처럼 대화하고 생활하도록 요청했다. 대조군 집단은 같은 시설에서 생활하되, 평소와 같은 일상을 지내도록 했다.

　일주일 후 결과를 살펴보니, 20년 젊게 생활했던 참가자들의 신체 및 정신 건강이 눈에 띄게 좋아졌다. 관절 유연성, 기억력, 시청각 능력 등 다양한 지표에 변화가 생겼다. 일부 참가자는 외모도 젊어진 듯 보였다. 대조군과는 확연한 차이가 있었다.

　이 연구는 건강과 노화에 대한 생각의 차이가 노화 과정에 영향을 미칠 수 있음을 입증하는 사례로 활용되고 있다. 한편으로는 생활 환경과 인지 방식을 변화시켜 노화를 되돌릴 수 있다는 가능성을 암시한 것이다. 일명 '시간 역전' 또는 '거꾸로 가는 시계' 연구로 알려져 있으며, 훗날 긍정심리학의 발전에 영감을 준 연구로 평가받고 있다.

　이후 1998년, 펜실베이니아대학교의 마틴 셀리그먼Martin Seligman 교수는 미국심리학회장 선거에서 상대 후보를 압도적인 표 차로 이기고 당선됐다. 그는 임기 동안 긍정심리학을 과학 영역으로 도입하겠다고 선포했다. 2002년, 셀리그먼은 그간 축적된 자료를 바탕으로 긍정심리학을 대중에게 알리는 책을 출간했다. 책의 제목은 'Authentic Happiness: Using the New Positive Psychology to Realize Your Potential for Lasting Fulfillment진정한 행복: 새로운 긍정심리학을 활용해 지속적 성취를 이루는 방법'이다. 우리나라에서는 한국긍정심리연구소 우문식 소장이 『마틴 셀리그먼의 긍정심리학』으로 번역, 출간했다. 우문식 소장은 긍정심리학이 우리나라에 정착, 확산되는 데 기여했다.

마음이 어두운 사람을 비추는
긍정심리학의 힘

나는 정신의학을 전공하면서 정상 마음 상태보다는 수없이 다양한 정신병리를 배웠다. '병리'란 말 그대로 정상을 벗어나 문제가 생긴 상태이다. 이 부분이 정신의학에서 가장 중요한 원리이자 가장 넘기 힘든 벽이다.

병원의 전문 진료과목은 최소 26개 이상 존재한다. 그중 정신건강의학과를 제외한 모든 진료과는 조직 검사, 혈액 검사, 엑스레이, 자기공명영상 검사, 핵의학 검사, 내시경 검사 등으로 수집된, 눈에 보이는 자료들을 살펴보고 병리를 찾아낸다. 정신의학에도 진단 기준이 꼼꼼하게 만들어져 있지만 눈에 보이는 물리적, 기계적 진단 도구는 없다. 대신 정신의학적 심층 면담과 심리 검사 도구를 활용해서 정신병리를 찾아내야 하기 때문에 쉽지 않다.

정신의학에서 찾아내려는 감정은 흔히 부정 정서로 분류되는 것들이다. 우울, 불안, 분노, 망상, 조증, 수치심, 죄책감, 열등감, 절망감, 자살 사고 등이 이에 해당한다. 기쁨, 자긍심, 만족감, 자존감 등 긍정 정서가 충만한 사람이 정신과를 찾는 일은 거의 없기 때문이다.

단순히 생각해보면, 정신장애의 치료 원리는 환자가 가지고 있는 부정 정서를 긍정 정서로 돌려놓는 것이다. 그러나 피해망상이 심각한 환자에게 "당신이 지금 하는 생각은 잘못된 것이니 잊어버리세요"라고 알려준다고 해서 증상이 낫진 않는다. 무기력하고 자존감이 바닥을 친 우울증 환자에게 "아니에요, 당신은 할 수 있어요"라고 격려해도 생물학적 우울 상태에서 벗어나기는 쉽지 않다.

정신과 의사로서 나는 병원을 찾는 사람들을 도와주는 것도 중요하지만, 대중의 정신 건강을 챙기고 증상이 깊어지는 것을 예방할 수 있는 방법이 필요하다고 생각했다. 긍정심리학의 출현은 정신 건강 분야에 종사하는 전문가들은 물론 일반 사람들이 기존과 다른 새로운 방향을 볼 수 있도록 해주었다.

긍정심리학은 인간의 고통이나 정신적 장애보다는 밝은 면에 집중하고, 약점 대신 장점을 극대화하려는 학문이다. 그러나 긍정 심리라고 해서 근거 없이 일방적으로 낙관적인 태도를 갖는 것은 아니다. 과학적, 학문적 연구를 통해 입증된 이론을 현실에 적용한다.

부정이 있기에
긍정이 있다

마크 트웨인의 작품 『천국과 지옥』[105]에는 '천국은 아름답고 이상적인 곳이기는 하지만 사람들이 정말 좋아하는 것들이 없어서 지루한 곳'이라는 내용이 있다. 인간의 욕망과 결함이 없는 세계는 재미없고 매력도 없다는 것을 풍자한 것이다.

인간의 감정 중 수치심, 외로움, 죄책감, 분노, 슬픔, 적개심, 자만심, 우울, 걱정, 불안, 두려움, 낮은 자존감, 열등감, 질투, 실망감, 혐오감 등을 부정 정서로 분류한다. 반대로 사랑, 감사, 희망, 기쁨, 행복, 만족감, 자부심, 평온함 등은 긍정 정서로 분류한다.

정서라는 단어도 그렇고, 긍정이나 부정 역시 저울로 재서 알 수 있는 정량적 단위가 없다. 긍정심리학이라고 해서 부정 정서로 분류되는 모든 것을 제거하거나 억제하려는 게 아니다. 부정 정서가 존재하기 때문에 긍정 정서가 가치 있고 의미를 지닌다. 부정 정서가 만성적으로 반복되거나 지나치게 강할 경우 개인이나 사회에 심각한 영향을 미칠 수 있지만, 그렇다고 해서 부정 정서가 모두 제거해야 할 대상은 아니다.

코비드19 사태를 겪으면서 많은 사람들이 자기도 모르게 우울해졌다. 전체적인 사회 분위기는 물론 세계적으로도 우울 모드가 지속됐다. 나를 포함한 주변과 지역사회가 모두 그러해서 처음에는 제대로 인지하지 못했다. 그러나 인식하고부터는 이를 긍정 모드로 바꾸기 위해 너 나 할 것 없이 발 벗고 나섰다. 우울이 있어서 기쁨과 희망을 찾아가기 시작한 것이다.

또한 학교에서 운동이나 공부를 하면서 열등감, 좌절, 낮은 자존감 등을 경험하는 아이들이 많다. 이러한 부정 정서가 반복될 때 자신이 상처받기 쉬운 기질이라면 더 심각한 부정적 상태로 발전할 수도 있다. 하지만 그런 정서로 인해 더 열심히 공부하고 연습하려는 의욕이 생기는 것도 부정 정서가 갖는 긍정 성과이다.

부정 정서와 긍정 정서는 상황과 맥락에 따라 다르게 경험하게 되며, 개인 삶에서 중요한 역할을 한다. 부정 정서는 오히려 인간 생존과 위험을 피하는 데 도움이 되고, 긍정 정서는 행복을 증진시키고 사회적 관계를 강화하는 데 기여한다.

우리가 원하는 것은
결국 행복이다

긍정심리학의 창시자 중 한 명인 마틴 셀리그먼이 저술한 첫 책의
제목은 'Authentic Happiness진정한 행복'[106]이다. 즉, 긍정심리학의
궁극적 목표는 행복한 삶이다. 책에 자주 언급된 그랜트 연구에서
강조하는 인생의 의미나, 건강하게 100세를 사는 백세인들의 건강
비결에는 행복한 삶이 포함되어 있다.

행복은 크게 두 가지로 나눌 수 있는데, 기쁨과 즐거움 같은 감정
을 단기적 행복이라 하고 성취감과 삶의 만족감 같은 감정을 장기
적 행복이라 한다.

그렇다면 우리는 행복을 얻기 위해 어떻게 해야 할까? 셀리그먼
과 동료들은 행복에 필요한 덕목을 찾기 위해 전 세계의 역사 문화
적 차원을 포괄할 수 있는 다양한 문헌과 자료를 검토했다. 아리스
토텔레스, 플라톤Platon, 토머스 아퀴나스Thomas Aquinas, 아우구스티
누스Augustinus 등의 고대 철학 서적과 구약성서, 탈무드, 힌두교 경
전, 불경, 이슬람의 코란 등 종교 서적, 중국의 도 사상, 일본 사무라
이의 무사도, 인도의 우파니샤드 같은 아시아의 정신세계, 그리고
공자와 노자 등 동양 철학, 미국 독립의 아버지라 불리는 벤저민 프
랭클린Benjamin Franklin의 생활 철학 등의 자료들을 분석했다.

벤저민 프랭클린이 말한 것처럼 역사 문화적으로 같은 개념이 다르게 설명되기도 했고, 이론마다 비슷한 개념이 중복되기도 했다. 따라서 동서양의 다양한 이론을 아우를 수 있는 덕목으로 지혜, 용기, 인류애, 정의, 절제, 초월, 이 여섯 가지를 찾아냈다. 셀리그먼의 책에서는 여섯 가지 덕목의 하위 요인들을 자세하게 소개했으나, 이 책에서는 여섯 가지 덕목의 특징에 대해서만 알아본다.

① 지혜

지혜란 지식을 습득하고 활용하는 능력을 말한다. 여기에는 창의성, 호기심, 열린 사고, 학습에 대한 열정, 관점과 지혜 같은 강점이 포함된다.

지혜를 얻고 지식을 쌓는 방법은 학습이다. 학습이 잘되려면 자발성이 필요하고, 자발성이 생기려면 궁금해져야 한다. 그리고 호기심이 있으면 궁금해진다. 나는 어릴 때 할 일을 제때 하지 않고 딴짓을 많이 해서 자주 지적을 받았다. 중·고등학생 때도 그런 습관은 학교생활에 별로 도움이 되지 않았다. 입시 준비를 하기에도 바쁜 시기라서 궁금한 것을 충족시킬 여유가 없었다. 의과대학에 들어가서는 상황이 더 심각했다. 알아야 할 지식이 너무 많아서 암기하기도 벅찰 지경이었다. 정신과 전공의 시절은 더 힘들어졌다.

전공의 1년 차 때 교수들과 함께 지금 정신건강의학과와 임상 심리에서 많이 사용하는 21문항으로 된 벡 우울척도Beck Depression Inventory를 우리말로 표준화하는 작업에 참여했다.[107] 먼저 환자와 건강한 대조군을 선정해서 비교 연구한 결과, 심각한 우울을 의심할 수 있는 절단 점수를 찾아냈다.

번역이 끝난 후 나도 검사를 해보았다. 점수를 보고 당황스러웠다. 심각한 우울에 해당하는 점수였기 때문이다. 정신과 의사를 하려고 수련받기 시작했는데, 중증 우울에 해당한다니? 혼자 끙끙거리다 선배들에게 자문했더니 명쾌한 답변이 돌아왔다. 스물한 가지 설문만으로 중증 우울증을 진단하는 일은 없다는 것이다. 스스로 생각하는 자기감정일 뿐, 의사가 전문적으로 평가했을 때 중증 우울증이 의심되는 경우에만 진단을 고려한다는 것이다.

선배들은 내가 생각이 너무 많아서 그런 거라며, 그게 병이라고 했다. 궁금한 게 많다는 것은 장점이 될 수도 있지만, 동시에 나의 약점이 될 수 있다는 말이었다. 이 일로 나는 내가 힘들어했던 습관이 호기심 때문이라는 것을 깨달았다. 다행히도 내가 수련받았던 병원은 나의 호기심에 대해 매우 수용적인 분위기였다. 교수들과 선배들은 나의 과도한 호기심을 너그럽게 참아주고 인정해주기도 했다.

이번에 책을 쓰면서 지난 세월을 돌아보니, 대학에서 연구하고 논문을 쓸 때가 제일 행복했던 것 같다. 학생으로서 교육을 받던 시절보다 환자를 진료하면서 궁금한 내용을 주제로 삼고 연구하는 과정이 즐거웠기 때문이다. 사실 의문에 대한 명확한 답을 찾아낸 경우는 많지 않았다. 오히려 '지금으로서는 답을 알 수 없다는 게 최선의 답'이라는 결론에 도달한 적이 더 많았다.

환자에게 필요한 답을 찾아다녔지만, 환자에게 지금 당장 필요한 답을 찾지 못해서 안타까울 때가 많았다. 하지만 문제를 해결하지 못해서 답답할 때, 모른다고 인정하면 답답함이 덜해진다. 그리고 다른 방법을 찾기 시작하면 된다.

다른 예를 들어보자. ADHD가 있는 아이를 진료하다가 그 아이의 부모나 조부모에게서 아이와 유사한 특징을 발견하는 경우가 많아지면서 어른에게도 ADHD가 있는지 의문이 들었다. 당시 교과서상으로는 ADHD가 청소년기를 지나며 소실되는 병으로 되어 있었다. 의문은 곧 호기심으로 이어졌고, 탐색을 시작했다.

해외에서도 이미 관련 연구가 진행되고 있었다. 지금처럼 페이스타임이나 줌이 있었다면 궁금증을 빠르게 해소하고 지식도 더 많이 쌓았을 것이다. 하지만 30년 전만 해도 비행기로 열 시간 넘게 이동해야 연구자를 만날 수 있었고, 논문이 실린 잡지를 받아보려면 최소 한 달 이상을 기다려야 했다.

그런데 궁금증을 풀 수 있는 답을 기다리고, 연구자를 만나러 가는 시간이 길어질수록 생활에 활력이 생겼다. 깊은 맛을 내는 된장을 아랫목에 띄우고 기다리거나 좋은 와인을 맛보기 위해 몇 년을 기다리는 것과 같은 재미를 느꼈다.

지혜의 속성 중에 사물이나 세상을 바라보는 관점이 있다. 개인의 관점에 따라 삶이 달라질 수 있듯이 위대한 인물의 독특한 관점이 나라와 국민의 삶을 달라지게 할 수 있다. 인도의 마하트마 간디Mahatma Gandhi는 영국의 식민지였던 인도의 독립을 위해 투쟁한 인물이다. 무력 항쟁이 당연하던 시기에 그는 비폭력 저항을 시도했다. 이것이 인도 전역에 퍼지면서 그를 따르는 시민들이 늘었고, 비폭력 방식으로 저항했다.[108]

예를 들면, 영국이 소금을 독점하고 세금을 높게 부과하자 간디는 추종자들과 함께 먼 길을 걸어 바닷가에서 직접 소금을 채취하며 법에 저항했다. 또 영국산 면직물 보이콧을 주도하고, 인도인들이 자국의 생산품을 사용하도록 자급자족 운동을 장려했다. 그의 평화적 비폭력 저항운동 철학은 훗날 미국의 인종차별에 맞선 마틴 루터 킹Martin Luther King 목사의 민권 운동, 남아프리카 공화국의 유색인종 차별에 맞선 넬슨 만델라의 시민 저항 운동으로 이어졌다.

② 용기

용기는 목표를 향해 전진하고 어려움에 처했을 때 극복해내는 능력이다. 용감함, 인내, 정직 등이 이 덕목을 이루는 주요 강점에 포함된다.

미국 초대 대통령인 조지 워싱턴George Washington은 어릴 때 아버지가 아끼는 체리나무를 도끼로 잘라버리고는 사실대로 고백했다. 아버지는 아들이 정직하게 자기의 잘못을 인정한 용기를 칭찬했다고 한다.

말랄라 유사프자이Malala Yousafzai는 1997년 파키스탄 북서부 스와트 계곡의 민고라에서 태어났다. 여성도 교육받을 권리가 있다고 강조한 아버지 덕분에 그녀는 어릴 때부터 학교에 다닐 수 있었다. 탈레반이 스와트 계곡을 점령한 후 여학생의 교육을 금지하며 학교를 불태웠다. 2009년, 그녀는 영국 BBC 우르두어 방송의 요청으로 탈레반이 장악한 스와트 계곡에서 여학생들이 학교에 다니지 못하는 어려움과 두려운 상황에 대해 '굴 마카이'라는 가명으로 블로그를 작성했다. 이후 그녀는 여성의 교육권을 주장하는 상징적 인물로 주목받기 시작했다.

2012년 10월, 열다섯 살이 된 말랄라는 학교에서 집으로 돌아가는 버스 안에서 탈레반 무장세력의 총격을 받았다. 머리와 목에 총상을 입었으나 영국으로 옮겨져 수술을 받고 기적적으로 회복했다. 이 사건이 국제적 공분을 불러일으키며 전 세계의 많은 사람들이 말랄라를 지지하기 시작했다.

2013년 7월 12일, 자신의 열여섯 살 생일에 유엔에서 교육의 중요성을 강조하는 연설을 했다. 그해 말, 그녀는 책『나는 말랄라』[109]를 출간했다. 이후 말랄라는 아버지와 함께 자신의 이름을 딴 '말랄라 기금'을 설립했고, 이 기금으로 세계 여러 지역의 아이들에게 교육 기회를 제공했으며, 여학생들이 학교에 다닐 수 있도록 도왔다. 여학생의 교육을 제한하는 지역을 찾아가 연설을 하기도 했다.

2014년, 말랄라는 열일곱 살로 최연소 노벨평화상 수상자가 되었다. 수상 연설에서 그녀는 "이 상은 저 혼자만을 위한 것이 아닙니다. 교육받기를 원하지만 잊힌 아이들을 위한 것입니다. 평화를 바라지만 두려움에 떠는 아이들을 위한 것입니다. 변화를 원하지만 목소리를 낼 수 없는 아이들을 위한 것입니다"라고 소감을 전했다.

말랄라는 억압과 두려움 속에서도 자신이 믿는 정의를 위해 싸우며, 탄압받는 여학생들이 동등하고 공정한 교육 기회를 받을 수 있도록 앞장서고 있다.

③ 인류애

인류애라고 해서 거창하게 생각할 필요는 없다. 기본적으로 인간에 대한 사랑, 연민, 존중을 의미한다. 넓게 보면, 인종, 종교, 국적, 성별에 상관없이 모든 인간을 똑같이 사랑하고 배려하는 마음이다.

실생활에서는 다른 이들과 친밀한 관계를 맺고 친절하게 대하는 능력이며, 타인의 고통을 공감하고 돕기 위해 행동으로 실천할 수 있다. 더 넓게 보면, 인류 공동체의 행복과 복지를 위해 희생하고 봉사하는 행위로 확대할 수 있다.

1990년대 후반, 나는 부산의 고신대학교 병원에서 근무한 적이 있다. 어느 날 병원 옥상에 올라갔다가 병원 건물과 어울리지 않는 움막 비슷한 구조물을 보았다. 그곳은 바로, 1995년 말까지 고 장기려 박사가 거처하던 곳이었다.

장기려 박사는 1911년 평안북도 용천에서 태어나 경성의학전문학교를 졸업하고, 외과 의사 백인제의 제자로 외과 의사가 되었다. 1943년, 우리나라에서는 최초로 간암 절제 수술을 집도한 뛰어난 의사다. 6·25 전쟁 때 차남 장가용 훗날 서울대학교 의과대학 교수가 됨과 월남했고, 돌아가실 때까지 평생 북에 두고 온 가족을 그리며 살았다.

그는 부산에 자리를 잡고, 현 고신대학교 의과대학병원의 전신인 복음진료소를 세워 환자를 진료하고, 장애인과 불우이웃 돕기에 앞장섰다. 과거 의료보험제도가 없어 제대로 치료받지 못하는 사람들을 위해 우리나라 최초의 의료협동조합인 '청십자'를 설립해 운영했다. 치료받던 환자가 치료비를 내지 못해 퇴원하지 못하자, 어느 날 슬그머니 병원 뒷문을 열어 환자가 집으로 돌아갈 수 있도록 도왔다는 일화도 전해진다.

60년 이상 인술을 베풀며 봉사, 박애, 무소유를 실천했기에 자신은 평생 자기 집을 가지지 않고, 돌아가실 때까지 복음진료소 옥상 사택에서 살았다. 환자들의 행복을 위한 장기려 박사의 인류애 정신은 여전히 많은 의료인과 봉사자들의 귀감이 되고 있다.[110] 나아가 그분 스스로도 "진정한 의사의 보람은 사람들의 고통을 덜어주는 데 있다"고 말하며 행복한 삶을 살았다.

오래전, 같은 병원에서 헌신적으로 환자를 진료하던 젊은 산부인과 여교수가 사직해서 동료들이 모두 아쉬워했다. 그리고 몇 년 뒤 우연히 본 '국경없는 의사회' 홍보 영상에서 그 선생을 볼 수 있었다. '아, 역시 그랬구나!' 우리 눈에 보이지 않는 험한 곳에서 국적에 상관없이 봉사할 수 있는 기회를 갖는 것만으로도 행복해하는 이들의 사랑이 세상을 아름답게 만든다는 생각이 들었다.

2023년 9월, 인터넷 매체에서 한 외국인 수녀의 부고를 접했다. 그녀는 오스트리아의 마가렛 피사렉Margaritha Pissarek 수녀였다. 1960년대 중반부터 40년간 우리나라 소록도 한센인 마을에서 환자들의 치료를 도우며 머물렀다. 오스트리아 간호학교에서 함께 공부했던 마리안느 스퇴거Marianne Stöger 수녀와 함께 환자들을 돌보왔다. 나이가 들어 몸이 약해져 다른 사람들에게 짐이 될 수 없다고 생각한 그들은 2005년, 편지 한 통을 남기고 조용히 오스트리아로 돌아갔다. 귀국 후 치매 증세로 요양원에서 지내던 그녀는 88세의 나이로 세상을 떠났다. 평생을 봉사하며 살아온 그녀는 자신의 주검을 오스트리아의 한 의과대학에 기증해 연구에 사용되도록 당부하기도 했다. 이들의 삶을 담은 다큐멘터리[111]와 서적[112]에서 소록도에서의 생활이 행복했다는 말을 보며 마음이 찡했다.

부고를 읽으며, 타국에서 남들이 꺼리는 한센인들을 돌보며 살아온 그들의 인류애를 조금이라도 닮고 싶다는 생각이 들었다.

다른 아이들을 밀쳐서 넘어뜨리고, 수업 시간에 딴짓을 하거나 옆에 앉은 친구에게 장난을 치며, 수업 내용과 관련 없는 질문을 많이 해서 수업에 방해가 되는 남자 초등학생을 면담했다. 학교에서는 아이의 기질이 ADHD 같다며 평가를 의뢰했다.

아이의 가정환경은 좋지 않았다. 반지하 단칸방에서 형, 여동생, 엄마와 살고 있었는데, 어머니는 감옥에 간 아버지 대신 돈을 벌어야 해서 아이들을 제대로 돌볼 시간이 없었다. 아버지는 평소에는 말이 없고 소심한 성격이지만, 술을 마시면 폭언을 일삼고 사람들에게 시비를 걸었다. 그가 감옥에 간 이유도 술을 마시고 술집 주인과 시비가 붙어 기물을 부수고 도망치려 했기 때문이다. 술버릇 때문에 일자리를 구해도 금세 해고됐다. 친할아버지도 술 문제가 있었고 간경화로 일찍 돌아가셔서 아이 아빠는 어릴 때부터 돈을 벌어야 해 중학교를 중퇴했다.

아이의 표정은 해맑았다. 열악한 가정환경에 대해서도 잘 알고 있었다. 그런데 어떻게 저렇게 편안해 보일까? 나는 엉뚱한 데서 답을 찾았다. 가족에 대한 기억을 물어보자 의외로 "아빠와 놀이동산 갔을 때가 제일 좋았어요. 솜사탕도 먹었어요"라고 답했다. 나중에 어머니에게 확인해보니 평생 딱 반나절 아빠 노릇을 한 적이 있다고 했다. 엄마는 일하느라 함께 못 갔고, 아빠가 애 셋을 데리고 놀이동산 간 적이 있단다. 아이는 그 기억을 너무나 소중하게 생각하고 있었다. 아이는 ADHD보다는 제대로 훈육받을 기회가 없었던 환경이 더 문제처럼 보였다. 교육청과 주민센터를 통해 치료비 지원을 받아 치료를 받으며 아이는 차츰 좋아졌다. 중학교 입학 후에는 선생님들에게 사랑받는 학생이 되었다.

아빠 노릇을 제대로 한 그 한 번이 아이에게 소중한 자원이 되었다는 것을 아빠는 모를 수도 있다. 그러나 아이는 사랑받는 것이 어떤 것인지 경험했고, 그 기억과 그때의 행복감을 다른 어떤 부정적 감정보다 크게 간직하고 있다. 그 경험이 아이가 엇나가지 않게 중심을 잡아주는 밑거름이 된 것이다. 이처럼 인류애는 작은 사랑에서 시작되며, 작은 사랑이 큰 기적을 만들 수 있다.

④ 정의

정의란 모든 사람이 동등하고 공정하게 대접받는 것을 말한다. 몇 년 전 하버드대학교 교수 마이클 샌델Michael Sandel의 『정의란 무엇인가』[113]라는 책이 선풍적 인기를 끌었다. 그가 주장하는 정의란 리더십, 공정성, 팀워크를 포함한다.

이 책에서 샌델은 정의가 무엇인지 확정 짓지 않았다. 대신, 세 가지 정의의 유형을 제시했다. 첫째, 사람들의 행복을 보장하는 것이 정의라는 공리주의, 둘째, 개인의 자유를 보장하는 것이 정의라는 자유주의, 셋째, 단순히 행복이나 자유의 보장이라고 규정할 수 없으며, 다양한 가치에 따라 공동체 구성원의 삶과 공동선을 추구하는 공동체주의를 말한다.

책에서는 안락사, 장기 이식, 식인 행위, 징집 제도, 대리모, 대학 입시에서 소수 집단 우대 정책, 부의 재분배 원칙, 애국심이 미덕인가, 낙태, 동성애 등 다양한 주제를 정의의 유형에 따라 각각 달리 해석할 수 있음을 보여준다. 이 책을 읽으면서 제대로 된 정의를 실천하는 게 참으로 어렵다는 생각을 했었다.

1993년, 30대 초반의 에린 브로코비치라는 여자가 있었다. 그녀는 두 번의 결혼에서 생긴 3명의 자녀를 둔 이혼녀였고, 경제적으로 매우 궁핍한 상태였다. 돈을 벌 방법을 찾던 중 과거 자신의 교통사고 재판을 맡았다가 패소했던 변호사에게 책임을 물어 그의 사무실에서 보조로 일하게 되었다. 변호사는 에린에게 수익성이 낮은 작은 사건들을 맡겼다.

그녀가 담당한 업무 중 하나는 캘리포니아주 힝클리Hinckley라는 소도시에서 일어난 토지거래 사건이었다. 사건을 조사하던 그녀는 별로 수익성도 없어 보이는 땅을 대형 전력회사 PG&E가 주민들로부터 직접 사들이고 있는 것을 알게 되었다. 주민들을 만나는 과정에서 그들이 괴질을 앓고 있으며 의료비 부담 때문에 땅을 팔 수밖에 없었다는 사실을 알게 되었다. 이 사건을 유의깊게 살피던 그녀는 엄청난 비밀을 발견했다. PG&E가 발전기 부식을 막기 위해 사용한 용액을 수십 년 전부터 힝클리의 식수원에 흘려보냈고, 그로 인해 많은 주민들이 중금속 중독 관련 질병에 걸리게 된 것이다. PG&E는 이를 은폐하기 위해 힝클리의 땅을 사들여 주민들을 내몰고자 한 것이었다. 에린은 사건의 진실을 밝히려는 과정에서 수많은 협박과 위험한 상황에 맞닥뜨린다.

그녀는 이 사실을 자기를 고용한 변호사에게 알렸으나, 변호사는 대기업과의 법정 싸움을 겁냈다. 하지만 에린의 정의감과 열정에 감동한 변호사는 규모가 큰 법률회사와 연합해 소송을 진행하기로 했다. 1996년 재판 결과, PG&E는 피해 주민 600여 명과의 소송에서 3억 3천 3백만 달러를 지급하기로 합의했다. 지금의 한화로 9,000억에 달하는 금액이다. 이 금액은 당시 미국 사법 역사상 직접 소송으로 지급된 가장 큰 합의금이었다. 에린은 수수료로 250만 달러를 받았다.

에린의 사례는 법적 지식이 없는 평범한 사람이 대기업의 부조리에 맞서 정의를 실현함으로써 본인은 물론 많은 피해자들의 행복과 안녕을 되찾아줄 수 있다는 강력한 메시지를 담고 있다. 이후 이 사건은 2000년 〈에린 브로코비치〉라는 제목의 영화로 개봉했고, 각종 시상식에서 상을 휩쓸기도 했다.

⑤ 절제

절제는 자기 통제와 균형을 유지하는 능력으로, 지나친 것은 피하고 감정을 조절하는 것이다. 용서, 겸손, 신중, 자기 통제력 같은 강점을 포함한다. 많은 사람이 다이어트로 체중과 몸매를 조절하기를 원한다. 성공하는 이들도 있겠으나 상당수는 중도 포기하거나 요요 현상으로 고생한다. 즉, 절제는 단기간 실천해서 완성되는 특성이 아니며, 꾸준한 통제와 실천이 필요하다.

해마다 연말이 다가오면 다음 해에 사용하기 위해 스케줄러를 사러 대형 문구점을 찾는다. 스마트폰 스케줄 앱도 여러 가지가 있지만, 나는 아직 종이로 된 스케줄러가 사용하기 편하다. 여러 제품 중에 아직 사용해본 적은 없지만 '플랭클린 플래너'[114]를 본 적이 있다. 2012년, 해외 학회에 참석하기 위한 출장길에 들어갔던 대형 서점에서였다. '얼레, 국산 제품이 미국까지 수출되나?' 하면서 자세히 들여다봤다. 만든 사람이 꽤 꼼꼼하고 절제력이 뛰어난 사람인 것 같다고 생각했다.

'프랭클린 플래너'에서 말하는 '프랭클린'이 바로, 수백 년 전 초등학생 시절에 배웠던 연을 날려 번개의 전기 성질을 증명하고, 피뢰침을 발명했던 벤저민 프랭클린이라는 사실을 그때 알게 되었다. 마침 옆에 함께 전시된 월터 아이작슨Walter Isaacson이 쓴 벤저민 프랭클린 자서전[115]을 사서 귀국길에 읽었다.

벤저민 프랭클린은 미국 건국의 아버지 중 한 명으로, 토머스 제퍼슨Thomas Jefferson과 함께 미국 독립선언서 초안을 작성하고 서명한 인물이다. 100달러 지폐 전면에 그의 초상화가 있다.

그는 1706년, 보스톤에서 양초 제조업자의 자녀 17명 중 열다섯 번째로 태어났다. 집안이 가난해 정식 학교 교육은 2년밖에 받지 못했다. 15세 때부터 형이 운영하던 인쇄소와 신문사에서 일을 배우기 시작했다. 16세부터 채식주의를 실천하며 책을 사기 위해 식비를 줄였다. 형과의 불화로 17세에 가출해 필라델피아로 떠났다.

20대에는 주로 인쇄업과 작가, 30~40대에는 과학자, 발명가, 교육자로 활동했다. 특히 36세에 발명한 프랭클린 스토브는 아직도 사용되고 있다. 46세에 번개의 본질이 전기일 것이라는 가설을 입증하기 위해 연을 날려 실험했으며, 이 실험을 통해 피뢰침을 발명했다. 50대 이후에는 정치가와 외교관으로 활약하며 미국 독립을 위해 헌신했다.

프랭클린 플래너의 탄생은 그가 정한 열세 가지 덕목과 관련이 있다. 그는 젊을 때부터 술집을 드나들지 않았으며 도박이나 놀음을 하지 않았다. 쾌락을 추구하지 않고, 오로지 일만 했다. 실제로 그를 아는 주변인들도 그가 얼마나 열심히 많은 일을 해냈는지 알고 있었다. 그럼에도 불구하고 20대 청년 플랭클린은 도덕적으로 완벽해지고 싶었다.

그는 덕목을 정하기 위해 이제까지 읽은 책에서 열두 가지를 찾아냈다. 어느 날 퀘이커교도 친구가 프랭클린의 오만함에 대해 조언했다. 대화할 때 자만심이 드러나며, 논쟁 중 자신이 옳다는 것이 밝혀져도 만족하지 않고 상대를 압도하려 한다는 것이다. 그래서 이를 고치기 위해 겸손을 추가해 열세 가지 덕목을 완성했다.

그는 덕목이 진정으로 자연스러운 습관이 되기를 원했다. 그래서 한꺼번에 달성하려고 덤비기보다는 한 번에 하나씩 완성하는 방법을 선택했다. 첫 번째 덕목이 완성되면 두 번째 덕목에 도전하는 식이다. 덕목의 순서는 이루기 쉬운 것부터 어려운 것으로, 난이도에 따라 정했다.

덕목 순서를 정한 뒤, 그는 덕목을 달성하기 위해 24시간을 어떻게 활용할 것인지 계획을 세웠다. 하루 네 번, 아침, 낮, 저녁, 밤에 덕목 항목과 관련된 내용을 장부에 기재하고 점을 찍어 표시했다. 이것이 바로 원조 프랭클린 플래너였다.

13개 덕목은 다음과 같다. 프랭클린은 자신의 덕목에 대해 자세히 기술하기보다는 간단하게 아래와 같이 표기했다.

절제. 과식하지 말고 취할 만큼 마시지 말라.

침묵. 다른 사람이나 자신에게 유익한 말만 하고, 쓸모없는 대화는 피하라.

질서. 물건은 항상 제자리에 둔다. 모든 일은 때가 있는 법이다.

결심. 해야 할 일을 결정하라. 결심한 것은 반드시 실천하라.

절약. 자신이나 타인에게 이익이 되는 경우를 제외하면 돈을 쓰지 마라.

근면. 시간을 허비하지 말라, 항상 유익한 일을 하라, 불필요한 행동은 모두 삼가라.

성실. 남에게 해를 끼치는 속임수를 사용하지 말라. 순수하고 공정하게 생각하고, 말할 때는 그에 맞게 말하라.

정의. 남에게 피해 줄 일은 하지 마라. 남에게 응당 줘야 하는 이

익은 꼭 챙겨줘라.

중용. 극단을 피하라. 다른 사람이 가한 상처에 대해 당신이 생각한 만큼 화내지 말고 참아라.

청결. 몸, 옷, 집을 깨끗하게 하라.

평정. 사소한 일이나 피할 수 없는 일 때문에 동요하지 마라.

순결. 성행위는 건강이나 자손을 위한 목적이 아니면 자제하라. 자신이나 타인의 평화나 명예를 해치거나, 몸이 무기력해지거나 약해질 정도까지는 하지 마라.

겸손. 예수와 소크라테스를 본받아라.

벤저민 프랭클린은 어릴 때 2년여 학교에 다닌 것 외에는 정규 교육을 받은 적이 없었다. 그러나 20대부터 철저한 자기 관리와 시간 관리를 통해 목표한 바를 달성하기 위한 절제의 삶을 살았다. 그 결과, 훗날 미국 건국에 중요한 역할을 했다.

⑥ 초월

초월은 자신을 넘어서는 더 큰 의미와 목적을 발견하고, 이를 통해 삶을 풍요롭게 만드는 덕목이다. 인간이 우주, 자연, 또는 영적 존재와 연결되거나, 이와 관련된 가치를 추구하는 것을 포함한다. 초월을 통해 삶의 의미와 목표를 부여하고 내면의 평화와 희망을 키울 수 있다. 아름다움을 느끼는 능력, 감사, 희망, 미래 지향성, 영성, 신앙이 여기에 포함된다.

어느 여름날, 아이와 함께 충청북도 제천으로 여행을 떠난 적이 있다. 고속도로를 벗어나 비포장 산길을 운전해 가는데 천지사방이 깜깜했다. 자동차 전조등 불빛만이 앞을 비추고 있었다. 한적한 산길에 차량 통행이 전혀 없는 시간이었다. 아이와 하늘에 별을 한번 보고 가자고 이야기한 뒤 차를 세우고 전조등을 껐다. 그러자 옆에 앉은 아이의 얼굴조차 보이지 않았다.

선루프를 열고 하늘을 올려다 보니, 온통 반짝이는 별로 가득 차 있었다. 온몸에 닭살이 돋았다. 도시에 살 때는 보름달 정도만 보았는데, 무슨 별이 이렇게 많은가? 놀라웠다. 내가 살고 있는 곳이 우주의 모래알만 한 지구라는 사실을 새삼 깨달았다. 아이와 함께 하늘을 보며 거대한 우주와 한 몸이 되는 경이로움을 느꼈다.

또 하나의 기억은 뮤지컬과 관련된 것이다. 런던 출장 때 태어나서 처음 뮤지컬을 관람했다. 「캣츠」였다. 영어 노랫말을 제대로 알아들을 수 없어서 내용을 다 이해하지는 못했지만, 고양이 분장을 한 배우들이 전달하고 싶은 의미가 부분부분 전해졌다. 특히 늙은 고양이 그리자벨라의 '메모리'가 마음속에 여운으로 남아, 전에는 멀어서 가기가 꺼려졌던 런던이나 뉴욕으로의 출장이 기다려졌다.

특히 뉴욕 브로드웨이의 뮤지컬 공연은 시차마저 잊게 했다. 「오페라의 유령」, 「미스 사이공」, 「맘마미아」, 「레미제라블」, 「북 오브 몰몬」 등은 언어를 이해하지 못해도 공연을 보는 내내 즐거움과 아름다움을 느낄 수 있었다.

시카고 출장 때 보았던 조프리 발레단 무용수의 역동적이고 아름다운 몸짓, 나선형 비탈길을 내려가는 말과 마차 소리가 들리는 듯한 가우디가 설계한 바르셀로나의 구엘 저택 지하실 등 이러한 경험은 시공간을 초월한 예술과 문화가 어떻게 수천 년간 우리 마음속 어딘가 잠재해 있는 집단 무의식을 일깨우는지 보여준다. 이것이 바로 우리가 예술을 사랑하는 이유가 아닐까.

영성이 단순히 종교적 체험만은 아니다. 암 진단이 확정된 순간, 환자는 자신이 평생 쌓아온 경력이나 중요하게 지켜온 재산, 심지어 가족들조차 나와의 연결이 끊어져나가는 느낌이라고 이야기했다. 나 이외의 그 어느 것도 의미가 없다는 생각이 들었다는 것이다.

무속인 중에는 신내림 경험을 이야기하는 분들이 있다. 아무리 간접적으로 체험을 느껴보고 이해하려고 해도 내게는 불가능한 일이다. 사실 그 경험 자체조차 의심스럽고, 인간의 한계가 너무 좁다는 생각이 들기도 한다.

미래에 대해 우리가 알고 있는 것이 얼마나 될까? 학생은 열심히 공부하고, 직장인은 승진하기 위해 실적을 쌓으려고 열심히 뛴다. 건강을 위해 조기 배드민턴 클럽에서 땀을 흘리고, 퇴근 후에는 자전거로 둑길을 달려 집으로 간다. 게임만 해서 부모 속을 태우던 꼬마가 커서 LOL 월드컵 게임에서 세계 1인자가 될지도 모른다. 한 치 앞도 알 수 없는 현실 속에서 무엇이 우리를 이토록 진지하게 땀 흘리게 만드는 것일까?

미래를 예측할 수는 없지만, 낙관적이고 희망적인 태도를 가지지 못할 이유는 없다. 그렇다면 미래에 대한 태도는 누가 결정하는가? 어쩌면 아무도 알지 못하는 더 큰 힘에 의해 결정될 수도 있겠지만, 지금은 여러분 자신이 스스로 그 태도를 결정할 수 있다.

긍정심리학은 여전히 진화하는 신생 학문이고 응용 과학이다. 이에 관해 긍정적인 평가가 있는 반면, 비판도 있다. 긍정심리학 이론에 대해 칭찬이든 비판이든 수용하고 조율해간다면 더 나은 방향으로 발전할 수 있다. 과학적으로 충분히 검증된 실천 이론은 분명 시프트에도 활용할 수 있을 것이다.

30년보다 값진
3개월 만의 변화

2022년 여름, 연구를 위해 미국 콜로라도에서 3개월간 지냈다. 아내는 하던 일 때문에 서울에 남았다. 지인이 혼자 지낼 만한 스튜디오를 빌려줬다. 위치가 시내 한복판이라 바로 옆에 트레이더조, 홀푸드 같은 마켓이 있고, 커피숍이나 식당들도 비교적 가까운 거리에 있어서 혼자 살기에 부족함이 없었다. 아침부터 저녁때까지 그곳에서 일을 하고, 저녁은 차로 10분 거리에 있는 딸네 집에서 매일 먹기로 했다. 코비드19 사태가 계속되던 시절이라 딸은 재택근무 중이었고, 뉴욕에서 일하는 둘째도 재택근무가 가능해져 언니 집에 와 있을 때였다.

평소에 애들하고 장난치기를 좋아했지만, 아내를 빼고 딸들과만 있었던 적이 별로 없어서, 아니면 코비드19 때문에 거의 2년 반 만에 만나서 그런지 첫날 저녁부터 뭔가 서먹한 느낌이 들었다. 어릴 때부터 아내와 딸들은 한 팀이고, 나는 대개 먼발치에 있었다. 어쩌면 그게 자연스러운 가족의 모습이고, 아빠의 위치라고 생각했다.

식사가 끝나고 테이블을 치우다가 큰딸이 "아빠는 그렇게 앉아 있고 싶어?"라고 말했다. 음식을 만들고 테이블을 세팅할 때 거들지 않았으면서 치울 때도 텔레비전만 보고 있냐는 것이다. 나는 평소와 다르지 않았는데, 이게 무슨 말인가? 엄마와 할머니가 아빠 버릇을 나쁘게 만들었단다. 집에서는 손가락도 까딱 않고 살았지만, 상황에 따라서는 거들 줄도 알아야 한다는 말이었다.

앞으로 3개월 동안 매일 저녁때마다 만나서 잘 지내려면 서로 돕고 공감할 수 있어야 하기 때문에 말을 꺼냈다고 했다. 아빠는 다른 사람 말을 잘 듣지도 않을뿐더러, 공감 능력도 떨어지기 때문에 엄마 같은 중재자가 없으면 점점 사이가 나빠질 수 있다고 했다.

그러더니 말이 나온 김에 아빠에 대해 몇 가지 짚고 넘어가자고 한다. 아빠가 던지는 농담들이 상대방에게 상처를 줄 수도 있고, 무례한 내용일 때가 있다고 지적한다. '정신과 의사가 공감을 못 한다니? 나의 유머가 아재 개그 수준일 수는 있지만, 상처를 준다고?' 내 말투 중에 극단적이거나 부정적인 표현이 많은 것도 불만이라고 했다. 말이나 행동을 실수해도 사과하거나 개선할 방법을 찾지 않는 것을 알고 있냐며, 그렇게 살면 나중에 주변에 아무도 남지 않는다고 치명타를 날린다. 자기는 자식인데도 아빠가 변하지 않으면 나중에 같이 있기 힘들 것 같다며, 이런 말을 하는 게 쉽지 않다고 덧붙인다.

딸이 한마디, 한마디 할 때마다 속이 울렁거리고 온몸에 힘이 빠지며 멍해졌다. 그런 모습을 보고 자기가 너무 심했다고 생각했는지 딸은 차로 태워다주겠다고 했다. 스튜디오에 나를 내려주면서 웃는 얼굴로 "너무 심각하게 생각하지는 마세요. 하나씩 고치면 되잖아요"라고 말하며 돌아갔다. 혼자 있으니 오만 가지 생각이 다 들었다. 딸이 한 이야기를 요약해보면 '인생 그렇게 살지 마세요'가 아닌가. 시차 때문에 잠도 안 오고 긴 밤을 거의 날로 지새웠다.

다음 날, 저녁을 먹으러 가긴 가야 하는데 머릿속이 시끄러웠다. 오늘은 또 어떤 이야기를 들어야 하나? 시험 공부도 안 하고 기말고사를 보러 가는 기분이었다. 첫 일주일 내내 비슷한 일들이 반복되었다. 곱씹어보면 딸 이야기가 대개 맞았다. 일단 동의할 수 있는 부분부터 조금씩 고치려고 노력했다. 종일 일하고 나서 가벼운 마음으로 저녁을 먹으러 가고 싶은데, 잘 되지 않아서 부담스러웠다. 머릿속으로 생각만 하고 있으니 답답하기도 하고, 해결책도 떠오르지 않았다. 뭔가 몸을 쓰는 게 좋겠다는 생각이 들었다.

그동안 운동과 담을 쌓고 산 지 꽤 오래였다. 그나마 가끔 가던 헬스장도 코비드19 사태 때문에 거의 2년 넘게 가지 못했다. 그래서 중고 사이트에서 자전거를 알아보고 며칠 뒤 구입했다. 스튜디오에서 가까운 거리에 도시를 관통하는 개울이 흐르고, 개울 양옆으로 자전거 도로가 있었다. 아침 일찍 일어나 한 시간 정도 자전거를 타면서 땀을 흘리고 나면, 시끄러운 마음이 조금씩 진정되었다.

아침과 점심은 혼자 해결해야 해서 자전거를 타고 트레이더조나 홀푸드에서 식료품을 사 왔다. 처음에는 전자레인지에 데워 먹는 냉동 포장 음식을 샀는데, 달걀프라이도 먹고 싶고, 옥수수도 쪄 먹고 싶어졌다. 유튜브에서 찾아보니 쉽고 간편하게 음식을 만들 수 있는 영상들이 많았다. 처음으로 달걀프라이와 달걀찜도 만들어봤다. 나중에는 옥수수를 쪄서 딸들과의 저녁 식사 자리에 선물로 가져가기도 했다.

저녁을 먹으러 갈 때 자전거를 타고 왕복하는 게 꽤 운동이 됐다. 2~3주 동안 자전거를 타면서 달리기에도 도전해보고 싶어졌다. 개울 옆 둑길에는 자전거도 다니지만 달리는 사람도 꽤 많았기 때문이다. 무릎에 무리가 가지 않게 살살 달리다 보니 대회에 나가고 싶다는 생각이 들었다. 9월 말 귀국하기 전, 주말에 두 번 10km 달리기 대회에 나가기로 하고 참가 신청을 했다. 두세 달 동안 매일 저녁

딸 집을 오가며 자전거를 타고, 아침에는 달리기를 꾸준히 했다. 귀국 직전 참가한 달리기 대회에서는 60세 이상 실버 리그에서 2등 메달도 받았다.작은 대회라서 노인이 2명밖에 참여하지 않았던 게 아닌가 싶다.

시간이 지나며 달라지는 게 느껴질 정도로 내가 변하고 있었다. 애들과 함께하는 저녁 시간이 기다려졌다. 딸들도 내가 변하는 것을 보며 적극적으로 도움을 주기 시작했다. 한국에 돌아가서 원래 버릇이 나오지 않도록 예방법도 고안해냈다. 대화 중에 무심코 원래 말버릇이 나오면 딸들이 "또또요정" 구호를 외친다.'또또'는 작은애 애칭이다. 말하기 전에 머릿속으로 '또또요정'을 생각하면서 입 밖으로 내도 될지 짚어보라는 것이다.

아이들은 아빠가 자기들의 말을 들어주고, 심지어 이렇게 빠르게 긍정적인 방향으로 태도와 습관을 바꿔나가는 모습을 보며 기대 이상이라며 좋아했다. 나도 뿌듯했다. 마음을 긁는 조언에 반발하지 않고 진지하게 받아들인 나에 대해서도 신기했지만, 아빠에게 진심 어린 조언을 해줄 만큼 훌륭한 어른으로 커준 딸들에게 오히려 고마운 마음이 들었다.

내가 모르던 나의 문제를 고칠 시간이 부족한 게 아쉬웠다. 30년 넘게 가족이었는데 이번 3개월만큼 알차게 진짜 가족으로 살았던 적이 있었나 싶었다. 정신과 의사로 남의 마음을 들여다보며 몇십 년을 일했는데, 정작 내 눈앞에 덮인 내 허물을 모르고 살아왔다는 게 놀라웠다.

　이 책을 쓰게 된 동기 중 하나는 이 3개월의 경험 때문이다. 나는 스스로 공감을 잘 하고 살았다고 자신했지만, 어느 순간부터 점점 공감의 끈을 놓고 살았던 것 같다. 그걸 깨닫고 나서야 다시 마음을 열어 남의 말을 듣기 시작했다.

　유머에 대해서도 다시 생각하게 되었다. 애들 말대로, 우리나라에서는 정년퇴직할 나이가 된 교수가 '유머'라며 엉뚱한 소리를 해도, 어지간하면 허허 웃어주기 때문에 스스로 유머가 있다고 착각할 수 있다는 것이다. 누가 뭐라고 바로잡아주겠냐는 것이다. 긍정적 사고 중에 감사하는 마음이 중요한데, 그동안 그것도 잊고 살았던 것 같다. 직장 동료는 물론이고 특히 가족에 대한 고마움을 당연한 것으로 받아들였다. 마음속으로 감사하는 것도 중요하지만, 그것을 표현하고 갚아야 한다는 것도 배웠다.

　살면서 누구나 완벽할 수는 없다. 실수할 수도 있다. 그리고 나서 무엇이 문제였는지, 무엇을 실수했는지 아는 게 중요하다. 그리고 개선할 수 있는, 회복할 수 있는 방법을 찾아야 한다. 즉, 메타인지 기능을 키워야 한다. 딸들의 가시 돋친 조언들을 소화하느라 힘들

때 자전거와 달리기를 시작한 게 큰 힘이 되었다. 내게 회복력이 남아 있었던 게 다행이었고, 그걸 실천할 수 있었던 것은 더 다행이었다.

콜로라도에서 지낸 3개월 동안 개인적으로 한 단계 더 성숙할 수 있었다. 비록 개인의 변화였지만, 가족은 물론 주변 사람들과의 관계에서도 한 걸음 더 나아갈 수 있었다. 물론 그 후에도 잦은 시행착오를 겪고 있지만, 그때마다 '또또요정'을 불러내 수습하려고 노력한다. 큰 행복과 성장을 이뤄낸 이 과정을 '시프트'라고 표현하고 싶다. 이 책이 누군가의 시프트에 작게라도 도움이 되기 바란다.

2024년 마지막 달, 책을 마무리하며

반건호

1   세 살 버릇 여든 간다(三歲之習, 至于八十), 다산 정약용(1762-1836) 이담속찬(耳談續纂)

2   Medicating modern America: prescription drugs in history. Andrea Tone & Elizabeth Siegel Watkins, New York University Press, 2007

3   Triumphs of experience: The men of the Harvard Grant Study. George Vaillant, Belknap Press of Harvard University Press, 2012. [행복의 비밀: 75년에 걸친 하버드 대학교 인생관찰보고서. 최원석 역, 21세기북스, 2013]

4   The good life: Lessons from the world's longest scientific study of happiness. Robert Waldinger & Marc Schulz, Simon & Schuster, January 2023. [세상에서 가장 긴 행복 탐구 보고서. 박선령 역, 비지니스북스, 2023]

5   Phineas Gage: a gruesome but true story about brain science. John Fleischman, Clarion Books, 2004

6   A Better Way to Understand Children's Mind: Lessons from Inside Out. 반건호, 정신분석 36권 1호: TBD, 2025년 1월 31일(출간 예정)

7   JK Rowling: author. Joanne Matten, Ferguson Pub, 2005

8   JK Rowling a biography. Sean Smith, Michael O'Mara Books, 1999

9   Colonel Harland Sanders: The Autobiography of the Original Celebrity Chef. Harland Sanders, KFC Corporation, 2012

10 Mindset: The new psychology of success. Carol S. Dweck, Ballantine Books, 2007

11 Freud: a life for our time. Peter Gay, WW Norton & Company, 1998

12 정신분석에로의 초대. 이무석, 이유, 2006

13 엄마 없는 심청이는 오이디푸스 콤플렉스를 겪었을까. 반건호. [정신분석적 발달궤적: 태아부터 백세인까지. 반건호, 콘투센트, pp.105-110, 2024]

14 Identity and the life cycle. Erik Erikson, International Universities Press, 1959

15 마가렛 말러와 분리개별화 이론의 현대적 의미. 반건호, 정신분석 32권 1호, 1-10, 2021

16 The curious adoption of John Q. Gavin Yamey, BMJ, 324(7336):551, 2002

17 정신분석적 발달이론. Calvin A. Colarusso(저), 반건호, 정선주(공역), 학지사, 2011

18 The characterization of Lord Voldemort in Novel Harry Potter and the Half-blood Prince by JK Rowling seen from psychoanalysis. Nurul Fitri, Tell Teaching of English Language and Literature 6(1), April 2018

19 누가 호밀밭의 파수꾼을 죽였는가. 이병욱. 정신분석 17(2):189-203, 2006

20 Psychoanalysis of the protagonist Strickland in the Moon and Sixpence. Shengyu Tian, Open Access Library Journal 8(6):1-8, 2021년 6월

21 Case Studies in Physiology: maximal oxygen consumption and performance in a centenarian cyclist. Veronique Billat et al. J Appl Physiol 122:430-434, 2017

22 애착이론의 발전과 정신분석과의 갈등: 역사를 중심으로. 반건호, 정신분석32(3):65-73, 2021

23 Joan of Arc: Her Story. Regine Pernoud & Marie-Veronique Clin (authors), Jeremy duQuesnay Adams (translated & revised), St. Martin's Griffin, 1999

24 Adolescence: its psychology and its relations to physiology, anthropology, sociology, sex, crime, religion, and education. Hall GS, D. Appleton and Company, 1904

25 청소년기의 끝은 어디인가. 반건호 등, 정신분석 26(1):3-17, 2015

26 청소년기: Granville Stanley Hall부터 Emerging adulthood까지. 반건호, 정신분석 31(4):63-69, 2020

27 Steve Jobs. Walter Isaacson, Simon & Schuster, 2011

28 윌리엄 토머스 그랜트(William Thomas Grant, 1876~1972)는 펜실베이니아에서 태어나 다섯 살 때 가족과 함께 매사추세츠로 이주했다. 일곱 살 때부터 꽃씨를 팔아 용돈을 벌었고, 30세에 자신의 이름을 딴 소매점을 열었다. 자본금 1천 달러로 시작한 사업은 30년 후인 1936년, 매출 1억 달러를 달성했고, 같은 해 그랜트 재단을 설립하며 하버드 연구에 6만 달러를 기부했다(당시 뉴욕 맨해튼의 주택 가격은 4천~1만 달러였음). 한때 그의 대형 소매 체인점은 미국 전역에 1,200여 개로 확대되었지만, 1975년 파산에 이르고 말았다.

29 셸던 글루엑(Sheldon Glueck)과 엘리너 글루엑(Eleanor Glueck) 부부는 거의 1세대 청소년 비행과 범죄 연구자이다. 셸던은 폴란드 태생으로 어릴 때 미국으로 이주해 하버드대학교를 졸업한 후, 그곳에서 오랫동안 교수로 재직하며 청소년 범죄 연구를 진행했다. 엘리너는 사회사업가이자 청소년 범죄 연구자로 활동했다.

30 Empirical studies of ego mechanisms of defense. George E. Vaillant, American Psychiatric Press, 1986

31 Make something wonderful: Steve Jobs in his own words. Leslie Berlin, Steve Jobs Archive, 2023

32 Elon Musk: Tesla, SpaceX, and the Quest for a Fantastic Future. Ashlee Vance, Ecco, 2017

33 Beyond the story: 10-year record of BTS. BTS, Pan Macmillan, 2023

34 The complete biography of David McCallum: Scottish icon and musician David McCallum: NCIS and The Man from UNCLE actor dies aged 90. Robert A. Maverick, Independently published, 2023

35 The Blue Zones: 9 lessons for living longer from the people who've lived the longest, 2nd edition. Dan Buettner, National Geographic Partners, LLC, 2012

36 마음이 부자인 아이는 어떻게 성장하는가: 행복할 줄 아는 아이로 키우는 정서 육아법. 박소영, 북크레용, 2024

37 ADHD 우리 아이 어떻게 키워야 할까. 신윤미, 웅진지식하우스, 2022

38 부모와 청소년 간 분리개별화 과정의 동시성 개념. 문덕수, 반건호, 정신분석 27(2):35-41, 2016

39 독자들이 정신과 약을 먹으면 잠만 잔다고 오해하실까 봐 말씀드리는데, 조현병 치료제는 조현병과 관련된 신경전달물질의 불균형을 조절하는 약으로, 약을 복용하면 신경전달물질의 조절에 사용된다. 증상이 심한 환자에게는 저자가 복용했던 용량보다 훨씬 많은 양을 처방하더라도, 약물의 진정 효과보다는 정신 증상 조절에 주로 사용된다. 최근 개발된 약물들은 과거 약물들에 비해 불필요한 부작용이 크게 개선되었다.

40 새벽형 인간. 이케다 지에(저), 정문주(역), 북허브, 2010

41 아침형 인간. 사이쇼 히로시(저), 공병호(역), 한스미디어, 2003

42 미라클 모닝(체험판). 할 엘로드(저), 윤영삼(역), 한빛비즈, 2004

43 Tim Cook: the genius who took Apple to the next level. Leander Kahney, Portfolio, 2019

44 Losing my virginity: how I survived, had fun, and made a fortune doing business my way. Richard Branson, Crown Currency, 2011

45 Pour your heart into it: how Starbucks built a company one cup at a time. Howard Schultz, Hachette Books, 1999

46 The story of Michelle Obama: an inspiring biography for your readers. Christine Platt, Callisto Kids, 2021

47 Hit refresh: the quest to rediscover Microsoft's soul and imagine a better future for everyone. Satya Nadella, et al., Harper Business, 2019

48 The Jack Dorsey way: greater health, more energy, a longer life: what the founder of Twitter has discovered, and how it can work for you. Brad Munson, Permuted Press, 2020

49 Churchill: A study in Greatness. Geoffrey Best, Bloomsbury Academic, 2001

50 삶에서 가장 중요한 것들은 고릴라에게서 배웠다. 야마기와 주이치(저), 이은주(역), 마르코폴로, 2022

51 불안 및 공포의 발달: 정신분석부터 신경생물학적 접근까지. 반건호, 25(2):54-64, 2014

52 Elon Musk: Tesla, SpaceX, and the Quest for a Fantastic Future. Ashlee Vance, Ecco, 2017

53 The path made clear: discovering your life's direction and purpose. Oprah Winfrey, Bluebird, 2019

54 The sleep revolution: transforming your life, one night at a time. Arianna Huffington, Harmony, 2017

55 제3의 성공: 더 가치있게 더 충실하게 더 행복하게 살기. 아리아나 허핑턴(저), 강주헌(역), 김영사, 2014

56 It's Not About the Coffee: Lessons on Putting People First from a Life at Starbucks. Howard Behar & Janet Goldstein, Portfolio, 2009

57 Steven Spielberg film studies notebook: the journal for serious movie buffs. George Argyll, Independently published, 2022

58 Option B: facing adversity, building resilience, and finding joy. Sheryl Sandberg & Adam Grant, Knopf, 2017

59 Galen and the humour theory of temperament. Robert M. Stelmack & Anastasios Stalikas, Personality and individual differences 12(3): 255-263, 1991

60 https://namu.wiki/w/%EA%B7%80%EC%B0%A8%EB%8B%88%EC%A6%98

61 스노우캣(eBook). 오영진, 커뮤니케이션북스, 2021

62 나는 왜 꾸물거릴까?: 미루는 습관을 타파하는 성향별 맞춤 심리학. 이동귀, 손하림, 등, 21세기북스, 2023

63 Hikikomori: Adolescence without end. Saito Tamaki, Univ of Minnesota Press, 2013

64 은둔형 외톨이 탈출기: 우리 모두의 이야기. 이영식, 최태영, 학지사, 2022

65 친구관계가 어려운 우리 아이에게: 부모를 위한 실용적인 안내서. Sandra Dunsmuir, Jessica Dewey, Susan Birch(저), 이영식, 최태영(역). 군자출판사, 2024

66 Staff burnout. Herbert J. Freudenberger, Journal of Social Issues 30(1):159-165, 1974

67 ICD-11, the 11th revision of the International Classification of Diseases, a medical

classification list by the WHO

68 여성 ADHD: 투명소녀에서 번아웃 여인으로. Lotta Borg Skoglund(저), 반건호(역), 군자출 판사, 2023

69 Burnout: a guide to identifying burnout and pathways to recovery. Gordon Parker et al., Routledge, 2022

70 Planet of the phones: the smartphone is ubiquitous, addictive and transformative. The Economist, Feb 28th, 2015

71 How to avoid the FOMO syndrome. James Garner, Kindle edition, 2022

72 도둑맞은 집중력. 요한 하리(저), 김하현(역), 어크로스, 2023

73 Casey Neistat adult coloring book: Famous YouTube personality and acclaimed Vlogger, internet entrepreneur and filmmaker inspired adult coloring book (Casey Neistat Books). Heidi Terry, Independently published, 2019

74 우리는 왜 용서보다 복수에 열광하는가?. 정치훈, 리터러시연구, 14권 5호: 587-600, 2023년 10월

75 Conceiving the Self. Morris Rosenberg, Basic Books, 1979. [로젠버그 자기존중감척도는 원래 거트만 척도(Guttman scale)로 복잡한 계산방식을 따른다. 이 책에서는 편의를 위해 총 점을 계산하는 방식으로 소개하였다]

76 The principles of psychology. William James, Henry Holt & Company, 1890

77 Visual thinking: the hidden gifts of people who think in pictures, patterns, and ab-stractions. Temple Grandin, Riverhead Books, 2023

78 The unwritten rules of social relationships. Temple Grandin & Sean Barron, Future Horizons, 2005 [자폐인의 세상 이해하기: 사회적 관계에 대한 불문율. 김혜리 등(역), 시그 마프레스, 2014, pp. 359-365]

79 The wit and wisdom of Winston Churchill. James Humes, Harper Perennial, 1995

80 Long walk to freedom: the autobiography of Nelson Mandela. Nelson Mandela, Back Bay Books, 1995

81 네가 누구든 얼마나 외롭든. 김연수, 문학동네, 2013

82 불안. 알랭 드 보통(저), 정영목(역), 은행나무, 2011

83 People-Oriented Specialties: 내과, 소아청소년과, 정신건강의학과, 신경과, 가정의학과, 결핵과, 산부인과, 신경과, 안과, 응급의학과, 재활의학과, 직업환경의학과, 피부과

84 Technology-Oriented Specialties: 마취통증의학과, 영상의학과, 방사선종양학과, 병리학 과, 비뇨기과, 성형외과, 신경외과, 외과, 정형외과, 흉부외과, 진단검사의학과, 핵의학과, 이 비인후과

85 A multicenter study investigating empathy and burnout characteristics in medical residents with various specialties. Park CM, Lee YJ, Hong M, et al., Journal of Korean Medical Science 31(4):590, 2016

86 개인운동트레이닝: 정신치료자가 피험자를 공감할 수 있는 훌륭한 방법. 반건호, 정신분석 35(3):29-35, 2024

87 '리질리언스(Resilience)'는 영어 표현이다 보니 우리나라에 개념이 도입되면서 학자마다 표현에 차이가 생겼다. 리질리언스 개념을 우리나라에 정착시키는 데 기여한 연세대학교 김주환 교수는 이를 '회복탄력성'이라고 표현했다. 이 책에서는 '회복력'으로 표기하였다. 표준국어대사전에는 '회복력'을 '어떤 자극으로 달라진 상태가 다시 원래의 상태로 되돌아오는 힘'이라고 정의하고 있다.

88 The children of Kauai: a longitudinal study from the prenatal period to age ten. Fern E. French, Emmy E. Werner, Jessie M. Bierman, University Hawaii Press, 1971

89 Kauai's children come of age. Emmy E. Werner, Ruth S. Smith, Smith RS, University Hawaii Press, 1977

90 https://en.wikipedia.org/wiki/Jeong_Ho-won

91 Three developmental routes through normal male adolescence. Adolesc Psychiatry 4:121-141, 1975

92 The influence of adverse and positive childhood experiences on young people's mental health and experiences of self-harm and suicidal ideation. Lisa Bunting, et al. Child Abuse & Neglect, 140, June 2023

93 자폐의 거의 모든 역사. 존 돈반, 캐런 주커(저), 강병철(역), 꿈꿀자유, 2021

94 살바도르, 기후위기에 대한 도전: 거대한 재난속 빛을 든 소년 이야기. 살바도르 고메즈 콜론(저), 권가비(역), 도서출판 다른, 2022. (원제: Hurricane: my story of resilience, Norton, 2021)

95 Snow crash: a novel. Neal Stephenson, Del Rey, 2000

96 Ultima IV: Quest of the Avatar [game]. Developed by Richard Garriott

97 끝없는 이야기. 미하일 엔데(저). 허수경(역), 비룡소, 2003

98 어느 겨울밤 한 여행자가. 이탈로 칼비노(저), 이현경(역), 민음사, 2014

99 Metacognitioin. John Dunlosky & Janet Metcalfe, Sage Publications, 2008

100 위대한 거래: 이건희 비서실장에서 삼성물산 회장까지. 현명관, 랭귀지북스, 2022

101 Tim Cook Biography For Curious Kids: Pioneering the Next Era of Technology (Inspiring Stories For Curious Minds). Benjamin Hayes, Independently Published, 2024

102 The man who broke capitalism: How Jack Welch gutted the heartland and crushed the soul of corporate America - and how to undo his legacy. David Gelles, Simon &

Schuster, 2024

103 Satya Nadella Biography: Leading in the Digital Age. Donald Novak, Independently Published, 2023

104 Mindfulness, 25th anniversary edition. Ellen J. Langer, Da Capo Lifelong Books, 2014

105 Letters from the earth, Mark Twain, edited by Bernard DeVoto, Harper & Row, 1962

106 Authentic happiness: Using the new positive psychology to realize your potential for lasting fulfillment. Martin E.P. Seligman, Atria Books, 2002

107 Beck Depression Inventory를 이용한 내과환자의 우울성향 조사보고. 반건호, 염태호, 한홍무, 신경정신의학 26:464-473, 1987

108 The story of my experiments with truth: Mahatma Gandhi's autobiography with a foreword by the Gandhi Research Foundation. Mohandas K. Gandhi, Mahadev Desai (translator), CreateSpace Independent Publishing Platform, 2nd edition, 2016

109 I am Malala: How one girl stood up for education and changed the world (young readers edition). Malala Yousafzai, Patricia McCormick, Little, Brown, 2016

110 장기려, 그 사람. 지강유철, 홍성사, 2007

111 마리안느와 마가렛(다큐멘터리), 다큐멘터리, 유세영 감독, 2017

112 소록도의 마리안느와 마가렛: 우리 곁에 사랑이 머물던 시간. 성기영, 위즈덤하우스, 2017

113 Justice: what's the right thing to do? Michael J. Sandel, Farrarar, Straus, and Giroux, 2010

114 프랭클린 플래너는 덕목 노트를 바탕으로 탄생했다. 1984년, 하이럼 스미스(Hyrum Smith)는 벤저민 프랭클린의 이름을 딴 인생 관리 및 목표 달성을 위한 플래너를 만들어 판매하기 시작했다. 제품이 인기를 끌자, 스미스는 '성공하는 사람들의 일곱 가지 습관'으로 유명한 스티븐 코비(Stephen Covey)와 함께 '프랭클린-코비'를 설립하고, 프랭클린 플래너를 본격적으로 제작 판매했다.

115 Benjamin Franklin: an American life. Walter Isaacson, Simon & Schuster, 2004

**흔들림 없이 나아가는
삶의 태도**
ⓒ 반건호, 2024

초판 1쇄 인쇄 | 2024년 12월 10일
초판 1쇄 발행 | 2024년 12월 18일

지은이 | 반건호
책임편집 | 김다미
콘텐츠 그룹 | 배상현, 김아영, 김다미, 박화인, 기소미
북디자인 | STUDIO 보글

펴낸이 | 전승환
펴낸곳 | 책 읽어주는 남자
신고번호 | 제2024-000099호
이메일 | bookpleaser@thebookman.co.kr

ISBN 979-11-93937-40-2 (03100)